LA TRAVESÍA DE ENRIQUE

Sonia Nazario

RANDOM HOUSE TRADE PAPERBACKS

NEW YORK

Edición en rústica de Random House Trade Paperbacks

Título original: *Enrique's Journey*

© 2006, Sonia Nazario
Mapa © 2006, David Lindroth
Traducción © 2006, Ana Ras

Publicado en los Estados Unidos de América por Random House Trade
Paperbacks, un sello de Random House Publishing Group, una división de
Random House Inc., New York.

RANDOM HOUSE TRADE PAPERBACKS y su colofón son marcas registradas de
Random House, Inc.

Algunos fragmentos de esta obra aparecieron originalmente, bajo otra forma, en la serie
de *Los Angeles Times* titulada «La travesía de Enrique», publicada en 2002 y ganadora del
premio Pulitzer.

Todas las fotografías que aparecen en esta obra son del fotógrafo Don Bartletti,
ganador del premio Pulitzer, y se publicaron conjuntamente con la serie de *Los
Angeles Times* titulada «La travesía de Enrique», © 2002 *Los Angeles Times*, y se
reproducen con el permiso de *Los Angeles Times*. Don Bartletti ganó un premio
Pulitzer en 2003 por estas fotografías.

Información para el Catálogo de la Biblioteca del Congreso
Nazario, Sonia
Enrique's Journey/Sonia Nazario
p. cm.
ISBN: 0-8129-7580-4
1. Hondurans—United States—Biography.   2. Immigrant children—United
States—Biography.   3. Illegal aliens—United States—Biography.
4. Hondurans—United States—Social conditions—Case studies.   5. Immigrant
children—United States—Social conditions—Case studies.   6. Illegal aliens—
United States—Social conditions—Case studies.   7. Honduras—Emigration
and immigration—Case studies.   8. United States—Emigration and
immigration—Case studies.   I. Title.

E184.H66N397 2006
305.23'089'687283073—dc22
2005044347

Impreso en los Estados Unidos de América

www.atrandom.com

468975

Diseño del libro: Lisa Sloane

CONTENIDO

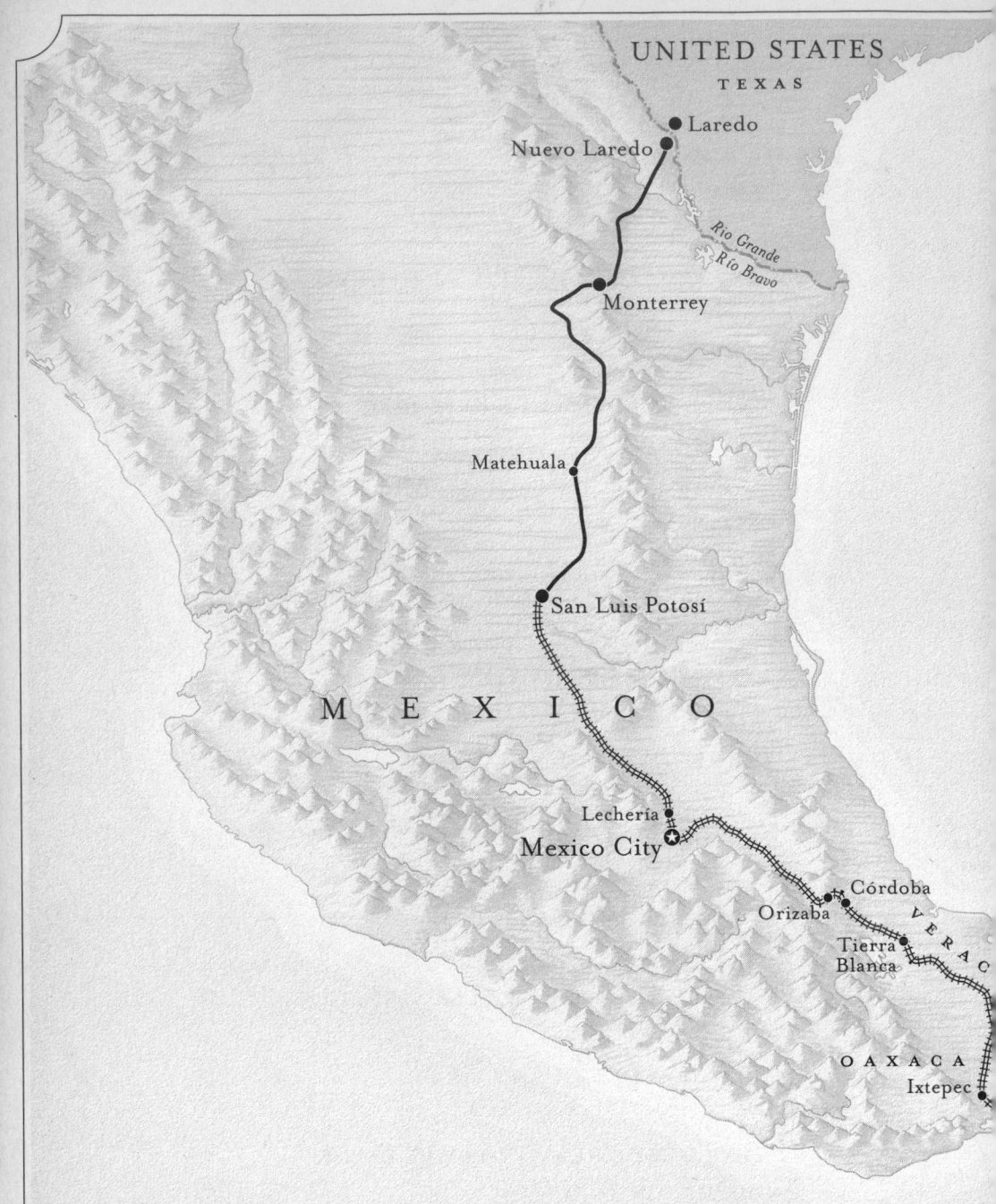

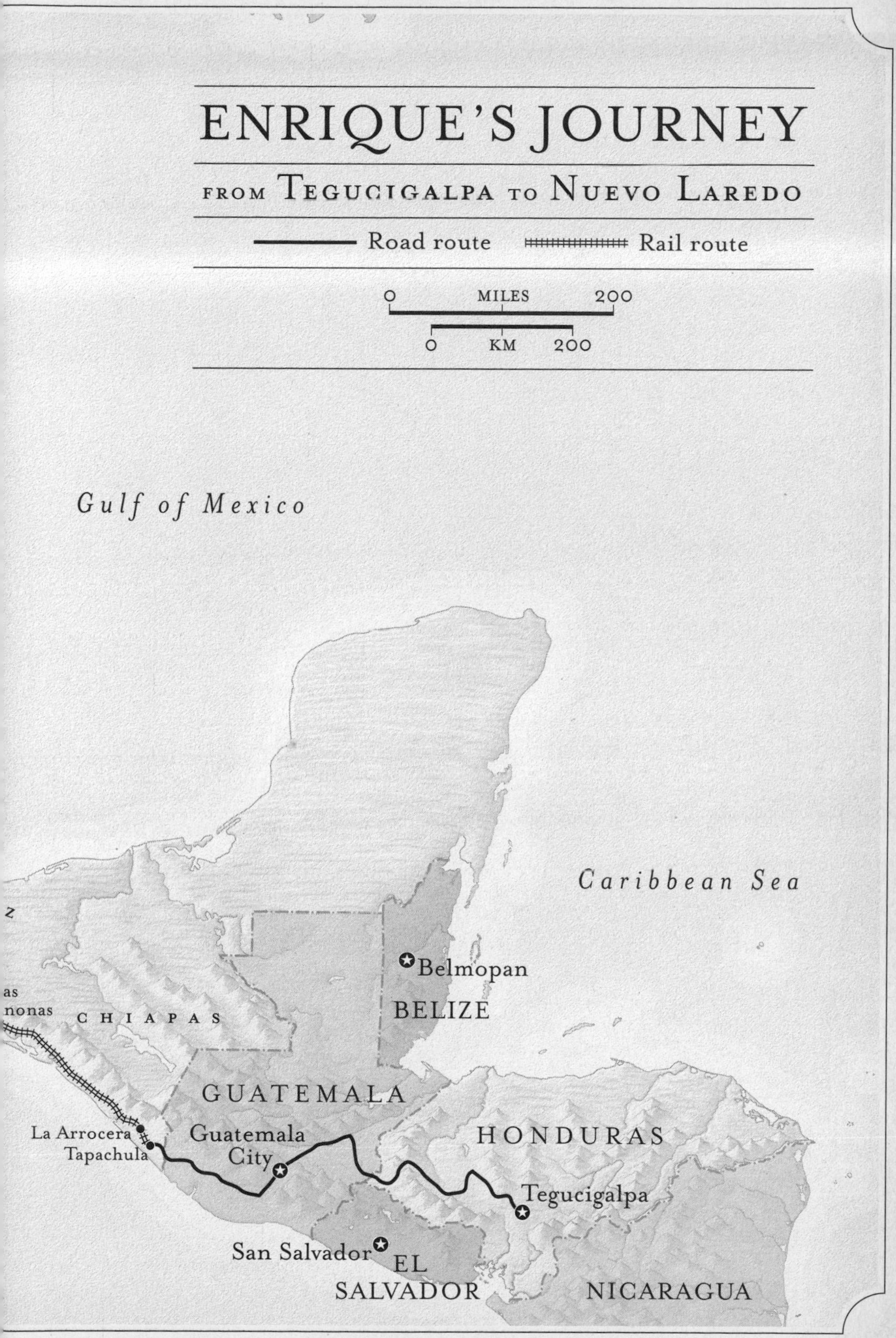

ENRIQUE'S JOURNEY

FROM TEGUCIGALPA TO NUEVO LAREDO

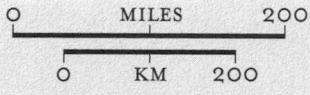

———— Road route   ┼┼┼┼┼┼┼┼ Rail route

| 0 | MILES | 200 |
| 0 | KM | 200 |

Gulf of Mexico

Caribbean Sea

⭐Belmopan

BELIZE

z

las
nonas   C H I A P A S

GUATEMALA

La Arrocera
Tapachula

Guatemala
City ⭐

HONDURAS

⭐Tegucigalpa

San Salvador⭐ **EL**
SALVADOR   **NICARAGUA**

A mi esposo, Bill

PRÓLOGO

Es viernes, a las ocho de la mañana. Oigo una llave que gira en la cerradura de la puerta de la calle de mi casa en Los Ángeles. María del Carmen Ferrez, la mujer que limpia mi casa cada dos semanas, abre la puerta. Entra en la cocina.

Carmen es pequeñita, inteligente y trabaja con la velocidad de un relámpago. Normalmente, a esta hora temprana yo estoy ansiosa por largarme a toda prisa a la oficina. Pero cuando llega Carmen, las dos cambiamos de actitud. Carmen se entretiene en la cocina, ordenando. Yo rondo cerca de ella levantando zapatos, periódicos, calcetines, cualquier cosa que le dé la esperanza de poder limpiar los pisos. El ritual nos permite estar en la misma habitación y conversar.

En esta mañana de 1997, hago una pausa y me reclino en la isla de cocina. Carmen se reclina del otro lado. Hay una pregunta, me dice, que hace tiempo quiere hacerme. "Señora Sonia, ¿piensa tener un bebé alguna vez?".

No estoy segura, le contesto. Carmen tiene un hijo pequeño que a veces viene con ella a mirar la televisión mientras la madre trabaja. ¿Quiere ella tener más hijos?, le pregunto. Carmen, siempre risueña y conversadora, se calla súbitamente. Incómoda, fija su mirada en la isla de cocina. Luego, en voz queda, me habla de otros cuatro hijos que yo nunca había sabido que existían. Estos niños –dos hijos y dos hijas– están lejos, dice Carmen, en Guatemala. Los dejó atrás cuando se marchó al norte como madre soltera para trabajar en los Estados Unidos.

Ha estado separada de ellos por doce años.

Su hija más pequeña, dice Carmen, tenía sólo un año de edad cuando ella se fue. Carmen ha experimentado cómo iba creciendo Minor, su hijo mayor, escuchando cómo el timbre de su voz se iba haciendo más grave en el teléfono.

Al contarme la historia, Carmen empieza a sollozar.

¿Doce años? Reacciono con incredulidad. ¿Cómo puede una madre dejar a sus hijos y viajar más de dos mil millas, sin saber cuándo volverá a verlos o si los verá otra vez? ¿Qué la llevó a hacer esto?

Secándose las lágrimas, Carmen me explica. Su marido la dejó por otra mujer. Ella trabajaba duro, pero no ganaba lo suficiente para alimentar a cuatro hijos. "Me pedían comida, y yo no la tenía". Muchas noches se iban a dormir sin haber comido. Ella los arrullaba con consejos para calmar las punzadas del hambre. "Dormí boca abajo para que no te haga tanto ruido la tripa".

Carmen se marchó a Estados Unidos por amor. Esperaba poder dar a sus hijos una salida de la pobreza agobiante, una oportunidad de asistir a la escuela más allá del sexto grado.

Se jacta de la ropa, el dinero y las fotos que manda a sus hijos.

También reconoce que ha pagado un costo brutal. Ella siente la distancia, la falta de afecto cuando habla con sus hijos por teléfono. Día tras día, cuando se va perdiendo los hitos de la vidas de estos, su ausencia deja heridas profundas. Su hija mayor se asusta cuando tiene la primera menstruación. No entiende lo que le está pasando. ¿Por qué le pregunta a Carmen, no estabas aquí para explicarme?

Carmen no ha podido ahorrar lo suficiente como para contratar a un contrabandista que los traiga a los Estados Unidos. Además, rehúsa someter a sus hijos a ese viaje lleno de peligros. Durante su propia travesía hacia el norte en 1985 el contrabandista asaltó a Carmen y le robó el dinero que llevaba, dejándola sin comida por tres días. Ella teme que sus hijas sean violadas en el camino. Además, se niega a traer a sus hijos al barrio pobre, plagado de drogas y delincuencia donde vive en Los Ángeles.

Preocupada por que yo pueda censurar su decisión, mientras enciende el lavavajillas Carmen me dice que muchas mujeres inmigrantes que han venido a Los Ángeles desde Centroamérica y México son como ella: madres solteras que dejaron hijos en sus países de origen.

Lo que es realmente incomprensible, agrega, es que las madres ricas o de clase media salgan a trabajar en los Estados Unidos. Esas mujeres, dice, podrían ajustarse el cinturón, quedarse en casa y estar con sus hijos. En cambio, dedican casi todo su tiempo y energía a sus carreras, y queda muy poco para los niños. ¿Cómo es posible, pregunta con expresión incrédula, que alguien haga eso?

Al año siguiente, en 1998, Minor, el hijo de Carmen se

lanza a buscar a su madre sin aviso previo. Carmen lo había dejado cuando él tenía diez años de edad. El muchacho atraviesa Guatemala y México haciendo autostop. Mendiga comida en el camino. Aparece en el umbral de Carmen.

Minor ha echado de menos a su madre intensamente. No podía soportar otra Navidad u otro cumpleaños separado de ella. Estaba cansado de lo que percibía como excusas por las que no podían estar juntos. Tenía que saber: ¿ella se había ido de Guatemala porque nunca lo había amado en verdad? ¿Cómo podía él explicar de otro modo el porqué de su partida?

Los amigos de Minor en Guatemala envidiaban el dinero y los regalos que Carmen enviaba. "Tenés todo. Buena ropa. Buenos zapatos", decían. Minor respondía: "Lo cambiaría todo por mi madre. Nunca he tenido alguien que me consienta. Que diga: haz esto, no hagas lo otro. ¿Has comido? Nunca podés obtener de otros el amor de una madre".

Minor me cuenta de su peligroso viaje como autostopista. Lo amenazaron y le robaron. Sin embargo, él dice que tuvo suerte. Cada año, miles de otros niños que van a buscar a sus madres a los Estados Unidos viajan de manera mucho más peligrosa. Viajan en los techos de los trenes de carga mexicanos. Lo llaman el Tren de la Muerte.

UNA DECISIÓN COMÚN

Me impresionó pensar en las opciones que enfrentan las madres que dejan a sus hijos. ¿Cómo toman una decisión tan imposible? Entre los latinos, para quienes la familia tiene una importancia trascendental y la maternidad es el valor supremo de la mujer, ¿por qué hay tantas mujeres que dejan a sus hijos? ¿Qué haría yo en su lugar? ¿Vendría a los Estados Unidos a ganar mucho más dinero para enviárselo a mis hijos? Así mis hijos comerían algo más que agua con azúcar para la cena. Podrían estudiar más allá del tercer grado, quizá hasta podrían terminar la escuela secundaria y seguir tomando clases en la universidad. O podría quedarme junto a mis hijos, sometiendo a otra generación a la misma miseria y pobreza que yo tan bien conocía.

Asimismo me asombró el peligroso viaje que hacen estos niños para reunirse con sus madres. Me preguntaba: ¿qué clase de desesperación empuja a los niños, algunos de sólo siete años de edad, a lanzarse solos a atravesar un paraje tan hostil con su ingenio como único recurso?

Estados Unidos está experimentando la mayor oleada de inmigración de su historia, un volumen de recién llegados que está transformando el país una vez más. Cada año, unos 700,000 inmigrantes entran a los Estados Unidos de manera ilegal. Desde el año 2000, un promedio de casi un millón de inmigrantes han llegado al país legalmente, o se han convertido en residentes legales. Esta oleada es diferente de las anteriores en un aspecto. Anteriormente, cuando los padres dejaban a sus hijos para venir a los Estados Unidos, normalmente era el padre el que se iba y los hijos quedaban con la madre. A menudo eran braceros mexicanos. En décadas recientes, el divorcio y la desintegración de las familias de Latinoamérica han dejado a muchas madres solteras sin los recursos necesarios para criar a sus hijos. El número creciente de madres solteras fue a engrosar las filas de mujeres latinoamericanas que trabajan fuera de casa. En los Estados Unidos hay una demanda insaciable de servicios baratos y trabajadores domésticos. Las madres solteras latinoamericanas empezaron a migrar en gran número dejando a sus niños con abuelos, parientes o vecinos.

La primera oleada ocurrió en las décadas de 1960 y 1970. Madres solteras de una variedad de países caribeños –Trinidad Tobago, Jamaica y la República Dominicana– se encaminaron a Nueva York, Nueva Inglaterra y Florida para trabajar como niñeras y enfermeras en hogares de ancianos. Más adelante, mujeres centroamericanas acudieron en tropel a los lugares con mayor demanda: los suburbios de Washington, D.C., Houston y Los Ángeles, donde el número de trabajadores domésticos se duplicó en la década de 1980.

Hoy en día la experiencia de Carmen es común. Un estudio de la Universidad del Sur de California halló que en Los Ángeles el 82 por ciento de las niñeras de planta y una de cada cuatro mujeres que limpian casas son madres que aún tienen por lo menos un hijo en su país de origen. Un estudio de la Universidad de Harvard encontró que el 85 por ciento de los niños inmigrantes que eventualmente terminan en los Estados Unidos estuvieron separados de sus padres por lo menos un período de tiempo durante el proceso de migrar a los Estados Unidos.

En buena parte de los Estados Unidos las preocupaciones legítimas acerca de la inmigración y las leyes antiinmigratorias han tenido un efecto secundario destructivo: se ha deshumanizado y demonizado a los inmigrantes. Según la perspectiva, se considera que su presencia en los Estados Unidos es buena o mala. Los migrantes se han visto reducidos a un factor en el cálculo de costo-beneficio.

Tal vez al observar las fortalezas, la valentía y las falencias de un inmigrante, su misma condición de ser humano podría ayudar a iluminar lo que ha sido con demasiada frecuencia un debate sin matices. Empecé a pensar que tal vez yo pudiera llevar a los lectores a los techos de los trenes y mostrarles cómo es este viaje migratorio de los tiempos modernos, especialmente para los niños. Una mujer de Los Ángeles que ayuda a los inmigrantes me dijo: "Éste es el relato de aventuras del siglo XXI".

MIEDO Y PULGAS

La idea estuvo rondándome en la mente por bastante tiempo. Como periodista, me gusta meterme en la acción, ver cómo se desarrolla, hacer que la gente vea desde dentro mundos que de otra forma no vería. Yo quería oler, saborear, escuchar y sentir cómo es el viaje. Para hacer un relato vívido y matizado, sabía que iba a tener que viajar por México con niños migrantes en los techos de los trenes de carga.

Consideré partir desde Centroamérica e ir siguiendo de cerca a un niño que viajase a los Estados Unidos en busca de su madre. Minor, el hijo de Carmen, ya me había contado lo suficiente acerca del viaje como para hacerme comprender que esta idea era poco menos que una locura. Él me había hablado de los pandilleros que controlan los techos de los trenes, los bandidos que operan junto a las vías, de la policía mexicana que patrulla las estaciones de tren y además viola y asalta, del peligro de perder una pierna al subir o bajar de un tren en movimiento.

En pocas palabras, tenía miedo.

También estaba la cuestión de la armonía matrimonial. Para el proyecto que acababa de terminar había tenido que meterme en garajes oscuros con adictos a las metanfetaminas, a la heroína y al *crack*. Mi esposo había sufrido meses de ansiedad por mi seguridad. Me tuvo que pedir gentilmente que me desvistiera en el garaje antes de entrar en casa las noches en las que venía de estar en los apartamentos de los adictos. Aparentemente yo había traído a mi casa una vigorosa población de pulgas. Yo temía que la idea de amarrarme al techo de un tren de carga no iba a ser muy bien recibida. Un año más tarde, esperando que ya se hubiera desvanecido el recuerdo de las pulgas, decidí seguir adelante con la idea.

Cautelosamente.

Primero me informé todo lo que pude sobre el viaje. ¿Cuál es el itinerario exacto? ¿Qué es lo mejor y lo peor que puede pasar a cada paso? ¿En qué lugares ocurren los mayores actos de crueldad hacia los migrantes? ¿Y los mayores actos de bondad? ¿Cuáles son las encrucijadas más críticas del viaje? ¿Cuáles son los tramos de vía preferidos por los pandilleros para robar y por los bandidos para matar gente? ¿Dónde detienen el tren las autoridades mexicanas de inmigración?

Hablé con docenas de niños que están bajo la custodia del Servicio de Inmigración y Naturalización en cuatro cárceles y albergues de California y Texas. Muchos de ellos habían viajado en los trenes, al igual que los estudiantes con los que hablé en una escuela secundaria de Los Ángeles especial para inmigrantes recién llegados.

En un centro de detención en Los Fresnos, Texas, la conversación que tuve con los mellizos José Enrique y José Luis Oliva Rosa, de quince años, me forzó a descartar el plan inicial. Me di cuenta de que mi idea de seguir a un niño desde el principio de su viaje en Centroamérica hasta que se reuniera con su madre en los Estados Unidos no era factible. Los mellizos salieron de Honduras en busca de su madre. Durante los meses que pasaron en México en riesgo constante de perder la vida se separaron cuatro veces. Fue por pura suerte que se reencontraron. Yo no puedo correr con la velocidad de un muchacho de quince años. Y tampoco puedo confiarme en que voy a tener esa suerte. Tenía que encontrar a un niño que hubiese llegado al norte de México y seguirlo hasta que se reuniera con su madre en los Estados Unidos. Iba a tener que reconstruir la primera parte del viaje.

Los niños del centro de detención en Texas me alertaron de otros peligros que iba a afrontar durante el viaje. En el centro de Texas estaba Eber Ismael Sandoval Andino, de once años, un niño menudito de ojos oscuros y con las piernas llenas de cicatrices entrecruzadas debidas a heridas de machete. Tenía las cicatrices por haber trabajado en plantaciones hondureñas de café desde los seis años. Él me contó que en el curso de sus viajes en tren por México fue testigo de cinco incidentes diferentes en los que el tren mutiló a migrantes. Vio cómo un hombre perdió medio pie subiéndose al tren. Vio a seis pandilleros matar a una muchacha arrojándola del tren. Él mismo se cayó una vez y aterrizó justo al lado de las ruedas en movimiento. "Pensé que estaba muerto. Me quedé duro como una piedra", explicó.

El director del centro de Texas me aseguró que era una idiotez intentar el viaje en tren, que me iba a hacer matar. Ellos, me dijo señalando a los niños a su alrededor, no comprenden realmente los peligros que van a enfrentar. Se lanzan al viaje con los ojos cerrados. Nadie los ha prevenido del peligro. Yo comprendía exactamente el peligro; si lo hacía, era por pura estupidez.

No soy una persona valiente. Me crié en parte en Argentina durante la genocida "guerra sucia" durante la cual el gobierno militar hizo "desaparecer" a unas 30,000 personas. A menudo iba a la escuela con una amiga por si nos pasaba algo a alguna de las dos. Mi madre quemó los libros de la familia en una fogata en el jardín trasero para evitar problemas en caso de que los militares vinieran a registrar nuestra casa en Buenos Aires. Cerrábamos las ventanas para que los vecinos no escucharan ninguna conversación que se desviara de lo mundano a algo vagamente político. Un amigo adolescente estuvo entre los desaparecidos que fueron asesinados. Oímos que lo torturaron y le destrozaron los huesos de la cara. Un miembro de mi familia fue secuestrado y torturado por los militares, que lo liberaron muchos meses después.

De ser posible, evito el peligro. Si tengo que ponerme en peligro para comprender algo cabalmente, trato de tomar las mayores precauciones posibles.

Redoblé mis esfuerzos para disminuir el riesgo durante el viaje. Formulé una regla: nada de subir y bajar de vagones en movimiento (sólo rompí la regla una vez).

Un colega del periódico que tiene contactos en el gobierno mexicano me ayudó a conseguir una carta del secretario personal del presidente de México. En ella se solicitaba cooperación con mi trabajo a todas las autoridades y policía con los que me encontrara. Gracias a la carta evité ir a dar a la cárcel tres veces. También me ayudó a convencer al Grupo Beta, un grupo armado mexicano que aboga por los derechos de los migrantes, de que me acompañara durante el tramo más peligroso del viaje por el estado mexicano de Chiapas. En ese tiempo los agentes del Grupo Beta, que son reclutados de distintos grupos policiales, estaban armados con escopetas AK-47. Hacía catorce meses que ya no patrullaban los techos de los trenes. Me explicaron que, aun con esa potencia de fuego, era demasiado peligroso; en 1999 sus patrullas sufrieron cuatro ataques de pandilleros. Acordaron hacer una excepción en mi caso.

Gracias a la carta pude conseguir que cuatro compañías

que operan trenes de carga todo a lo largo de México me dieran permiso para viajar en los techos. Así el maquinista estaba
al tanto de que yo me encontraba a bordo. Yo les pedía que estuvieran atentos a mi señal. Llevaba una chaqueta de lluvia
anudada a la cintura y la iba a agitar si me hallaba en serio peligro. Trataba de tener un contacto en cada región que visitaba,
incluyendo su número de teléfono celular, por si llegaba a tener
problemas.

CÓMO ENCONTRÉ A ENRIQUE

En promedio, los niños que captura la Patrulla Fronteriza tratando de cruzar solos la frontera entre México y los Estados
Unidos son varones de quince años. Yo quería encontrar a un
niño que buscara a su madre y que hubiese viajado en los techos de los trenes.

En mayo del año 2000 indagué en una docena de albergues
e iglesias ubicados del lado mexicano en la frontera de 2,000
millas con los Estados Unidos y que ayudan a inmigrantes, incluyendo a niños. Le expliqué a cada sacerdote y a cada director de albergue lo que buscaba. Llamaba a cada lugar día tras
día para saber si había llegado un niño así. Muy pronto, una
monja de una de las iglesias de Nuevo Laredo, la parroquia de
San José, me habló de dos adolescentes que habían venido para
comer gratis: un varón de diecisiete años y una muchacha de
quince. Los dos marchaban al norte en busca de sus madres. La
monja me puso a Enrique al teléfono. Era un poco mayor que
el promedio del Servicio de Inmigración y Naturalización
(INS). Pero su historia era típica, y tan azarosa como las que
había oído contar a los niños que están en las cárceles del INS.

Unos días después viajé a Nuevo Laredo y me pasé dos semanas siguiéndole los pasos a Enrique a lo largo del Río Grande. Hablé con otros niños pero decidí quedarme con Enrique. A la mayoría de los niños con los que hablé en Nuevo Laredo, incluyendo a Enrique, les habían robado el número telefónico de sus madres en el camino. No se les había ocurrido memorizarlo. A diferencia de otros, Enrique sí recordaba un número telefónico en Honduras al que podía llamar para tratar de conseguir el número de su madre en los Estados Unidos. Él todavía tenía la posibilidad de continuar el viaje y, tal vez, llegar hasta a su madre.

Hablando con Enrique obtuve todos los detalles posibles acerca de su vida y su viaje al norte. Apunté todos los lugares a los que había ido, todas las experiencias, todas las personas que en su recuerdo lo habían ayudado o le habían puesto escollos en el camino.

Después procedí a reconstruir su trayectoria haciendo el viaje exactamente como lo había hecho él unas semanas antes. Quería ver y experimentar las cosas igual que él para así poder describirlas con más detalle. Empecé en Honduras, entrevistando a su familia y viendo los lugares que él frecuentaba. Crucé Centroamérica en autobuses tal cual lo había hecho Enrique. En Chiapas, el estado más austral de México, subí a bordo de un tren de carga. Hice el mismo recorrido a lo largo de las ferrovías, cruzando México de sur a norte en los techos de siete trenes. Me bajé en el mismo lugar que él, en San Luis Potosí, y luego viajé como autostopista en un camión de cinco ejes partiendo desde el mismo lugar en Matehuala, al norte de México, donde Enrique pidió un aventón hasta la frontera. Para volver sobre los pasos de Enrique crucé trece de los treinta y un estados de México. Viajé más de 1,600 millas, la mitad en los techos de los trenes.

Encontré a personas que habían ayudado a Enrique y visité pueblos o lugares de importancia crucial por los que había pasado o en los que se había detenido por un tiempo durante el viaje. Mostraba a la gente una foto de Enrique para asegurarme de que estábamos hablando del mismo muchacho. En los trenes viajé con otros niños migrantes que iban a encontrarse con su madre, incluyendo a un niño de doce años que iba en busca de la suya, quien lo había dejado para irse a San Diego cuando tenía un año de edad. De Tegucigalpa a México entrevisté a docenas de migrantes y expertos: personal médico, sacerdotes, monjas, agentes de policía. Todo esto se agregó al viaje y me ayudó a corroborar el relato de Enrique. Volví con él tres veces para preguntarle si había oído o visto algunas de las muchas cosas que presencié durante mi viaje. En total pasé más de seis meses viajando por Honduras, México y los Estados Unidos. En el año 2003 recorrí una vez más el trayecto casi completo partiendo desde Tegucigalpa para recabar más información.

UN RECORRIDO PELIGROSO

Durante los meses que viajé siguiendo la trayectoria de Enrique, viví casi constantemente en peligro de que me golpearan, de que me asaltaran o que me violaran.

Una noche de tormenta, cuando viajaba en lo alto de un vagón cisterna, la rama de un árbol me golpeó de lleno en la cara y me tumbó hacia atrás. Alcancé a aferrarme a una barandilla y eso evitó que me cayera del tren. Tiempo después me enteré de que, en ese mismo viaje, una rama arrancó a un niño del vagón cisterna que seguía al mío. Los que iban con él en el tren no sabían si estaba vivo o muerto.

Aun con la presencia de agentes bien armados del Grupo Beta en los trenes en los que viajé por Chiapas, los pandilleros asaltaron a personas a punta de cuchillo en los últimos vagones de nuestro tren. Los pandilleros que van en los trenes eran para mí motivo de constante preocupación. Durante una breve parada del tren en Tierra Blanca, en el estado mexicano de Veracruz, me enteré de que un pandillero renombrado por su saña llamado Blackie viajaba en el tren que yo estaba por abordar otra vez e intenté frenéticamente conseguir que la policía local lo hallara y lo arrestara. Cerca de allí se descarriló un tren que iba justo delante del mío. Los ingenieros ferroviarios describen incidentes en los que los vagones descarrilados se vuelcan y aplastan a los migrantes.

Por momentos estuve cerca de presenciar lo peor que el tren puede ofrecer. Al pasar por el pueblo de Encinar, Veracruz, yo iba entre dos tolvas con otros cuatro migrantes. De una tienda de comestibles junto a las vías salió un jovenzuelo para arrojar un paquete de galletas a los migrantes del tren. Un migrante adolescente que estaba a mi lado tenía hambre. El muchacho le arrojó las galletas al migrante, pero el paquete rebotó contra el tren. Al saltar de la tolva para correr hacia atrás en busca de las galletas, el muchacho tropezó y se cayó de espaldas. Aterrizó con los dos pies sobre la vía. Tuvo una fracción de segundo para reaccionar. Jaló los pies hacia atrás justo antes de que lo pisaran las ruedas.

A los lados de la vía las cosas no eran mucho más seguras. En Ixtepec, Oaxaca, caminé a lo largo del río que pasa cerca del pueblo. El sitio parecía tranquilo, un lugar público muy seguro. Arriba, en el puente principal que cruza el río había mucha actividad de trenes y peatones. Al día siguiente entrevisté a Karen, una muchacha de quince años a quien habían violado dos pandilleros que ella había visto en los trenes. Karen me dijo que la habían violado justo debajo del puente que cruza el río. Un día antes, yo había estado sola en el mismo lugar donde violaron a Karen.

En Chiapas estuve con agentes del Grupo Beta cerca de un peligroso retén de inmigración llamado "El Manguito", un hervidero de malvivientes que atacan a los migrantes. Súbitamente nos encontramos en una persecución a alta velocidad sobre una carretera de dos vías tratando de alcanzar una camioneta Jeep Cherokee roja donde iban tres bandidos que habían asaltado a un grupo de migrantes y se habían alzado con una mujer del grupo, una hondureña de veintidós años. Yo estaba en la caja de la *pick-up* del Grupo Beta. La *pick-up* se adelantó hasta ponerse al lado de la Cherokee, tratando de forzarlos a parar. Un agente del Grupo Beta que iba en la caja de la *pick-up* cargó su escopeta, la amartilló y apuntó hacia el vehículo de los bandidos. Yo estaba a pocos pies de distancia de la Cherokee, rezando por que los bandidos no abrieran fuego.

Más al norte, Raymundo Ramos Vásquez, un activista de derechos humanos, me mostró los lugares más aislados a lo largo del Río Grande por donde cruzan los migrantes. Nos topamos con un migrante que se preparaba para atravesar a nado. Nos explicó que la última vez que había estado allí habían llegado unos agentes municipales, y que éstos le esposaron las manos en la espalda y le metieron la cabeza en el río amenazando con ahogarlo si no revelaba dónde tenía el dinero. Justo en el momento en que el migrante nos estaba detallando el abuso, dos agentes de policía avanzaron hacia nosotros bajando por el sendero de tierra. Tenían las pistolas desenfundadas y listas para disparar.

De regreso en los Estados Unidos tuve una pesadilla recurrente: alguien me perseguía por los techos de un tren de carga para violarme. Necesité meses de terapia hasta poder volver a dormir bien.

En México pasé muchos momentos de tensión. En los trenes estaba roñosa, imposibilitada para ir al baño por largos trechos, sufriendo calor o frío insoportables, castigada durante horas por la lluvia y el granizo.

Aunque con frecuencia me sentía extenuada e infeliz, sabía que lo que estaba experimentando no podía ni compararse con lo que sufren los niños migrantes. Al cabo de un largo viaje en tren, yo sacaba a relucir mi tarjeta de crédito, me iba a un motel, me daba una ducha, comía, dormía. Normalmente estos niños tardan meses en llegar al norte. Durante ese tiempo, entre tren y tren duermen en los árboles, beben el agua de los charcos y mendigan para comer. El viaje me permitió tener apenas un esbozo de lo duro que es para ellos.

LECCIONES APRENDIDAS EN LOS TECHOS DEL TREN

Yo creía comprender en buena medida la experiencia inmigrante. Mi padre, Mahafud, nació en Argentina después de que su familia cristiana huyera de la persecución religiosa en Siria. Mi madre, Clara, nacida en Polonia, emigró a la Argentina de niña. Su familia huía de la pobreza y la persecución a los judíos. Muchos de sus parientes polacos terminaron en las cámaras de gas durante la Segunda Guerra Mundial. En 1960 mi familia migró a los Estados Unidos. Mi padre, que era profesor de bioquímica y trabajaba en genética, tenía aquí más recursos y mejores oportunidades de hacer investigación. También quería dejar atrás un país controlado por los militares en el que se limitaba la expresión académica.

Yo comprendía el deseo de tener oportunidades, libertad. Debido a la muerte de mi padre cuando yo era adolescente y a los tiempos turbulentos que vivió mi familia después, también sabía lo que es tener necesidad económica. Crecer como hija de inmigrantes argentinos en Kansas en los años sesenta y setenta me hizo saber lo que es sentirse un forastero. Yo sé lo difícil que es estar entre dos países, dos mundos. En muchos sentidos comparto la experiencia de los inmigrantes latinos en este país. Hace dos décadas que vengo escribiendo intermitentemente sobre los migrantes.

Aun así, mis padres llegaron a los Estados Unidos en avión, no en los techos de un tren de carga. Mi familia nunca estuvo separada en el proceso de inmigrar a los Estados Unidos. Hasta mi viaje con niños migrantes, no había comprendido cabalmente lo que la gente está dispuesta a hacer para llegar aquí.

Recorriendo el camino de Enrique aprendí sobre los abismos de desesperación que enfrentan las mujeres en países como Honduras. La mayoría gana entre 40 y 120 dólares al mes trabajando en una fábrica, limpiando casas o cuidando niños. Una choza sin baño ni cocina se alquila por casi 30 dólares al mes. En las zonas rurales de Honduras algunas personas viven bajo un pedazo de lona encerada; no tienen sillas ni mesa y comen sobre el piso de tierra apisonada.

Los niños van a la escuela vistiendo uniformes raídos, muchas veces sin poder comprar papel, lápices o un almuerzo decente. Un director de escuela primaria de Tegucigalpa me dijo que muchos de sus alumnos estaban tan malnutridos que no tenían energía para tenerse de pie en los actos del colegio o cantar el himno nacional. Muchas mujeres hondureñas dejan de mandar a la escuela a sus hijos cuando tienen sólo ocho años. Los hacen cuidar de sus hermanos más pequeños mientras ellas trabajan o vender tortillas en una esquina. Niños de siete años venden bolsitas de agua en los autobuses o esperan en las paradas de taxi para buscarles cambio a los choferes. Algunos mendigan en el boulevard Juan Pablo II.

Domy Elizabeth Cortés, de Ciudad de México, quedó en estado de profundo abatimiento cuando su esposo la dejó por otra mujer. La pérdida del ingreso de su esposo significaba que sólo podía dar de comer a sus hijos una vez al día. Durante varias semanas consideró arrojarse con sus dos bebés a una zanja de aguas residuales para que se ahogaran todos juntos. En cambio, dejó a sus hijos con un hermano y se marchó a Los Ángeles. Todos los días madres como Domy se marchan a los Estados Unidos dejando atrás a sus hijos, algunos de sólo un mes de vida, sin saber si los volverán a ver, o cuándo lo harán.

A cada paso de mi camino rumbo al norte me asombró la recia determinación que muestran estos niños en su lucha por llegar aquí. Están dispuestos a soportar miserias y peligros durante largos meses. Vienen armados con su fe, la resolución de no volver a Centroamérica derrotados y un deseo profundo de estar junto a sus madres. Un adolescente hondureño que conocí en Guatemala había sido deportado veintisiete veces. Decía que no iba a darse por vencido hasta llegar junto a su madre en los Estados Unidos. Empecé a pensar que no hay Patrulla Fronteriza que pueda disuadir a niños como Enrique que están dispuestos a soportar tanto para venir a los Estados Unidos. Es un torrente poderoso que sólo puede detenerse en su fuente de origen.

Los migrantes con los que estuve también me dieron un regalo que no tiene precio. Me recordaron el valor de lo que tengo. Me enseñaron que hay gente dispuesta a morir en su intento por conseguirlo.

Las madres solteras que vienen a este país, y los niños que las siguen, están cambiando el cariz de la inmigración en los Estados Unidos. Cada año es mayor el número de mujeres y niños que emigran a los Estados Unidos. Ellos se convierten en nuestros vecinos, en alumnos de nuestras escuelas, trabajadores en nuestros hogares. A medida que pasen a ser un componente intrínseco de los Estados Unidos, sus dificultades y sus logros serán una parte del futuro de este país. Para los estadounidenses en general, espero que este libro ayude a traer a la luz a esta parte de nuestra sociedad.

Para las madres latinas que vienen a los Estados Unidos, mi esperanza es que comprendan cabalmente las consecuencias de dejar a sus niños y tomen decisiones mejor informadas. Porque, en última instancia, estas separaciones casi siempre terminan mal.

Todas las mujeres a las que entrevisté en los Estados Unidos y que habían dejado a sus hijos estaban seguras de que la separación iba a ser breve. Por naturaleza los inmigrantes que vienen a los Estados Unidos son optimistas. Tienen que serlo para poder dejar atrás todo lo que aman y conocen a cambio de lo desconocido. No obstante, la realidad es que pasan años y años hasta que los niños se vuelven a reunir con sus madres. Para cuando esto ocurre, si es que ocurre, los niños suelen guardarles mucho resentimiento. Se sienten abandonados. Las madres quedan pasmadas ante este juicio. Ellas piensan que sus hijos deberían mostrar gratitud, no resentimiento. Después de todo, las madres renunciaron a estar con sus hijos, trabajaron como perros, todo para que sus hijos pudieran tener una vida y un futuro mejores.

En última instancia las inmigrantes latinas pagan un precio muy elevado por venir a los Estados Unidos. Pierden el amor de sus hijos. Cuando se vuelven a encontrar con ellos, terminan en hogares llenos de conflictos. Con demasiada frecuencia los varones se unen a pandillas buscando el amor que creían que iban a encontrar con sus madres. Con demasiada frecuencia las niñas quedan embarazadas y forman su propia familia. En muchos sentidos estas separaciones son devastadoras para las familias latinas. Las personas pierden lo que más valoran.

A menudo los niños que emprenden este viaje no tienen éxito. Derrotados, terminan de vuelta en Centroamérica. Enrique estaba resuelto a reunirse con su madre. ¿Lo lograría?

LA TRAVESÍA DE
ENRIQUE

Enrique, en el día de su graduación en el jardín de infancia

El niño que quedó atrás

El niño no comprende.

Su mamá no le habla. Ni siquiera lo mira. Enrique no tiene la menor sospecha de lo que ella está por hacer.

Lourdes sí sabe. Ella entiende como sólo una madre puede hacerlo el terror que está a punto de causar, el dolor que va a sentir Enrique y, por último, el vacío.

¿Qué será de él? El niño ya ni permite que otros lo bañen o le den de comer. La ama profundamente, como sólo un hijo puede amar. Con Lourdes, es abiertamente afectuoso. "Deme pico, mami", le pide una y otra vez, frunciendo los labios para que ella lo bese. Con Lourdes, es parlanchín. "Mire, mami", dice en voz baja, preguntándole sobre todo lo que ve. Sin ella, es de una timidez abrumadora.

Ella sale despacio al portal. Enrique se cuelga de sus pantalones. A su lado se ve muy pequeño. Lourdes lo quiere tanto que no acierta a decir nada. No se atreve a llevar su fotografía por temor a flaquear en su resolución. Tampoco se atreve a abrazarlo. El niño tiene cinco años.

Viven en las afueras de Tegucigalpa, en Honduras. Lourdes gana a duras penas el dinero suficiente para alimentar a Enrique y a su hermana Belky, de siete años. Nunca ha podido comprarles un juguete o un pastel de cumpleaños. Con veinticuatro años de edad, Lourdes se gana la vida fregando ropa ajena en un río cenagoso. Va de puerta en puerta vendiendo tortillas, ropa usada y plátanos.

Con una caja de madera llena de chicle, galletas y cigarrillos, Lourdes encuentra un lugar donde acuclillarse en la acera polvorienta cerca del Pizza Hut del centro para vender su mercancía a los transeúntes. Para Enrique, la acera es su patio de juegos.

El porvenir de sus hijos es sombrío. Lo más seguro es que ni él ni Belky terminen la escuela primaria. Lourdes no tiene dinero para uniformes y lápices. Su marido se fue. Ni hablar de un buen empleo.

Lourdes sabe de un solo lugar que ofrece esperanza. Cuando era una niña de siete años y le tocaba llevar las tortillas que hacía su madre a las casas de los ricos, alcanzó a tener un vistazo fugaz de ese mundo en televisores ajenos. Había una distancia abismal entre esas imágenes titilantes y la casa de su infancia: una choza de dos habitaciones hecha con tablones de madera, un precario techo de hojalata sostenido con piedras, un montón de arbustos como único baño. En la televisión ella vio los espectaculares edificios de Nueva York, las luces resplandecientes de Las Vegas, el castillo mágico de Disneylandia.

Lourdes ha decidido partir. Se marchará a los Estados

Unidos y ganará dinero para mandar a casa. Será una ausencia de un año, aún menos si tiene suerte. Si no, desde allá mandará traer a sus hijos para que estén con ella. Es por ellos que se va, se dice a sí misma, pero igual se siente culpable.

De rodillas, besa a Belky y la estrecha contra su pecho. Luego se vuelve hacia su propia hermana. Si se ocupa de Belky, Lourdes le enviará del Norte un juego de uñas postizas de oro.

Pero a Enrique no puede mirarlo. Él sólo recordará que ella le dice: "No olvides ir a la iglesia esta tarde".

Es el 29 de enero de 1989. Su mamá baja del portal.

Se aleja caminando.

"¿Dónde está mi mami?", pregunta Enrique llorando una y otra vez.

Su madre no regresa nunca, y el destino de Enrique queda sellado. Cuando llegue a la adolescencia, en verdad siendo aún niño, Enrique se lanzará solo a los Estados Unidos en busca de su madre. Casi inadvertido, él será uno de los casi 48,000 niños que entran cada año a los Estados Unidos desde México y Centroamérica como indocumentados y sin ninguno de sus padres. Unas dos terceras partes de ellos lograrán burlar la vigilancia del Servicio de Inmigración y Naturalización de los Estados Unidos (INS).

Muchos viajan al norte en busca de trabajo. Otros huyen de familias que los maltratan. Según consejeros de un centro de detención en Texas donde el INS alberga la mayor cantidad de los niños detenidos sin acompañante, casi todos los centroamericanos van para reunirse con uno de sus padres. De éstos, el 75 por ciento busca a su madre. Algunos niños dicen que necesitan saber si sus madres aún los aman. En un refugio en Texas, un sacerdote dice que los niños suelen traer fotografías en las que están en brazos de sus madres.

El viaje es duro para los mexicanos, pero aún más duro para Enrique y otros centroamericanos. Ellos deben emprender una travesía ilegal y peligrosa a lo largo de México. Según consejeros y abogados de inmigración, sólo la mitad cuenta con la ayuda de contrabandistas. Los demás viajan solos. Padecen de hambre y frío, y están indefensos. Policías corruptos, bandidos y pandilleros deportados desde los Estados Unidos los cazan como a animales. Un estudio de la Universidad de Houston encontró que la mayoría es víctima repetida de asaltos, golpizas o violaciones. Algunos mueren.

Emprenden el viaje con poco o nada de dinero. Según personal de albergues, miles de ellos atraviesan México encaramados en los costados y los techos de los trenes de carga. Desde la década de los noventa, las autoridades de México y los Estados Unidos han intentado impedirles el paso. Para evadir a la policía y a las autoridades de inmigración mexicanas, los niños suben y bajan de vagones en movimiento. A veces se caen y los destrozan las ruedas del tren.

Se guían de oídas o por la trayectoria del sol. Con frecuencia, no saben dónde ni cuándo comerán la próxima vez. Algunos pasan días enteros sin alimentarse. Si el tren se detiene brevemente, se agachan junto a las vías y sorben del hueco de la mano el agua contaminada con gasóleo de los charcos viscosos. Por las noches se acurrucan amontonados en los vagones del tren o cerca de las vías. Duermen en los árboles, en los pastizales o en lechos de hojas.

Algunos son muy pequeños. Empleados ferroviarios mexicanos han encontrado niños de siete años que viajan en busca de sus madres. Cerca de las vías del tren en el centro de Los Ángeles, un policía encontró a un niño de nueve años que le dijo: "Busco a mi mamá". El pequeño había salido de Puerto

Cortés en Honduras tres meses antes. Sólo lo guiaban su astucia y el único dato que poseía acerca de su madre: el lugar donde vivía. A todos preguntaba: "¿Cómo llego a San Francisco?".

Por lo general, son adolescentes. Algunos eran bebés cuando sus madres se fueron; sólo las conocen por las fotografías que envían a casa. Otros, algo mayores, se esfuerzan por conservar los recuerdos. Una ha dormido en la cama de su madre, otro ha aspirado su perfume, se ha puesto su desodorante, su ropa. Uno tiene suficiente edad como para recordar su rostro, aquella recuerda su risa, su tono favorito de lápiz labial, la sensación de tocar su vestido cuando amasaba tortillas de pie junto a la cocina.

Muchos, incluyendo a Enrique, empiezan a idealizar a sus madres. Recuerdan cómo ellas los alimentaban y los bañaban, cómo caminaban juntos al jardín de infancia. En la ausencia, estas madres se agigantan. Para ellas es una lucha poder comer y pagar el alquiler en los Estados Unidos, pero en la fantasía de sus hijos se vuelven la personificación misma de la salvación, la respuesta a todos los problemas. Encontrarlas se vuelve para ellos la demanda del Santo Grial.

LA CONFUSIÓN

Enrique está desconcertado. ¿Quién lo cuidará ahora que su madre no está? Lourdes no podía imponer a su familia la carga de sus dos hijos, por lo que los separó. Belky se quedó con la madre y las hermanas de Lourdes. Por dos años Enrique fue confiado a su padre, Luis, que ya llevaba tres años separado de su madre.

Enrique se aferra a su padre, que lo trata con cariño. El padre va con Enrique a su trabajo de albañil y deja que el niño le ayude a mezclar la argamasa. Viven con la abuela de Enrique. El padre duerme con él y le trae manzanas y ropa. Cada mes que pasa, Enrique extraña menos a su madre, pero no la olvida. "¿Cuándo viene por mí?", pregunta.

Lourdes y su contrabandista atraviesan México en autobuses. Todas las tardes, ella cierra los ojos y se imagina en casa al atardecer, jugando con Enrique bajo un eucalipto en el jardín de la casa de su madre. Enrique cabalga sobre una escoba como si ésta fuera un burro y corretea por el lodo. Todas las tardes ella aprieta los ojos y brotan las lágrimas. Todas las tardes se recuerda que si flaquea, si no sigue adelante, sus hijos pagarán el precio.

Lourdes cruza a los Estados Unidos en una de las oleadas de inmigración más grandes de la historia del país. Pasa durante la noche por una cloaca de Tijuana infestada de ratas y se abre camino a Los Ángeles. Una vez allí, en la terminal de autobuses Greyhound, el contrabandista le dice a Lourdes que espere mientras él va a hacer un mandado rápido. Ya volverá. El contrabandista ha cobrado por llevarla hasta Miami.

Pasan tres días. Lourdes se revuelve el pelo roñoso intentando confundirse con los pordioseros para no llamar la atención de la policía. Ruega a Dios que le mande a alguien, que le muestre el camino. ¿A quién puede pedir ayuda? Famélica, se echa a andar. Al este de Los Ángeles, Lourdes ve una fábrica pequeña. En la plataforma de carga, bajo un techo gris de hojalata, hay mujeres separando tomates verdes y rojos. Implora que le den trabajo. Mientras llena cajas con tomates, Lourdes alucina que está rebanando un tomate jugoso y espolvoreándolo con sal. El jefe le paga 14 dólares por dos horas de trabajo. El hermano de Lourdes tiene una amiga en Los Ángeles que la ayuda a conseguir una tarjeta falsa de Seguro Social y un empleo.

Lourdes va a vivir con una pareja de Beverly Hills para cuidar a su hija de tres años de edad. La casa es espaciosa, con alfombrado y paneles de caoba en las paredes. Sus patrones son bondadosos. Le pagan 125 dólares por semana. Está libre las noches y los fines de semana. Quizá, piensa Lourdes, si se queda el tiempo suficiente ellos la ayudarán a conseguir los papeles.

Todas las mañanas cuando los patrones salen a trabajar, la niña llora por su madre. Lourdes le da el desayuno mientras piensa en Belky y Enrique. ¿Será que sus hijos lloran así? ¿Cómo puede dar de comer a esta niña en lugar de alimentar a sus propios hijos? Para lograr que la niña coma, juega a que la cuchara es un avión. Pero cada vez que la cuchara aterriza en la boca de la pequeña, Lourdes siente que la embarga la tristeza.

Por las tardes, cuando la niña vuelve a casa del jardín de infancia ambas hojean libros ilustrados y juegan. La pequeña, tan cercana en edad a Enrique, le recuerda constantemente a su hijo. Muchas veces, Lourdes no puede contener la congoja. Deja a la niña con un juguete y corre a la cocina. Allí, donde no la ven, se le desbordan las lágrimas. Después de siete meses, ya no puede soportarlo. Renuncia y se muda a la casa de una amiga en Long Beach.

A Tegucigalpa llegan cajas con ropa, zapatos, coches de juguete, un muñeco Robocop, un televisor. ¿Les gustan las cosas que mando?, pregunta Lourdes en una carta. Le dice a Enrique que se porte bien, que estudie mucho. Su esperanza es que él se gradúe del colegio secundario, que llegue a ser oficinista, quizá ingeniero. Se lo imagina trabajando con una camisa impecable y zapatos lustrados. Le dice que lo ama.

Enrique pregunta por su mamá. "Pronto regresará", le asegura su abuela. "No te preocupes, volverá".

Pero su madre no vuelve. Su desaparición es incomprensible. El desconcierto de Enrique se torna en confusión y luego en ira adolescente.

Cuando Enrique tiene siete años, su padre trae a una mujer a la casa. Para ella, Enrique representa una carga económica. Una mañana, la mujer le derrama encima un chocolate caliente y lo quema. Su padre la echa, pero la separación es breve.

"Mamá, no hago más que pensar en esa mujer", le dice el padre de Enrique a la abuela.

El padre de Enrique se baña, se viste, se pone agua de colonia y se va con la mujer. Enrique lo persigue y le ruega quedarse con él. Pero su padre le dice que regrese con su abuela.

El padre forma una nueva familia. Enrique lo ve rara vez, casi siempre por casualidad. Con el correr del tiempo, su amor se vuelve desprecio. "No me quiere. Quiere a los hijos que tiene con su esposa", le dice a Belky. "Yo no tengo padre".

El padre se da cuenta. "Me mira como si no fuera mi hijo, como si quisiera estrangularme", le comenta a la abuela. El padre concluye que es la madre de Enrique quien tiene casi toda la culpa. Fue ella quien prometió regresar.

Para Belky, la desaparición de la madre es igual de dolorosa. Ella vive con su tía Rosa Amalia, una de las hermanas de su madre. En el Día de la Madre, soporta con dificultad los festejos en la escuela. Esa noche llora en silencio sola en su habitación. Luego se regaña. Debería agradecer que su madre se haya marchado. Sin el dinero que ella manda para libros y uniformes, Belky no podría siquiera asistir a la escuela. Se recuerda todas las cosas que su madre envía al sur: zapatos deportivos Reebok, sandalias negras, el oso amarillo y el perrito rosa de peluche que están sobre su cama. Se desahoga con una amiga cuya madre también se ha ido. Se consuelan mutuamente. Ellas conocen a una niña cuya madre ha muerto de un paro cardíaco. Al menos, dicen, nuestras madres están vivas.

No obstante, Rosa Amalia piensa que la separación ha provocado profundos trastornos afectivos. A su juicio, Belky se debate ante una pregunta ineludible: ¿Cómo puede ser que yo valga algo si mi madre me dejó?

"Algunos días me siento tan sola al despertar…", le dice Belky a la tía Rosa Amalia. Belky es temperamental. A veces, no habla con nadie. Cuando está de humor sombrío, su abuela advierte a los otros niños de la casa: "¡Pórtense bien porque la marea anda brava!".

Desconcertado por la ausencia de su madre, Enrique se vuelve hacia a su abuela. Ya solos, Enrique y su anciana abuela paterna comparten una choza de 30 pies cuadrados. María Marcos construyó la choza ella misma con tablones de madera. La luz del día se cuela por las rendijas. La choza tiene cuatro habitaciones, tres de ellas sin electricidad. No hay agua corriente. El techo de hojalata emparchada tiene canaletas para lluvia que desaguan en dos barriles. Un hilo turbio y blancuzco de aguas residuales pasa por delante del portón de entrada. Sobre una piedra gastada ahí cerca, la abuela de Enrique friega la mohosa ropa usada que luego vende de casa en casa. Junto a la piedra está la letrina, un hoyo de cemento. Al lado hay unos baldes para bañarse.

La choza está en Carrizal, uno de los barrios más pobres de Tegucigalpa. A veces Enrique mira más allá de las suaves colinas hacia el vecindario donde antes vivía con su madre y donde Belky aún vive con la familia materna. Están a seis millas de distancia. Casi nunca se ven.

Lourdes le envía a Enrique 50 dólares por mes, a veces 100, a veces nada. Alcanza para comprar comida, pero no para la matrícula escolar, uniformes, cuadernos y lápices, que son caros en Honduras. Nunca hay suficiente para un regalo de cumpleaños. Pero la abuela María lo abraza y le desea alegremente un feliz cumpleaños. "Tu madre no puede mandar suficiente dinero, así que los dos tendremos que trabajar", dice la abuela.

A Enrique le gusta mucho treparse al árbol de guayabas de su abuela, pero ya no hay tiempo para juegos. Después de clases, Enrique sale con un balde colgado del brazo a vender tamales y bolsitas de zumo de frutas. "¡Tamarindo! ¡Piña!", pregona.

A veces Enrique lleva su mercancía a una estación de servicio donde los autobuses entran estrepitosamente en Carrizal despidiendo vapores de gasóleo. Abriéndose paso entre vendedores de mangos y aguacates, vende tazas de fruta cortada en cubos.

Al cumplir los diez años, va solo en autobús a una feria al aire libre. Llena bolsitas con nuez moscada, curry y paprika, luego las sella con cera caliente. Se detiene junto a los portones negros que hay frente al mercado: "¿Va a querer especias?". Como no tiene licencia de vendedor ambulante está siempre en movimiento, disparando entre los carromatos de madera repletos de papayas. El borde de la acera está salpicado de niños más pequeños, de cinco y seis años, que se abalanzan sobre los compradores con puñados de chiles y tomates. A cambio de una propina, otros niños se ofrecen para acarrear las compras de fruta y verdura de un puesto a otro en rústicas carretillas de madera. "¿Le ayudo?", preguntan. Con los brazos tensos y las espaldas encorvadas, los niños arrastran jadeando las carretillas rebosantes.

Entre venta y venta, algunos de los jovenzuelos que trabajan en el mercado aspiran pegamento.

La abuela María cocina plátanos, fideos y huevos. Cada tanto, mata un pollo y lo guisa para él. A cambio, Enrique le frota la espalda con medicina cuando ella está enferma. Le lleva agua a la cama. Dos o tres veces por semana, sube cargando un balde lleno de agua potable en cada hombro desde el camión cisterna que llega al pie de la colina hasta la casa de su abuela.

Cada año, para el Día de la Madre, hace una tarjeta en forma de corazón en la escuela y se la da a su abuela. "Quiero mucho a mi abuela", escribe.

Pero ella no es su madre. Enrique anhela oír la voz de Lourdes. Una vez intenta llamarla por cobrar desde un teléfono público de su barrio. La llamada no entra. La única forma de hablar con ella es llamarla desde la casa de una prima de su madre, María Edelmira Sánchez Mejía, uno de los pocos parientes que tienen teléfono. Su madre no llama casi nunca. Hubo un año en que no llamó ni una vez.

"Mujer, ¡creí que estabas muerta!", dice María Edelmira cuando al fin Lourdes llama por teléfono. Lourdes responde que más vale mandar dinero que malgastarlo en llamadas telefónicas. Pero hay otra razón por la que no ha llamado. Su vida en los Estados Unidos no se parece en nada a las imágenes que había visto en Honduras.

Lourdes comparte un dormitorio con otras tres mujeres en el apartamento donde vive. Duerme en el piso. Santos, un novio de Honduras, se le ha unido en Long Beach. Lourdes está esperanzada. Ha notado que Alma, una buena amiga suya, está ahorrando mucho más rápido ahora que vive con un novio mexicano. El novio paga el alquiler y los gastos. Alma hace compras para sus dos hijas en tiendas bonitas como JC Penney y Sears. Está ahorrando para construir una casa en Honduras.

Santos, que alguna vez hizo de albañil con el padrastro de Lourdes, es un trabajador tan rápido y bueno que en Honduras lo apodaban El Veloz. Lourdes espera que, con Santos aquí, en dos años podrá ahorrar lo suficiente como para traer a sus hijos. Si no, volverá a Honduras con sus ahorros a contruirse una casita y una tienda de comestibles en una esquina.

Lourdes queda embarazada sin quererlo. Pasa el difícil embarazo empacando y pesando salmón y bagre todo el día en una helada planta frigorífica. A las cinco de la madrugada de una mañana de verano, Lourdes rompe bolsa. Su novio, a quien le gusta emborracharse, se va a un bar a festejar. Le pide a una amiga del bar que lleve a Lourdes al hospital público. La temperatura de Lourdes se dispara a 105 grados. Empieza a delirar. La amiga del bar seca el sudor que chorrea por la frente de Lourdes. "Traigan a mi madre. Traigan a mi madre", gime Lourdes. Respira con dificultad. Una enfermera le coloca una máscara de oxígeno. Da a luz a una niña, Diana.

Dos días después Lourdes debe dejar el hospital. Aún se siente débil y enferma. El hospital le cuidará a la bebé un día más. Santos no ha aparecido por el hospital. No contesta el teléfono de la casa. Su amigote del bar se ha llevado la ropa de Lourdes de vuelta al apartamento. Lourdes sale del hospital vestida con una bata desechable de papel azul. Ni siquiera tiene una muda de ropa interior. Se sienta a llorar en la cocina de su apartamento, añorando estar con su madre, su hermana, cualquier persona conocida.

Santos regresa a la mañana siguiente, después de una borrachera de tres días. "¿Ya vino?" Se queda dormido antes de que Lourdes pueda responder. Ella se va sola a buscar a Diana al hospital.

Santos pierde el trabajo que tenía haciendo repuestos para aviones. Lourdes sufre una caída en una plataforma portátil y se lastima un hombro. Se queja al patrón del dolor. La despiden dos meses después del nacimiento de Diana. Consigue trabajo en un bar-pizzería. Santos no quiere que trabaje allí. Una noche, Santos está borracho y celoso porque Lourdes llevó a un compañero de trabajo hasta su casa. Golpea a Lourdes con el puño en el pecho, haciéndola caer al suelo. A la mañana siguiente, hay sangre coagulada bajo la piel de uno de sus pechos. "No voy a aguantar esto", asegura.

Cuando Diana tiene un año, Santos decide ir de visita a Honduras. Dice que allí va a buscar buenas inversiones para multiplicar los varios miles de dólares que la pareja ha logrado ahorrar haciendo toda clase de economías. Pero en lugar de eso, se gasta el dinero en una larga borrachera con una quinceañera del brazo. No vuelve a llamar a Lourdes.

Dos meses después de la partida de Santos, Lourdes ya no puede pagar el alquiler ni las cuotas del automóvil. Alquila un garaje, o más bien una cochera abierta adaptada para vivienda. Los dueños levantaron unas paredes, colocaron una puerta e instalaron un retrete. No hay cocina. Cuesta 300 dólares por mes.

Lourdes y Diana, que ahora tiene dos años, comparten un colchón tendido sobre el piso de cemento. El techo gotea, el garaje se inunda y las babosas trepan por el colchón hasta la cama. No puede comprar leche ni pañales, ni llevar a su hija al médico cuando se enferma. A veces viven de la beneficencia pública.

Desempleada y sin posibilidad de mandar dinero a sus hijos en Honduras, Lourdes acepta el único empleo disponible: "fichera" en un bar de Long Beach llamado El Mar Azul Bar #1. El local tiene dos mesas de *pool*, una barra larga con taburetes de plástico y una fachada de neón azul y rojo. El trabajo consiste en sentarse junto a la barra, conversar con los parroquianos y animarlos a que la inviten una y otra vez con tragos escandalosamente caros. El primer día la abruma la vergüenza. Se imagina a sus hermanos sentados junto a la barra, juzgándola. ¿Qué pasaría si algún conocido la reconociera en el bar y su madre se llegase a enterar? Lourdes se sienta en el rincón más oscuro del bar y rompe a llorar. "¿Qué hago aquí?", se pregunta. "¿Esto va a ser mi vida?" Durante nueve meses, pasa noche tras noche escuchando pacientemente a los borrachos hablar de sus problemas, de cómo echan de menos a las esposas y los hijos que han dejado atrás en México.

Una amiga la ayuda a conseguir trabajo limpiando casas particulares y las oficinas de una refinería de petróleo durante el día, y vendiendo gasolina y cigarrillos en una estación de servicio por las noches. Lourdes deja a Diana en la escuela a las siete de la mañana, limpia todo el día, la recoge a las cinco de la tarde y la deja con una niñera para volver a trabajar hasta las dos de la mañana. Pasa a recoger a Diana y se desploma sobre la cama. Tiene cuatro horas para dormir.

Algunas de las personas para quienes trabaja son bondadosas. Una mujer de Redondo Beach siempre cocina el almuerzo para Lourdes y se lo deja sobre la estufa de la cocina. Otra mujer le ofrece: "Come lo que quieras, allí está el refrigerador". Lourdes les dice a ambas: "Que Dios la bendiga".

Otros parecen deleitarse humillándola. Una mujer en el

elegante barrio de Palos Verdes le exige que friegue de rodillas los pisos de la cocina y la sala en lugar de usar el trapeador. Eso exacerba su artritis. Algunos días camina como una anciana. Los líquidos de limpieza hacen que se le despellejen las rodillas, que a veces sangran. La mujer nunca le ofrece ni un vaso de agua.

No obstante, hay meses buenos en los que puede ganar 1,000 o hasta 1,200 dólares limpiando casas y oficinas. Ella toma empleos adicionales, como el de la fábrica de caramelos que pagaba 2.25 dólares la hora. Además del dinero que le manda a Enrique, su mamá y Belky reciben 50 dólares por mes cada una.

Ésos son sus momentos más felices, cuando puede girar dinero. Su mayor temor es no poder mandarlo cuando falta trabajo. Eso y los tiroteos al azar de las pandillas. "La muerte nunca te avisa cuando viene", afirma. Los pandilleros merodean en un pequeño parque cerca de su apartamento. Cuando Lourdes regresa a casa en medio de la noche, se le acercan y le piden dinero. Ella siempre les da tres dólares, a veces cinco. ¿Qué les pasará a sus hijos si ella muere?

El dinero que gira Lourdes no compensa por su ausencia. Belky, que ha cumplido los nueve años, está furiosa con la noticia de la bebita. Su madre podría perder interés en ella y Enrique, y con la bebé le será más difícil mandar dinero y ahorrar para llevárselos al norte. "¿Cómo es posible que haya tenido más hijos?", pregunta Belky.

Para Enrique, la tensión se agrava con cada llamada telefónica. Como vive al otro lado de la ciudad, no siempre tiene la suerte de estar en casa de María Edelmira cuando llama su madre. Cuando está, la conversación es breve y tirante. Sin embargo, durante una de estas conversaciones se planta silenciosamente la semilla de una idea. Sin darse cuenta, es Lourdes misma quien la ha sembrado.

"¿Cuándo regresa usted a casa?", pregunta Enrique. Ella evita responder, pero promete enviar por él muy pronto.

Nunca antes lo había pensado: si su madre no vuelve a casa, pues entonces quizá él pueda ir a reunirse con ella. Ninguno de los dos se da cuenta, pero la idea germina y echa raíces. En adelante, cada vez que Enrique habla con su madre se despide diciéndole: "Quiero estar con usted".

"Vení a casa", le ruega a Lourdes su propia madre. "Aunque sólo sean frijoles, aquí siempre tenés comida". El orgullo se lo impide. ¿Cómo puede justificar haber dejado a sus niños si regresa con las manos vacías? A cuatro cuadras de la de su madre hay una casa blanca con molduras moradas que ocupa media manzana tras unos portones negros de hierro; pertenece a una mujer cuyos hijos se fueron a Washington, D.C., y le enviaron el dinero para construirla. Lourdes no puede comprar semejante casa para su madre, mucho menos para ella.

Pero tiene un plan. Conseguirá el permiso de residencia y hará traer a sus niños a los Estados Unidos por vía legal. Tres veces contrata los servicios de gestores particulares de inmigración que prometen ayudarla. Les paga un total de 3,850 dólares. Los gestores nunca cumplen lo prometido.

Uno es un supuesto abogado del centro de Los Ángeles. Otro es un ciego que dice que trabajó para el INS. Las amistades de Lourdes aseguran que él los ha ayudado a conseguir el permiso de trabajo. Una mujer de Long Beach a quien le limpia la casa accede a patrocinarla para la residencia. El ciego muere de diabetes. Poco después Lourdes recibe una carta del INS. Solicitud denegada.

Debe intentarlo otra vez. La posibilidad de conseguir los

papeles surge de alguien en quien ella confía. Dominga es una mujer mayor que comparte el apartamento con Lourdes y se ha convertido en su madre sustituta. Le presta dinero cuando no le alcanza. Le da consejos sobre cómo ahorrar para traer a sus niños al norte. Cuando Lourdes regresa tarde a casa, le deja tamales o sopa sobre la mesa bajo el cuadro de terciopelo negro de la Última Cena.

Dominga está en la oficina del INS en Los Ángeles. Ha ido para tratar de ayudar a un hijo que fue arrestado en una redada de inmigración. Una mujer se le arrima en el pasillo. Me llamo Gloria Patel, dice. Soy abogada. Tengo amigos en el INS que pueden ayudar a tu hijo a legalizarse. De hecho, yo trabajo para alguien del INS. Le entrega a Dominga una tarjeta impresa que dice: ASESORA DE INMIGRACIÓN. SERVICIOS LEGALES PROFESIONALES, y lleva una imagen de la Estatua de la Libertad. La residencia cuesta 3,000 dólares por adelantado, 5,000 en total. Encuéntrame cuatro o cinco inmigrantes interesados y yo te daré los papeles de tu hijo gratis, dice la mujer.

Dominga le cuenta a Lourdes: "¡He encontrado una gran abogada! Nos puede hacer legales en un mes". Como máximo, tres meses. Dominga convence a otros inmigrantes del mismo complejo de apartamentos de que se apunten. Al principio se muestran escépticos. Algunos acompañan a Dominga a la oficina de Patel. Es un estudio ubicado en un edificio bonito donde también está el Consulado de Guatemala. La sala de espera está llena. Dos hombres hablan en voz alta de cómo Patel ha conseguido legalizar a sus parientes. Patel le muestra a Dominga unos papeles que, según ella, prueban que la legalización de su hijo ya está en marcha.

Salen de la oficina agradecidas porque Patel ha accedido a reducir su honorario a 3,500 dólares con una cuota inicial de sólo 1,000 por persona. Lourdes le da a Patel lo que tiene: 800 dólares.

Muy pronto, Patel exige el pago total para seguir tramitando los papeles. Lourdes vacila. ¿No debería mandar este dinero a sus hijos en Honduras? Habla con Patel por teléfono. Dice que es salvadoreña, pero suena a colombiana.

Patel es persuasiva. "¿Cómo puedes perderte esta oportunidad maravillosa? ¡Casi nadie tiene esta oportunidad! Y por este precio increíble".

"Es que aquí hay muchos ladrones. Y yo no gano tanto".

"¿Quién dijo que yo te voy a estafar?"

Lourdes reza. "Dios, todos estos años te he pedido una sola cosa: estar otra vez junto a mis hijos". Entrega 700 dólares más. Otros pagan la suma completa de 3,500 dólares.

Patel promete enviar a todos por correo los papeles de legalización. Una semana después de haber hecho los últimos pagos por correo, varios de los migrantes van a su estudio para ver cómo andan las cosas. La oficina está cerrada. Gloria Patel ha desaparecido. En el edificio les dicen que había alquilado el lugar por un mes. Los papeles que habían visto eran solicitudes llenas, nada más.

Lourdes se castiga por no haber aceptado salir con un estadounidense que la invitó hace mucho tiempo. Podría haberse casado con él, quizá ahora sus hijos estarían aquí con ella...

Lourdes quiere dar a sus hijos una esperanza. Le dice a Enrique: "Vuelvo para Navidad".

Enrique fantasea con el esperado regreso de Lourdes en diciembre. En su imaginación, ella llega a la puerta con una caja de zapatos deportivos Nike para él. "Quédese", le ruega. "Viva conmigo. Trabaje aquí. Cuando sea más grande, la ayudaré a trabajar y ganar dinero".

Llega Navidad y él espera junto a la puerta. Ella no viene. Todos los años ella promete lo mismo. Todos los años él queda decepcionado. La confusión por fin se vuelve ira. "La necesito. Me hace falta", le dice a su hermana. "Quiero estar con mi mamá. Veo a tantos niños con sus mamás… Eso quiero yo".

Un día le pregunta a su abuela: "¿Cómo llegó mi mami a los Estados Unidos?". Años después, Enrique recordará la respuesta de su abuela, otra semilla plantada en su mente. "Quizá fue en los trenes", dijo María.

"¿Cómo son los trenes?"

"Son muy, muy peligrosos. Mucha gente muere en los trenes", replica la abuela.

Cuando Enrique tiene doce años, Lourdes le dice una vez más que regresará.

"Sí. Va, pues", responde el niño.

Enrique percibe algo cierto: muy pocas madres vuelven. Le dice a Lourdes que no cree que ella va a regresar. Por dentro piensa que todo es una gran mentira.

Las llamadas se vuelven más y más tensas. "Venga a casa", exige Enrique. "¿Para qué quiere estar allí?"

"Todo se me ha ido en ayudar a criarte".

A Lourdes le trae pesadillas el solo hecho de pensar en regresar sin papeles de residencia, aunque sólo sea de visita. En los sueños abraza a sus hijos y luego se da cuenta de que debe volver a los Estados Unidos para que puedan comer bien y estudiar. Sobre la mesa hay platos vacíos. Como no tiene dinero para un contrabandista, trata de regresar por su cuenta. El sendero se convierte en un laberinto. Corre por pasillos zigzagueantes. Siempre va a dar al lugar de donde salió. Cada vez despierta bañada en sudor.

Otra pesadilla recurre a un incidente ocurrido cuando Belky

tenía dos años. Su hija ya no usa pañales, pero sigue defecando en sus pantalones. "¡Puerca!", la regaña Lourdes. Una vez, la madre pierde los estribos y le da a Belky un puntapié en las nalgas. La niña se cae y se golpea contra el borde de una puerta. Se le parte un labio. En el sueño Lourdes no puede alcanzar a su hija para consolarla. Cada vez se despierta con los gritos de Belky retumbando en sus oídos.

Todo este tiempo, la madre de Enrique ha escrito muy pocas veces. Apenas sabe leer y escribir, y eso la avergüenza. Ahora deja de escribir por completo.

Cada vez que se encuentra con Belky, Enrique le pregunta: "¿Cuándo viene mamá? ¿Cuándo enviará por nosotros?".

Lourdes considera contratar a un contrabandista que traiga a los niños, pero la asustan los peligros. Los coyotes, que así los llaman, suelen ser alcohólicos o drogadictos. Normalmente hay una cadena de contrabandistas que hace el viaje. Los niños pasan de un extraño a otro. A veces los contrabandistas los abandonan.

Constantemente ocurren cosas que le recuerdan el riesgo. Una de sus mejores amigas en Long Beach paga a un contrabandista para que traiga a su hermana de El Salvador. Durante la travesía, la hermana llama a Long Beach con regularidad para tenerlos al tanto de su avance por México. Las llamadas cesan abruptamente.

Dos meses más tarde la familia se pone en contacto con un hombre que marchaba al norte con el grupo. Les cuenta que en México los contrabandistas subieron a veinticuatro migrantes a bordo de un barco sobrecargado. El barco se hundió. Todos se ahogaron menos cuatro. Algunos cuerpos fueron arrastrados por el mar. Otros, entre los que estaba la hermana desaparecida, fueron enterrados en la playa. El hombre conduce a la familia a una playa mexicana. Allí exhuman el cadáver descompuesto de la hermana. Todavía lleva su anillo de graduación de la escuela secundaria.

Otra amiga entra en pánico cuando la Patrulla Fronteriza atrapa a su hijo de tres años al intentar el cruce a los Estados Unidos con un contrabandista. Por una semana la amiga de Lourdes no sabe qué ha sido de su niño.

Lourdes se entera de que muchos contrabandistas abandonan a los niños a su suerte ante la primera señal de dificultades. En México los albergues temporarios para niños del gobierno acogen a los niños migrantes que las autoridades encuentran abandonados en aeropuertos, estaciones de autobús y en las calles. Estos albergues están llenos de niños azorados, desesperados, algunos de hasta sólo tres años de edad.

Víctor Flores tiene cuatro años, quizá cinco. Una contrabandista lo abandonó en un autobús. No lleva identificación alguna, ni número telefónico. Va a dar a Casa Pamar, un albergue en Tapachula, México, justo al norte de la frontera con Guatemala. El albergue divulga fotos de los niños en la televisión centroamericana por si las familias los están buscando.

El niño le da su nombre a Sara Isela Hernández Herrera, una coordinadora del albergue, pero dice no saber de dónde viene ni cuántos años tiene. Afirma que su mamá se ha marchado a los Estados Unidos. Se aferra con todas sus fuerzas a la mano de Hernández y no se despega de su lado. Pide que lo abracen. Pocas horas más tarde empieza a llamarla mamá.

Cada tarde, cuando ella se va de su trabajo, le suplica con su vocecita que se quede, o que lo lleve con ella. Ella le da un frasco de mermelada de fresas y le acaricia el pelo. "Yo tengo familia", dice con tristeza. "Están lejos."

Francisco Gaspar, un niño de doce años oriundo de Concepción Huixtla, Guatemala, está aterrorizado. Está sentado en un pasillo de un centro de detención mexicano en Tapachula. Con el borde de su camiseta de Charlie Brown, el niño se enjuga las lágrimas que le corren por la barbilla. Está esperando que lo deporten. Su contrabandista lo dejó atrás en Tepic, una localidad del estado de Nayarit en la costa occidental. "No vio que no me había subido al tren", dice Francisco entre sollozos. Con sus piernas cortitas no pudo treparse a bordo. Fue apresado por agentes de inmigración que lo mandaron en autobús a Tapachula.

Francisco se fue de Guatemala después de que murieron sus padres. Saca un pedacito de papel del bolsillo de su pantalón en el que está escrito el número de teléfono de su tío Marcos en Florida. "Iba a los Estados Unidos a cosechar chiles", dice. "¡Por favor, ayúdeme! ¡Por favor, ayúdeme!"

Apretujando una cruz de cuentas de plástico hecha a mano que lleva colgada de un hilo alrededor del cuello, deja su silla y va frenéticamente de un extraño a otro en el pasillo. Su pechito está henchido. Su rostro está contorsionado por la agonía. Llora tanto que le cuesta respirar. Pide a cada uno de los otros migrantes que lo ayuden a llegar a Tepic para reunirse con su contrabandista. Les toca las manos. "¡Por favor, lléveme a Tepic! ¡Por favor! ¡Por favor!".

Para Lourdes, es la desaparición de su ex novio Santos lo que la toca más de cerca. Cuando Diana tiene cuatro años, su padre regresa a Long Beach. Poco después Santos cae en una redada del INS a jornaleros que esperaban ser contratados en una esquina y lo deportan. Lourdes oye que ha partido otra vez de Honduras con rumbo a los Estados Unidos. Nunca llega. Ni su madre en Honduras sabe qué ha sido de él. Con el tiempo,

Lourdes concluye que ha muerto en México o se ha ahogado en el Río Grande.

"¿Es tanto lo que quiero tenerlos conmigo que estoy dispuesta a arriesgar sus vidas?", se pregunta Lourdes. Además, no quiere que Enrique venga a California. Hay demasiadas pandillas, drogas y delincuencia.

En todo caso, aún no ha ahorrado lo suficiente. Según los que abogan por los inmigrantes, el coyote más barato cobra 3,000 dólares por niño. Las coyotes mujeres piden hasta 6,000 dólares. Un coyote de primera trae a un niño en un vuelo comercial por 10,000 dólares. Ella debe ahorrar lo suficiente como para traer a sus dos hijos al mismo tiempo. Si no, el que quede en Honduras pensará que ella lo ama menos.

Enrique desespera. Va a tener que arreglárselas solo. Irá en su busca. Viajará en los trenes. "Quiero ir", le dice a su madre.

"Ni de broma", contesta ella. "Es demasiado peligroso. Tené paciencia".

LA REBELIÓN

La ira de Enrique se desborda. En la escuela se niega a hacer la tarjeta del Día de la Madre. Empieza a golpear a otros niños. Durante el recreo, levanta las faldas de las niñas. Cuando una maestra trata de disciplinarlo golpeándolo con una regla, Enrique agarra un extremo de la regla y no lo suelta hasta que la maestra se pone a llorar.

Se para sobre el escritorio de la maestra y grita: "¿Quién es Enrique?".

Y la clase contesta: "¡Vos!".

Lo suspenden tres veces. Dos veces repite el grado. Pero Enrique nunca rompe la promesa que hizo de estudiar. A diferencia de la mitad de los niños de su barrio, termina la escuela primaria. Hay una pequeña ceremonia. Una maestra abraza al niño y murmura: "Gracias a Dios, Enrique se nos va".

Enrique se para erguido y orgulloso con su toga y su birrete azules. Pero nadie de la familia de su madre acude a la graduación.

Ha cumplido catorce años, es un adolescente. Pasa más tiempo en las calles de Carrizal, que es territorio controlado por la pandilla Poison y va convirtiéndose rápidamente en uno de los barrios más peligrosos de Tegucigalpa. Su abuela le dice que regrese a casa temprano, pero él se queda jugando al fútbol hasta la medianoche. Se niega a vender especias. Le da vergüenza que las muchachas lo vean pregonando copitas de frutas y cuando ellas escuchan que alguien lo llama "el tamalero". A veces la abuela saca el cinturón durante la noche, cuando Enrique está desnudo en la cama y no puede evadir el castigo corriendo hacia afuera. "Ahora vamos a arreglar cuentas", dice. Ella lleva la cuenta, asestando un golpe de cinturón por cada una de las infracciones que ha cometido Enrique.

Él no tiene padre ni madre que lo defiendan en las calles de Carrizal. Compensa por esto cultivando una imagen de valentón. Cuando va caminando junto a su abuela, esconde la Biblia bajo su camisa para que nadie sepa que van a misa. Pronto deja de ir a la iglesia.

"No te juntés con muchachos malos", advierte la abuela.

"Usted no es quién para escoger a mis amigos", replica Enrique. Le dice que ella no es su madre y no tiene derecho a decirle lo que debe hacer. Pasa la noche fuera de casa. La abuela lo espera despierta, llorando. "¿Por qué me hacés esto", le pregunta. "¿Es que no me querés? Te voy a mandar a vivir a otro lado".

"¡Hágalo, pues! Si a mí nadie me quiere".

Ella le dice que sí lo quiere, que todo lo que desea es que él trabaje y sea honrado para poder andar con la cabeza en alto. Él contesta que hará lo que le venga en gana.

Enrique es para su abuela como un hijo menor. "Por favor, quiero que vos me enterrés", le dice. "Quedate conmigo. Si te quedás, todo esto será tuyo". Ella ruega poder retenerlo hasta que su madre lo mande buscar. Pero sus propios hijos le dicen que Enrique debe irse: ella tiene setenta años y Enrique la va a enterrar, sin duda, porque la va a matar de un disgusto.

Llena de tristeza, la abuela le escribe a Lourdes: debés encontrarle otro lugar donde vivir.

Para Enrique esto es un rechazo más. Primero su madre, luego su padre y ahora su abuela.

Lourdes arregla para que su hijo sea acogido en casa de su hermano mayor, Marco Antonio Zablah. Marco ayudará a su sobrino igual que ayudó a Lourdes cuando tenía la edad de Enrique. En aquella oportunidad Lourdes fue a vivir con Marco para aliviar la carga de la madre de ambos, porque le costaba alimentar a tantos niños.

Los regalos de Lourdes siguen llegando con regularidad. Le manda a Enrique una polo de color naranja, un par de pantalones azules, un reproductor de casetes con radio. Ella se enorgullece de que ahora su dinero paga la matrícula de un colegio secundario privado para Belky y más adelante la de la universidad, donde estudiará contabilidad. En un país donde la mitad de la población vive con un dólar por día o menos los niños de los barrios pobres casi nunca llegan a la universidad.

El dinero que gira Lourdes ayuda también a Enrique, y él lo sabe. Él sabe bien dónde estaría si ella no se hubiese marchado: hurgando en el basural al otro lado de la ciudad. Lourdes también lo sabe; de niña le ha tocado hacerlo. Enrique conoce a niños de seis o siete años cuyas madres no se fueron y que han tenido que escarbar entre los desperdicios para poder comer.

Uno tras otro, los camiones suben la colina resollando. Docenas de adultos y niños se disputan una ubicación. Los camiones descargan la basura uno por uno. Los pepenadores meten las manos febrilmente en el cieno resbaladizo para extraer trocitos de plástico, madera y hojalata. Sus pies chapotean en la basura humedecida por los desechos de los hospitales, llenos de sangre y placentas. De cuando en cuando un niño con las manos negras de suciedad encuentra un pedazo de pan viejo y se lo come. Mientras los pequeñuelos hurgan entre el revoltijo maloliente, miles de buitres negros y lustrosos se arremolinan en una nube oscura y defecan sobre las personas que están abajo.

Enrique ve a otros niños que se ven obligados a hacer trabajos pesados. A una cuadra de donde Lourdes se crió, los niños se juntan en una gran pila de aserrín que ha dejado un aserradero. Descalzos sobre el montículo de color melocotón, con las caritas manchadas de suciedad, recogen el aserrín con latas oxidadas y lo vuelcan en grandes bolsas blancas de plástico. Arrastran las bolsas media milla cuesta arriba por una colina. Allí venden el aserrín a las familias, que lo usan como leña o para secar el lodo alrededor de sus casas. Un niño de once años lleva tres años acarreando aserrín, subiendo la colina tres veces por día. Con lo que gana compra ropa, zapatos y papel para la escuela.

Otros niños del barrio van de puerta en puerta ofreciéndose a quemar basura a cambio de unas monedas. Una tarde, tres niños de entre ocho y diez años forman fila delante de su madre, que los carga con leños para distribuir . "¡Deme tres!", dice un niño. Ella le pone un trapo y luego varios pedazos de madera sobre el hombro derecho.

En un barrio cerca de donde se crió la madre de Enrique, cincuenta y dos niños asisten al jardín de infancia cada mañana. Cuarenta y cuatro llegan descalzos. Una asistente le da a cada uno un par de zapatos que saca de un canasto. A las cuatro de la tarde, antes de irse, los niños deben regresar los zapatos a la canasta. Si se los llevan a casa, las madres los venderán para comprar comida.

Hay ratas negras y cerdos husmeando en un barranco donde juegan los niños.

A la hora de la cena, las madres cuentan las tortillas una por una y le dan tres a cada niño. Si no hay tortillas, tratan de llenarles el estómago dándoles un vaso de agua mezclada con una cucharada de azúcar.

Cuando Enrique lleva un año viviendo con su tío, Lourdes llama, esta vez desde Carolina del Norte. "La cosa está dura en California", dice. "Hay demasiados inmigrantes". Los patrones pagan poco y los tratan mal. Ni aun con dos trabajos podía ahorrar. Siguiendo a una amiga se ha ido a Carolina del Norte y ha empezado otra vez. Es su única esperanza de mejorar su vida y ver a sus hijos de nuevo. En California vendió todo: su viejo Ford, una cómoda, un televisor, la cama que compartía con su hija. Le quedó una ganancia neta de 800 dólares para la mudanza.

Aquí la gente es menos hostil. Puede dejar su coche y hasta su casa sin cerrar con llave. El trabajo abunda. Enseguida encuentra un empleo como mesera en un restaurante mexicano. Consigue una habitación para alquilar en una casa-remolque por 150 dólares al mes, la mitad de lo que le costaba el pequeño garaje en Los Ángeles. Empieza a ahorrar. Quizá si logra reunir 4,000 dólares su hermano Marco la ayudará a invertirlos en Honduras. Quizá pueda regresar a casa. Lourdes consigue un empleo mejor en la línea de montaje de una fábrica que le paga 9.05 dólares por hora, 13.50 cuando trabaja horas extra.

Regresar a casa solucionaría un problema que ha afligido mucho a Lourdes: la postergación del bautismo de Diana. Lourdes lo ha venido aplazando con la esperanza de bautizar a su hija en Honduras, con padrinos hondureños. El bautismo la aliviaría de la preocupación constante de que si Diana llegara a morir inesperadamente, iría al purgatorio.

Lourdes ha conocido a un hombre, un hondureño pintor de casas, y van a vivir juntos. Él también tiene dos niños en Honduras. Es amable y cariñoso, un hombre callado y de buenos modales. Le da consejos a Lourdes. La ayuda a sobrellevar la soledad. La lleva con su hija al parque los domingos. Durante un tiempo, cuando Lourdes está trabajando en dos restaurantes, él pasa a buscarla cuando ella termina su segundo turno a las once de la noche para estar un rato juntos. Se tratan uno al otro de "honey". Se enamoran.

Enrique echa muchísimo de menos a Lourdes. Pero el tío Marco y su mujer lo tratan bien. Marco trabaja como cambista en la frontera de Honduras. Ha sido un trabajo lucrativo, alimentado por un grupo que ha necesitado de sus servicios durante años: los contras nicaragüenses financiados por los Estados Unidos al otro lado de la frontera. La familia de Marco, que incluye a un hijo, vive en una casa de cinco dormitorios en un barrio de clase media de Tegucigalpa. El tío Marco le da a Enrique dinero para gastar todos los días, le compra ropa y lo inscribe en una academia militar privada en el turno de noche.

Durante el día, Enrique hace mandados para su tío, lava sus cinco carros, lo sigue a todos lados. Su tío le brinda la misma atención que a su propio hijo, acaso más. Con frecuencia, Marco juega al billar con Enrique. Ven películas juntos. Enrique ve los espectaculares edificios de Nueva York, las luces resplandecientes de Las Vegas, el castillo mágico de Disneylandia. Negrito, lo llama Marco cariñosamente por su tez morena. Marco y Enrique tienen la misma forma de pararse, con las rodillas juntas y las caderas echadas hacia delante. Aunque ya es adolescente, Enrique es menudito, no llega a los cinco pies de estatura aun cuando endereza su espalda levemente encorvada. Tiene una sonrisa amplia y dientes perfectos.

Su tío confía en él hasta para hacer depósitos en el banco. Le dice a Enrique: "Quiero que trabajes conmigo para siempre". Enrique siente que el tío Marco lo quiere y valora sus consejos.

Un día, al regresar de cambiar lempiras hondureñas en la frontera, un guardia de seguridad que trabaja para su tío es sacado a la rastra del autobús y asesinado por unos asaltantes. El guardia tiene un hijo de veintitrés años de edad, y el asesinato impulsa al muchacho a irse a los Estados Unidos. Se regresa antes de cruzar el Río Grande y le cuenta a Enrique cómo es treparse a los trenes, saltar de vagones de carga en movimiento y evadir a la migra, los agentes mexicanos de inmigración.

A raíz del asesinato del guardia, Marco jura no volver a cambiar dinero. No obstante, unos meses más tarde recibe una llamada. A cambio de una comisión importante, ¿estaría dispuesto a cambiar una suma equivalente a 50,000 dólares en lempiras en la frontera con El Salvador? El tío Marco promete que ésta será la última vez.

Enrique quiere ir con él. Pero el tío le dice que es muy

joven. En su lugar se lleva a uno de sus propios hermanos. Los asaltantes acribillan el carro a balazos. Los tíos de Enrique vuelcan a un costado de la ruta. Los ladrones le disparan al tío Marco tres tiros en el pecho y uno en una pierna. A su hermano le dan un tiro en la cara. Ambos mueren. El tío Marco ya no está.

En nueve años Lourdes ha ahorrado 700 dólares para traer a sus hijos a los Estados Unidos. En vez de eso los usa para ayudar a pagar los funerales de sus hermanos.

Lourdes está abrumada por la congoja. Marco la había visitado brevemente una vez poco después de su llegada a Long Beach. No había visto al otro hermano asesinado, Víctor, desde que se había marchado de Honduras. Entre lágrimas Lourdes implora a Dios que, si los muertos pueden aparecerse a los vivos, deje que Víctor se muestre para poder decirle adiós. "Mira, hermanito", dice Lourdes. "Sé que estás muerto, pero quiero verte una vez más. Vení. Te prometo que no me asusto".

Furiosa, Lourdes jura no volver a Honduras. ¿Cómo podría vivir en un lugar donde hay tanta impunidad? Allí matan a la gente como si fueran perros. No hay castigo. Lourdes se dice a sí misma que ahora la única manera de que regrese es por la fuerza, si la deportan. Poco tiempo después de la muerte de sus hermanos, el restaurante donde trabaja es allanado por agentes de inmigración. En el operativo aprehenden a todos los empleados. Ella es la única que se salva. Era su día libre.

Lourdes decide no esperar más. Con la ayuda económica de su novio, hace bautizar a Diana, que tiene siete años de edad. Los padrinos de la niña son un pintor mexicano de fiar y su esposa. Lourdes pone a Diana un vestido blanco largo hasta el suelo y una tiara, y un sacerdote la salpica con agua bendita.

Lourdes siente que por lo menos se ha aliviado de una de sus preocupaciones.

Sin embargo, su decisión de quedarse en los Estados Unidos suscita otra pesadilla. Una noche a las cuatro de la madrugada, oye la voz de su madre. La escucha fuerte y clara. La madre pronuncia su nombre tres veces. Lourdes. Lourdes. Lourdes. "¿Eh?"… Medio dormida, Lourdes se incorpora en la cama gritando. Esto debe de ser una premonición de que su madre acaba de morir. Está desconsolada. ¿Volverá a ver a su madre alguna vez?

En Honduras, a pocos días de la muerte de los dos hermanos, la mujer del tío Marco vende el televisor, el estéreo y el Nintendo de Enrique. Todos habían sido regalos de Marco. Le dice: "Ya no te quiero aquí", sin explicar por qué. Saca su cama a la calle.

LA ADICCIÓN

Ahora con quince años cumplidos, Enrique recoge su ropa y se va a la casa de su abuela materna.

"¿Puedo quedarme aquí?", pregunta.

Éste había sido su primer hogar, la pequeña casa de estuco donde vivía con Lourdes hasta que ella bajó el escalón del portal y se marchó. Su segundo hogar fue la choza de madera donde vivió con su padre y su abuela paterna hasta que el padre encontró a otra mujer y se fue. Su tercer hogar fue la casa confortable en la que vivió con su tío Marco.

Ahora ha vuelto al lugar de donde salió. Hay otras siete personas viviendo en la casa: su abuela Águeda Amalia Valladares, dos tías divorciadas y cuatro primitos. Son pobres. Ya no cuentan con el dinero de Marco, que los ayudaba a mantenerse a flote económicamente. La abuela Águeda tiene un nuevo gasto. Debe criar al niño pequeño de Víctor, su hijo fallecido. La madre del niño lo dejó de bebé para irse a los Estados Unidos y desde entonces no ha mostrado interés en él. "Sólo necesitamos dinero para comida", dice la abuela, que sufre de cataratas. No obstante, recibe a Enrique en su casa.

La abuela y las otras mujeres no dejan de pensar en las muertes de los dos tíos; no le prestan mucha atención a Enrique. Se vuelve callado, retraído. No regresa a la escuela.

Al principio, comparte el dormitorio de delante con una tía, Mirian, que tiene veintiséis años. Una noche ella se despierta a las dos de la madrugada. Enrique solloza en silencio acunando un retrato del tío Marco en sus brazos. Enrique llora intermitentemente por seis meses. Su tío lo quería; sin él está perdido.

La abuela Águeda no tarda en perder la paciencia con Enrique. Se enoja cuando llega tarde, toca a la puerta y despierta a toda la casa. Como un mes más tarde, la tía Mirian despierta otra vez en medio de la noche. Esta vez huele acetona y oye un crujir de plástico. En la penumbra ve a Enrique sentado en su cama, aspirando de una bolsa. Está inhalando pegamento.

Lo mandan a vivir a una diminuta edificación de piedra que hay atrás, a siete pies de la casa pero a un mundo de distancia. Alguna vez fue un cobertizo en el que la abuela cocinaba sobre un fogón. Las paredes y el techo están negras de tizne. No tiene electricidad. Aun forzándola, la puerta no se abre del todo. Dentro el aire es húmedo y malsano. La única ventana no tiene cristales, sólo barrotes. Un poco más allá está su excusado: un hoyo cubierto con una casilla de madera.

La choza de piedra se convierte en su casa. Ahora Enrique puede hacer lo que le dé la gana. Si pasa la noche fuera, a nadie le importa. Él lo percibe como un rechazo más.

En el funeral de su tío repara en una muchacha tímida de largo cabello castaño ondulado. Ella vive en la casa de al lado con su tía. Tiene una sonrisa invitadora, un modo cálido. Al principio María Isabel no puede soportar a Enrique. Ella nota cómo el joven, que viene del barrio más acomodado de su tío Marco, se viste con prolijidad, está inmaculadamente limpio y usa el pelo largo. Parece arrogante. "Me cae mal", le dice a una amiga. Enrique está seguro de que ella lo ve como un engreído a causa de su ropa bonita y su aire de seriedad. Él insiste. Silba bajito cuando ella pasa, esperando entablar una conversación. Mes tras mes, Enrique le hace la misma pregunta: "¿Querés ser mi novia?".

"Lo voy a pensar".

Cuanto más ella lo rechaza, más él la desea. Le encanta su risita aniñada, cómo rompe a llorar con facilidad. Detesta que coquetee con otros.

Le compra rosas. Le regala una lustrosa placa negra que tiene un dibujo de un niño y una niña mirándose con ternura. La inscripción dice: "La persona que amo es el centro de mi vida y de mi corazón. La persona que amo ERES TÚ". Le regala lociones, un oso de peluche, chocolates. La acompaña a su casa después de las clases nocturnas en la escuela que está a dos cuadras. La lleva a visitar a su abuela paterna al otro lado de la ciudad. Lentamente, María Isabel empieza a mirarlo con otros ojos.

La tercera vez que Enrique le pregunta si quiere ser su novia, ella acepta.

Para Enrique, María Isabel no es solamente una manera de

aliviar la soledad que ha sentido desde que su madre lo dejó. Ellos se comprenden mutuamente, se conectan. María Isabel está separada de sus padres. Ella también ha pasado de un hogar a otro.

Cuando tenía siete años, María Isabel vino con su madre, Eva, desde el otro lado de Honduras a vivir a Tegucigalpa en una choza que les habían prestado, adosada a la ladera de una montaña. Al igual que la madre de Enrique, Eva había dejado a un marido infiel.

La choza medía 12 por 15 pies. Tenía una pequeña ventana de madera y pisos de tierra apisonada. No había baño. Hacían sus necesidades y se duchaban fuera o en casa del vecino. No había electricidad. Cocinaban en el exterior con leña. Acarreaban baldes de agua desde la casa de un pariente dos cuadras más abajo. Comían frijoles y tortillas. Eva, que sufría de asma, luchaba para alimentar a su familia.

En la choza dormían nueve personas. Se apiñaban en dos camas y un colchón delgado que cada noche apretujaban en el espacio entre las dos camas. Para poder entrar, todos dormían con los pies de uno junto a la cabeza del otro. María Isabel compartía una de las camas con otras tres mujeres.

Cuando tenía diez años, María Isabel corrió para alcanzar un camión de distribución. "¡Leña!", le gritó a una vecina, Ángela Emérita Núñez, ofreciéndose a llevarle un poco.

Después de eso, María Isabel le preguntaba a Ángela todas las mañanas si tenía un mandado para ella. A la mujer le caía bien la niña dulce y cariñosa de los bucles y la eterna sonrisa. La admiraba porque trabajaba duro y era una luchadora, una niña que sobrevivió mientras que su hermano mellizo murió al mes de vida. "Mirá", afirma María Isabel, "yo por pereza no me muero de hambre". María Isabel daba de comer y bañaba a la hija de Ángela, ayudaba a hacer tortillas y a limpiar los pisos de cerámica roja y gris. Con frecuencia María Isabel comía en la casa de Ángela. Con el transcurso del tiempo, María Isabel se fue quedando a dormir muchas noches por semana en la casa algo más amplia de Ángela. Allí tenía que compartir la cama con sólo una persona más, la hija de Ángela.

María Isabel se graduó del sexto grado. Su madre colgó con orgullo el diploma en la pared de la choza. Aunque era buena alumna, María Isabel ni siquiera le preguntó a su madre si podía asistir a la escuela secundaria. "¿Cómo podía ella hablar de eso? Nosotros no teníamos ninguna posibilidad de mandar a un niño a la escuela por tanto tiempo", dice Eva, que nunca fue a la escuela y empezó a vender pan con una canasta en la cabeza cuando tenía doce años de edad.

A los dieciséis años, María Isabel se vio forzada a mudarse otra vez a raíz de una pelea. Tuvo un altercado con una prima mayor que creía que María Isabel mostraba interés en su novio. Eva regañó a su hija. María Isabel decidió mandarse mudar al otro lado de la ciudad con su tía Gloria, quien vivía al lado de la abuela materna de Enrique. María Isabel iba a ayudar a Gloria en la pequeña tienda de comestibles que funcionaba en la sala delantera de su casa. Para Eva, la partida de su hija fue un alivio. La familia alcanzaba a comer, pero no bien. Eva estaba agradecida de que Gloria le hubiera aligerado la carga.

La casa de Gloria es modesta. Las ventanas no tienen cristales, sólo postigos de madera. Pero para María Isabel, la casa de dos dormitorios de Gloria es maravillosa. Ella y la hija de Gloria tienen un dormitorio sólo para ellas. Además, Gloria está más dispuesta a permitir que María Isabel salga de noche ocasionalmente, a un baile, una fiesta o a la feria anual del municipio. Eva no quería ni oír hablar de semejante cosa, temerosa de las habladurías de los vecinos sobre la moral de su hija.

Una prima promete que va a llevar a María Isabel a una charla sobre anticonceptivos. María Isabel quiere prevenir un embarazo. Enrique quiere desesperadamente dejarla embarazada. Si tienen un hijo juntos, es seguro que María Isabel no lo abandonará. Hay demasiada gente que lo ha abandonado.

Cerca de donde vive Enrique hay un barrio llamado El Infiernito. Algunas de las viviendas allí son tiendas hechas de harapos cosidos. El barrio está controlado por la Mara Salvatrucha (MS), una pandilla callejera. Algunos miembros de la MS han sido residentes de los Estados Unidos y vivieron en Los Ángeles hasta 1996, cuando entró en vigor una ley federal que obligaba a los jueces a deportarlos si cometían delitos graves. Ahora operan en casi toda Centroamérica y México. Aquí en El Infiernito los hombres cargan *chimbas*, pistolas hechas con caños de plomería, y beben *charamila*, elaborada con alcohol metílico diluido. Se suben a los autobuses y asaltan a los pasajeros. A veces acometen a los que salen de la iglesia después de misa.

Enrique y su amigo José del Carmen Bustamante, que tiene dieciséis años, se aventuran a entrar en El Infiernito para comprar marihuana. Es peligroso. Una vez un hombre amenaza a José, un muchacho tímido y callado, enroscándole una cadena alrededor del cuello. Los muchachos nunca se quedan más de lo necesario. Con sus porros, suben un poco la colina hasta el billar, y allí se sientan fuera a fumar y escuchar la música que fluye por las puertas abiertas.

Van con ellos dos amigos. Ambos han intentado el viaje al norte en los trenes de carga. Uno de ellos se apoda El Gato. Él habla de agentes de la migra que disparaban balas por encima de su cabeza y de lo fácil que es ser asaltado por bandidos. En medio del estupor de la marihuana, a Enrique lo de los trenes le suena a aventura. Él y José deciden probar suerte muy pronto.

Algunas noches, a eso de las diez, ellos trepan un sendero empinado y sinuoso hasta la cima de otra colina. Ocultos junto a un muro garabateado con grafitos, inhalan pegamento hasta altas horas de la noche. Un día, María Isabel tropieza con él al dar vuelta a una esquina. El vaho la golpea. Enrique huele a lata de pintura abierta.

"¿Qué es eso?", pregunta, asqueada por el vaho que despide. "¿Estás drogado?"

"¡No!"

Muchos adictos al pegamento lo llevan abiertamente en frasquitos de comida para bebés. Levantan la tapa y presionan con la boca sobre la pequeña abertura. Enrique trata de ocultar su vicio. Unta una pizca de pegamento en una bolsa de plástico y se la guarda en un bolsillo. Cuando está solo, se cubre la boca con el extremo abierto de la bolsa y aspira apretando el fondo de la bolsa contra su cara, empujando los vapores hacia los pulmones.

Belky, la hermana de Enrique, repara en unas huellas dactilares amarillentas que hay en el pantalón vaquero de María Isabel: pegamento, un residuo del abrazo de Enrique.

María Isabel lo ve cambiar. Su boca está húmeda de sudor y pegajosa. Anda inquieto y nervioso. Sus ojos están enrojecidos; a veces están vidriosos y entrecerrados. En otras ocasiones parece estar borracho. Si ella le hace una pregunta, él tarda en responder. Se enoja por nada. Cuando está prendido con la droga se vuelve callado, somnoliento y distante. Cuando se pasa el efecto se pone agitado y ofensivo.

Drogo, lo llama una de sus tías.

Enrique mira fijo en silencio. "Nadie me entiende", le dice a Belky cuando ella trata de impedirle que salga.

Su abuela le señala a un vecino de piel pálida y escamosa que viene inhalando pegamento hace una década. El hombre ya no puede tenerse parado. Se arrastra hacia atrás por el suelo empujándose con los antebrazos. "¡Mirá! Así vas a acabar vos".

Enrique teme que terminará como los cientos de niños adictos al pegamento que ve en el centro de la ciudad.

Algunos duermen junto a los botes de basura. Un sacerdote de barba gris les trae leche tibia con azúcar en un balde violeta. Con un cucharón la sirve en grandes tazones. Algunos días, hay dos docenas de niños en fila junto a su furgoneta. Muchos se ven adormilados. Los hay que apenas pueden tenerse parados. El olor acre del pegamento impregna el aire. Avanzan arrastrando los pies ennegrecidos, deslizando las tapas de sus frascos de pegamento para inhalar. Luego se llevan los tazones humeantes a los labios sucios.

Si el sacerdote trata de sacarles el frasco de pegamento, lloran. Los niños mayores golpean o abusan sexualmente de los más pequeños. El sacerdote ha visto morir a veintiséis de ellos por causa de la droga en los últimos seis años.

A veces Enrique tiene la alucinación de que alguien lo persigue. Imagina que ve duendes y tiene una fijación con las hormigas. Ve un Winnie-the-Pooh como de dibujo animado flotando delante de él. Al caminar, no siente el suelo. A veces las piernas no le responden. Las casas se mueven. En ocasiones, el piso se desploma.

Una vez casi se despeña por la colina donde él y su amigo inhalan pegamento. Durante un período particularmente malo de dos semanas no reconoce a sus parientes. Le tiemblan las manos. Al toser escupe flema negra.

Nadie habla de esto con la madre de Enrique. ¿Para qué preocuparla? Lourdes ya tiene bastantes problemas. Lleva tres meses de atraso en los pagos de la escuela de Belky, y la escuela está amenazando con no dejarla rendir los exámenes finales.

APRENDIZAJE

Enrique cumple los dieciséis años. Todo lo que quiere es a su madre. Un domingo, él y su amigo José deciden probar el viaje en tren. Parten rumbo al Norte.

En un comienzo, nadie repara en ellos. Cruzan Guatemala en autobús hasta la frontera con México. "Tengo a mi mamá en Estados Unidos", le dice Enrique a un guardia.

"Regrésate a casa".

Se le escabullen al guardia y avanzan 12 millas hasta Tapachula. Allí, en las proximidades de la estación, se acercan a un tren. Pero la policía los detiene antes de que puedan llegar a las vías. Tiempo después los muchachos contarán que los agentes les roban pero más tarde los dejan ir, primero a José, luego a Enrique.

Los muchachos se reencuentran y dan con otro tren. Ahora, por primera vez, Enrique alcanza a encaramarse a bordo. El tren se arrastra alejándose de la estación de Tapachula. De aquí en más, piensa, nada malo puede suceder.

No saben nada sobre viajar clandestinamente en los ferrocarriles. José está aterrado. Enrique, que es más audaz, salta de vagón en vagón sobre el tren que avanza lento. Resbala y se cae —lejos de las ruedas del tren, afortunadamente— aterrizando sobre una mochila mullida en la que llevaba una camisa y un pantalón de muda.

Se trepa a bordo otra vez. Pero la odisea de los muchachos se interrumpe de manera humillante. Cerca de Tierra Blanca, un pueblo de Veracruz, las autoridades los pillan en el techo del tren. Los agentes los meten a una celda llena de pandilleros de la MS, luego los deportan. Enrique está cojo y maltrecho, y echa de menos a María Isabel. Consiguen cocos, los venden para pagarse el boleto de autobús y regresan a casa.

LA DECISIÓN

Enrique se hunde aún más en la drogadicción. Para mediados de diciembre, le debe 6,000 lempiras a su traficante de marihuana, unos 400 dólares. Sólo tiene 1,000 lempiras. Promete conseguir el resto esa semana pero no puede cumplir su palabra. El fin de semana siguiente se topa con el traficante por la calle.

"Te voy a matar. Me mentiste", le dice el traficante a Enrique.

"Calmate, te voy a dar el dinero", dice Enrique, tratando de no demostrar miedo.

"Si no me pagás, voy a matar a tu hermana", amenaza el traficante.

El traficante ha confundido a Belky con una prima de Enrique, Tania Ninoska Turcios, de dieciocho años, y cree que ella es su hermana. Ambas muchachas están terminando el secundario, y casi toda la familia se ha ido a un hotel en Nicaragua a festejar la graduación.

Enrique fuerza la puerta trasera de la casa de su tío Carlos Orlando Turcio Ramos y su tía Rosa Amalia. Vacila. ¿Cómo puede hacerle esto a su propia familia? Tres veces llega hasta la puerta, la abre, la cierra y se va. A cada intento se da un hondo saque de pegamento. Sabe que el traficante que lo amenazó ha estado en la cárcel y tiene una pistola calibre .57.

"Es lo único que puedo hacer", se dice por último, ofuscado.

Por fin entra en la casa, abre con una ganzúa la cerradura de un dormitorio, luego hace palanca con un cuchillo para forzar el panel trasero del armario de su tía. Pone veinticinco de sus joyas en una bolsa de plástico y las esconde bajo una piedra cerca del aserradero local.

A las diez de la noche la familia regresa y encuentra el dormitorio todo revuelto.

Los vecinos dicen que el perro no ladró.

"Tiene que haber sido Enrique", dice la tía Rosa Amalia. Llama a la policía. El tío Carlos y varios agentes salen a buscarlo.

"¿Qué pasa?", pregunta Enrique. El efecto de la droga ya pasó.

"¿Por qué has hecho esto? ¿Por qué?", grita la tía Rosa Amalia.

"Yo no fui". Ni bien lo dice, se sonroja de vergüenza y culpa. La policía le esposa las muñecas. En el patrullero, Enrique tiembla y se echa a llorar. "Estaba drogado. No quería hacerlo". Les cuenta a los agentes que un traficante a quien debe dinero ha amenazado con matar a Tania.

Conduce a la policía hasta la bolsa de joyas.

"¿Quieren que lo encerremos?", pregunta el policía.

El tío Carlos piensa en Lourdes. No le pueden hacer esto. Más bien, le prohíbe a Tania salir de casa hasta próximo aviso, por su propia seguridad.

El robo finalmente convence al tío Carlos de que Enrique necesita ayuda. Le consigue un trabajo que paga 15 dólares por semana en un taller de llantas. Almuerza con él todos los días pollo y sopa casera. Les dice a los parientes que deben demostrar su amor por él.

Durante el mes siguiente, enero del año 2000, Enrique trata de dejar las drogas. Se droga menos, pero luego recae. Cada noche llega a casa más tarde. María Isabel le ruega que no vaya a la colina donde inhala pegamento. Él promete no ir, pero va igual. Siente asco de sí mismo. Anda zaparrastroso, su vida se le está yendo de las manos.

Tiene la lucidez suficiente como para decirle a Belky que sabe lo que tiene que hacer. Simplemente, tiene que ir en busca de su madre.

La tía Ana Lucía está de acuerdo. Ana Lucía está por explotar. Ella y Enrique llevan meses en pie de guerra. Ana Lucía es la única que trae sustento a la familia. Aun con su empleo en el taller de llantas, Enrique es una carga económica. Lo que es peor, Enrique está mancillando lo único que tiene la familia: su buen nombre.

Meses más tarde, Enrique, Ana Lucía y la abuela Águeda recordarán las agrias discusiones. "¿De dónde venís, vago?", pregunta Ana Lucía cuando Enrique entra por la puerta. "Venís a comer ¿eh?".

"¡Cállese! Que a usted no le he pedido nada".

"¡Sos un vago viejo! ¡Un drogadicto! Nadie te quiere por aquí". Todos los vecinos la oyen gritar. "Ésta no es tu casa. ¡Vete con tu madre!"

"No vivo contigo. Vivo solo".

"Aquí comés".

Una y otra vez, Enrique dice en voz baja, casi suplicante: "Mejor que te calles". Por fin estalla y le da a Ana Lucía dos fuertes puntapiés en el trasero. Ella se pone a chillar.

La abuela sale corriendo de la casa, empuña un palo y amenaza con golpearlo si vuelve a tocar a Ana Lucía. Enrique da media vuelta y se va dando zancadas. "A nadie le importo", dice. Ana Lucía amenaza con arrojar su ropa a la calle. Ahora hasta su abuela quiere que se vaya a Estados Unidos. Enrique está perjudicando a la familia, y a sí mismo. "Allá va a estar mejor".

LA DESPEDIDA

María Isabel lo encuentra en una esquina sentado sobre una piedra, sollozando, rechazado una vez más. Trata de consolarlo. Anda prendido con pegamento. Le dice que ve una pared de fuego. Su madre acaba de cruzarla. Está tendida del otro lado, y se está muriendo. Él se acerca al fuego para salvarla, pero alguien avanza hacia él de entre las llamas y le dispara. Él se cae, luego se levanta otra vez, ileso. Su madre muere. "¿Por qué me dejó", grita.

Hasta la hermana y la abuela de Enrique le han aconsejado a María Isabel que deje a Enrique, que busque a alguien mejor. "¿Qué le ves? ¿No ves que se droga?", le dice la gente. El tío de María Isabel también se cuida del adolescente drogadicto. Él y Enrique trabajan en el mismo taller, pero el tío nunca se ofrece a llevarlo al trabajo en su automóvil.

A pesar de sus defectos, María Isabel no puede dejarlo. Es machista y testarudo. Cuando se pelean, él deja de hablarle y es ella la que tiene que romper el hielo. Es su tercer novio pero su primer amor. Enrique también le permite escaparse de sus propios problemas. El hijo de su tía Gloria es alcohólico. Arroja cosas. Roba. Hay muchas peleas.

Con Enrique María Isabel se olvida de sí misma. Por las noches, se sientan a hablar sobre unos peñascos que hay fuera de la casa de la abuela, donde tienen un poco de privacidad. Enrique habla de su mamá, de su vida con la abuela María y el tío Marco. "¿Por qué no dejás los vicios?", pregunta María Isabel. "Es difícil", contesta él en voz baja. Cuando pasan por los lugares que frecuenta para drogarse, ella le estrecha la mano más fuerte con la esperanza de que eso lo ayude.

Enrique se avergüenza de lo que le ha hecho a su familia y lo que le está haciendo a María Isabel, que podría estar embarazada. María Isabel le ruega que se quede. Ella no lo va a abandonar. Le dice a Enrique que se irá a vivir con él a la choza de piedra. Pero Enrique teme que acabará en la calle o muerto. Sólo su madre puede ayudarlo. Ella es su salvación. "Si conocieras a mi mamá sabrías lo buena que es", le dice a su amigo José. "La quiero".

Tiene que encontrarla.

En todos los barrios de Centroamérica hay un coyote. En el barrio de Enrique es un hombre que vive en la cima de una colina. Por 5,000 dólares lleva a cualquiera a *los Estados*. Pero Enrique no ha visto esa suma ni en sueños.

Vende sus escasas pertenencias: la cama que le regaló su mamá; la chaqueta de cuero que le regaló el tío que murió; el rústico armario donde cuelga la ropa. Cruza la ciudad para despedirse de la abuela María. Mientras sube cansadamente la colina, se topa con su padre. "Me voy", le dice. "Voy para los Estados Unidos". Le pide dinero.

El padre le da lo suficiente para un refresco y le desea suerte.

"Abuela, me voy. Me voy a buscar a mamá".

No te vayas, le ruega la anciana. Promete construirle una

casa de una habitación en una esquina de su terreno abarrotado. Pero él está decidido.

Ella le da 100 lempiras, unos siete dólares; todo lo que tiene.

"Ya me voy, hermanita", le dice a Belky al día siguiente.

Ella siente un nudo en el estómago. Han vivido separados casi toda la vida, pero él es el único que entiende su soledad. En silencio le prepara una comida especial: tortillas, chuleta de cerdo, arroz, frijoles refritos espolvoreados con queso.

"No te vayas", le dice con los ojos inundados de lágrimas.

"Tengo que hacerlo".

Para él también es difícil. Cada vez que ha hablado con su madre, ella le ha dicho que no venga, que es muy peligroso. Pero si logra llegar a la frontera de los Estados Unidos, la llamará. Estando él tan cerca, no le quedará más que darle la bienvenida. "La llamaré desde allá", le dice a José. "¿Cómo no me va a recibir?"

Se hace una promesa: llegará a los Estados Unidos, aunque le lleve un año. Sólo al cabo de un año se dará por vencido y se regresará.

En silencio Enrique, el chiquillo menudito con sonrisa de niño, amante de las cometas, los *spaghetti*, el fútbol y el *break dancing*, que gusta de jugar en el lodo y mirar dibujos animados del ratón Mickey con su primo de cuatro años, empaca sus pertenencias: pantalones de pana, camiseta, gorra, guantes, cepillo y pasta de dientes.

Contempla largo rato el retrato de su madre, pero no se lo lleva consigo. Podría perderlo. Escribe su número de teléfono en un trozo de papel. Por si acaso, también lo garabatea con tinta en el interior de la cintura de su pantalón. Tiene 57 dólares en el bolsillo.

El 2 de marzo del año 2000, va a la casa de su abuela Águeda. Se para en el mismo portal del que desapareció su madre once años antes. Abraza a María Isabel y a la tía Rosa Amalia. Luego desciende el escalón y se va.

En busca de piedad

La labor del día ha concluido en Las Anonas, Oaxaca, un caserío aledaño al ferrocarril de treinta y seis familias, cuando el jornalero Sirenio Gómez Fuentes ve algo que lo hace sobresaltarse: un muchacho ensangrentado y maltrecho, casi desnudo a no ser por sus calzoncillos.

Es Enrique. Viene cojeando descalzo, tambaleándose de aquí para allá. Tiene un tajo en la espinilla derecha, el labio superior partido. El lado izquierdo de su cara está hinchado. Está llorando.

Tiene los ojos rojos, llenos de sangre. Se limpia las heridas abiertas de la cara con una tricota roñosa que encontró en las vías. Gómez le oye susurrar: "Deme agua, por favor".

El nudo de aprensión que sentía Sirenio Gómez se disuelve en piedad. Corre a su choza de techo de paja, llena una taza con agua y se la da a Enrique.

"¿No tendrá un par de pantalones?", pregunta Enrique.

Gómez corre adentro y trae un par. Están agujereados en la entrepierna y en las rodillas, pero servirán. Con amabilidad, Gómez le sugiere a Enrique que vaya a ver a Carlos Carrasco, el alcalde de Las Anonas. Cualquier cosa que haya pasado, quizá él pueda ayudarlo.

Enrique se va cojeando por un camino de tierra hasta el corazón del caserío. Ahí encuentra a un hombre que va a caballo con un sombrero blanco de paja. Enrique le pregunta cómo encontrar al alcalde. "Soy yo", dice el hombre. Se detiene y fija la mirada en el muchacho. "¿Te caíste del tren?"

Otra vez, Enrique se echa a llorar. El alcalde Carrasco desmonta. Toma a Enrique del brazo y lo lleva hasta su casa, que está al lado de la iglesia del pueblo. "¡Mami!", grita. "¡Traigo a un chamaquito! Está todo golpeado". Lesbia Sibaja, la madre del alcalde, oye el tono de urgencia en la voz de su hijo y sale corriendo de la casa.

Las mejillas y los labios de Enrique se están hinchando feo. Carrasco piensa que el muchacho va a morir. Arrastra un banco de la iglesia hasta la sombra de un tamarindo y allí ayuda a Enrique a acostarse.

La madre del alcalde pone a hervir una olla de agua con sal y hierbas para limpiar sus heridas. Le trae a Enrique un tazón de caldo caliente con trocitos de carne y papas. Enrique toma cucharadas del líquido marrón cuidándose de no tocar sus dientes rotos. No puede masticar.

La gente del pueblo se arrima a ver. Se paran en círculo. "¿Está vivo?", pregunta Gloria Luis, una mujer corpulenta de largo cabello negro. "¿Por qué no te regresas a tu casa? ¿Acaso no sería mejor?" Otras mujeres lo exhortan a que se regrese a Honduras.

"Voy a buscar a mi mamá", Enrique responde en voz baja.

Tiene diecisiete años. Es el 24 de marzo del año 2000. Hace once años, les dice Enrique a los lugareños, su madre se marchó de Tegucigalpa, Honduras, para trabajar en los Estados Unidos. Ella no volvió, y ahora él está atravesando México como polizonte en los trenes de carga para encontrarla.

Gloria Luis mira a Enrique y piensa en sus propios hijos.

Ella gana poco; la mayoría de los habitantes de Las Anonas son labriegos que ganan treinta pesos por día, unos tres dólares. La mujer hurga en su bolsillo y le da a Enrique un billete de diez pesos.

Varias mujeres le abren la mano, cada una añade cinco o diez pesos.

El alcalde Carrasco le da una camisa y unos zapatos. No es la primera vez que auxilia a un migrante herido. Algunos han muerto. Carrasco piensa que de nada servirá darle ropa a Enrique si no puede conseguir a alguien que pueda llevarlo a un médico en automóvil.

Adan Díaz Ruiz, alcalde de San Pedro Tapantepec, la sede del municipio, anda de paso en su camioneta.

Carrasco le ruega un favor. Lleve a este niño al médico.

Díaz vacila. Está disgustado. "Eso les pasa por hacer este viaje", dice. Enrique no puede pagar ningún tratamiento. Los migrantes que sufren las peores mutilaciones en el tren significan un costo de 1,000 o 1,500 dólares cada uno cuando van a dar al hospital público a una hora y media de distancia. ¿Por qué los gobiernos centroamericanos nos mandan todos sus problemas?

Mirando al muchacho menudo de voz dulce que yace en el banco, se recuerda a sí mismo que más vale un migrante vivo que uno muerto. En el último año y medio Díaz ha tenido que enterrar a ocho de ellos, casi todos mutilados por el tren. Hoy ya le han avisado que viene otro en camino, el cuerpo de un hombre de menos de cuarenta años.

Mandar a este muchacho a un médico local le costará al municipio 60 dólares. Enterrarlo en una fosa común costaría tres veces más. Primero, hay que pagar al que cava la fosa, después al que maneja el papeleo, y aun después hay que pagarle a alguien que monte guardia setenta y dos horas junto al cuerpo expuesto y sin reclamar de Enrique bajo el calor abrasador del patio del cementerio de San Pedro Tapantepec, como lo exige la ley.

Todo ese tiempo, los que acudan a visitar las tumbas de sus seres queridos se quejarán del olor que despide otro migrante más en estado de descomposición.

"Te vamos a ayudar", le dice por fin a Enrique.

Lo manda con su chofer, Ricardo Díaz Aguilar. En la camioneta del alcalde, Enrique solloza, pero esta vez de alivio. Le dice al chofer: "Pensé que me iba a morir".

Un agente de la policía judicial se aproxima a la camioneta blanca. Enrique baja la ventanilla. De inmediato se sobresalta. Ha reconocido al agente de cabello cortado al rape y a su camioneta.

El agente también parece sorprendido. Ambos se miran fijo en silencio.

El agente y el chofer del alcalde hablan brevemente del nuevo migrante muerto. El policía no tarda en marcharse.

"Ese sujeto me asaltó ayer", dice Enrique.

El policía y un acompañante habían visto a Enrique y otros cuatro migrantes secándose después de bañarse en el río unas cinco millas al sur.

"Vengan aquí", gritó el agente del pelo corto, blandiendo

una pistola. Uno de los migrantes se escapó. Enrique obedeció, temeroso de lo que pudiera pasar si trataba de huir. Los agentes cargaron a los migrantes en la caja de su camioneta. Exigieron cien pesos para dejarlos en libertad. Enrique vio con alivio que uno de sus compañeros tenía el dinero y lo entregó.

"No le digan a nadie", advirtió el agente.

El chofer del alcalde no se sorprende. Según él, la policía judicial detiene con frecuencia a los trenes para asaltar y golpear a los migrantes.

Los así llamados *judiciales*, la Agencia Federal de Investigación, niegan que esto ocurra.

Enrique ha tenido otros encuentros cercanos con policías mexicanos corruptos. Una vez, cuando se había internado apenas unas 15 millas en territorio mexicano, en Tapachula, dos agentes municipales lo capturaron y lo cargaron en la caja de su camioneta.

"¿De dónde eres?", preguntaron. "¿Cuánto llevas encima? Danos el dinero y te soltamos". Le robaron todo lo que tenía, 4 dólares.

Cuatro de cada cinco migrantes que llegan al Albergue Belén en Tapachula han sufrido robos, golpizas o extorsiones a manos de la policía, afirma el cura del albergue, Flor María Rigoni. En la estación de trenes de Tapachula, hay refriegas entre la policía municipal y la estatal para decidir quién atraca a un grupo de migrantes. Éstos cuentan casos de agentes de la policía que meten preso a un migrante hasta que un pariente en los Estados Unidos puede girar el rescate y comprar su libertad.

Para los agentes de inmigración, sacarles dinero por la fuerza a los migrantes es una parte central de su trabajo, ya que les permite comprarse casas grandes y bonitos automóviles aunque están mal remunerados. En los puestos de control de las carreteras, los agentes cobran a los contrabandistas entre 50 y 200 dólares por migrante para dejarlos pasar. El jefe del puesto suele quedarse con la mitad del botín, y los demás se reparten el resto. Los funcionarios que tratan de frenar los abusos son repetidamente amenazados de muerte. Un funcionario del gobierno en el estado mexicano de Tabasco que en 1999 hizo denuncias de corrupción por parte de ciertos agentes de la policía judicial apareció muerto días más tarde en un misterioso accidente de automóvil. "Si levantas mucho la voz contra la corrupción policial, te despiertas con un machete en la espalda", afirma el padre Rigoni.

En San Pedro Tapantepec, el chofer que buscaba un médico para Enrique encuentra la última clínica que aún estaba abierta esa noche.

PERSEVERANCIA

Enrique era un niño cuando su mamá se fue. Seis meses atrás, cuando salió a buscarla por primera vez, era aún un jovenzuelo sin experiencia. Ahora es veterano de una azarosa peregrinación de niños, muchos de los cuales van en busca de sus madres viajando como pueden. Los miles que viajan como polizontes en los trenes de carga deben cambiar de tren entre siete y treinta veces para atravesar México. Los más afortunados llegan en un mes. Otros, que paran a trabajar en el camino, tardan un año o más.

Algunos pasan hasta cinco días sin comer. Sus objetos más preciados son trocitos de papel envueltos en plástico que suelen llevar en un zapato. En los trocitos de papel hay números de teléfono: el único medio para ponerse en contacto con sus madres. Algunos no tienen ni eso.

Ninguno de los jovenzuelos tiene documentos en regla. Muchos son atrapados por la policía mexicana o por la migra, las autoridades mexicanas de inmigración, que los lleva hacia el sur, a Guatemala. La mayoría lo vuelve a intentar.

Como muchos otros, Enrique ha hecho varios intentos.

El primero: Salió de Honduras con un amigo, José del Carmen Bustamante. Ellos recuerdan haber viajado treinta y un días y unas 1,000 millas hasta el estado de Veracruz en el centro de México, donde la migra los capturó en el techo de un tren y los mandó de regreso a Guatemala en lo que los viajeros llaman *el bus de lágrimas*. Estos autobuses hacen hasta ocho viajes por día, deportando a más de 100,000 infelices pasajeros por año.

El segundo: Enrique viajaba solo. Al cabo de cinco días y cuando se había internado en México unas 150 millas, cometió el error de quedarse dormido descalzo en el techo de un tren. La policía, a la caza de migrantes, detuvo el tren cerca de la ciudad de Tonalá, y Enrique tuvo que saltar del tren. Sin zapatos, no pudo llegar muy lejos. Pasó la noche escondido entre la hierba, luego lo capturaron y lo pusieron en el autobús de vuelta a Guatemala.

El tercero: Después de dos días, la policía lo sorprendió dormido en una casa desocupada cerca de Chahuites, a 190 millas de la frontera con Guatemala. Enrique dice que le robaron y después lo entregaron a la migra, que una vez más lo puso en el autobús con destino a Guatemala.

El cuarto: Después de un día y 12 millas de travesía, la policía lo pilló durmiendo sobre una tumba en un cementerio cerca de la estación de Tapachula, México, un lugar conocido porque allí habían violado a una migrante. Dos años antes de ese episodio, otra mujer había sido violada y muerta a pedradas. La migra llevó a Enrique de vuelta a Guatemala.

El quinto: La migra lo capturó mientras caminaba por las vías en Querétaro, al norte de Ciudad de México. Enrique llevaba 838 millas recorridas y casi una semana de viaje. Un enjambre de abejas le había picado la cara. Por quinta vez, los agentes de inmigración lo despacharon de vuelta a Guatemala.

El sexto: Casi lo logró. Le llevó más de cinco días. Recorrió 1,564 millas. Llegó hasta el Río Grande y pudo avistar los Estados Unidos. Estaba comiendo solo junto a unas vías cuando lo apresaron los agentes de la migra. Lo mandaron a un centro de detención llamado El Corralón en Ciudad de México. Al día siguiente lo subieron al autobús para el viaje de catorce horas de regreso a Guatemala.

Descendió del autobús al otro lado del Río Suchiate en El Carmen, un tosco pueblo de frontera. El río marca la frontera guatemalteca igual que el Río Grande define la frontera mexicana. En lo alto de una colina hay un letrero que dice: "Bienvenidos a Guatemala".

Era como si nunca se hubiera ido.

Enrique ha dormido en el suelo; en un sumidero apretujado con otros migrantes; sobre lápidas. Una vez, cuando estaba en el techo de un tren, sintió tanta hambre que brincó hasta el primer vagón, saltó del tren y corrió a recoger una piña. Alcanzó a subirse a bordo otra vez en uno de los últimos vagones. En otra ocasión llevaba dos días sin tomar agua. Sentía que se le iba a cerrar la garganta de tan hinchada. No había casas a la vista. Encontró un pequeño abrevadero para ganado, lleno de la saliva espumosa de las vacas. Bajo la espuma había algas verdes. Bajo las algas había agua estancada amarilla. Se llevó esa agua a los labios resecos una y otra vez. Tenía tanta sed que le supo maravillosamente.

Cada vez que lo deportan, Enrique sabe que debe volver a cruzar el río hacia México sin demora, alejarse de los anárquicos pueblos de frontera de Guatemala. En una ocasión lo deportaron a las dos de la madrugada, y pasó la noche agazapado y sin dormir cerca de la estación de la guardia fronteriza, temiendo por su vida.

Los migrantes suelen dirigirse al pueblo de frontera de Tecún Umán para volver a cruzar el río. El pueblo vive del tráfico de armas, drogas y personas. Hierve de violencia, prostitutas y migrantes indigentes que mueren a razón de dos o tres por semana. Tecún Umán está controlada por dos pandillas rivales, ambas originarias de Los Ángeles: la Mara Salvatrucha y la Calle 18.

En Tecún Umán, el río es más ancho y manso, más fácil de vadear. Una flotilla de grandes triciclos de pasajeros transporta a los migrantes desde la parada del autobús hasta la ribera, virando bruscamente en el camino de tierra lleno de baches para esquivar los cerdos y la basura que arde en el medio de la calle.

La fangosa orilla del río apesta a cloaca. Se oye el retumbar de la música de salsa que sale de los restaurantes que también son prostíbulos. Algunos niños centroamericanos se quedan atascados aquí, dice Marvin Godínez, asistente legal del albergue Casa del Migrante en Tecún Umán. Se prostituyen, se drogan, roban. Los trabajadores descargan numerosos triciclos rebosantes de papel higiénico y Pepsi y los cargan en balsas con destino a México. Las balsas son unos tablones de madera amarrados a dos cámaras neumáticas de tractor. Docenas de balsas cruzan el río en ambas direcciones. Un hombre usa una caña larga para empujarse contra el fondo del río, o se ata al frente de la balsa con una soga larga y nada. Los migrantes prefieren pagar para cruzar en balsa que arriesgarse a cruzar el río solos.

Enrique elige cruzar por El Carmen, donde lo dejó el autobús, a pesar de que aquí el río es más pedregoso, angosto y torrentoso. El agua tiene el color del café al que se le ha echado demasiada crema. Las traicioneras aguas le llegan hasta el pecho. El río está un poco más alto cada vez que cruza porque se avecina la temporada de lluvias. Siempre lo vadea con uno o dos migrantes más, por si se resbala y empieza a ahogarse. Con la barbilla en alto, atraviesa el río tambaleando, tropieza en el lecho irregular, se hunde en los trechos más profundos, lucha contra la corriente. Exhausto, llega a la otra orilla.

Es su séptimo intento, y es en éste que sufre las heridas que lo ponen en manos de los bondadosos habitantes de Las Anonas.

He aquí lo que recuerda Enrique: Es de noche. Anda en un tren de carga. Un desconocido se sube por un costado de su vagón cisterna y le pide un cigarrillo. El hombre se mueve con velocidad, pero Enrique no está alarmado. A veces los migrantes se desplazan de un extremo a otro del tren trepándose por los vagones.

La luna está oculta por los árboles y Enrique no ve a dos hombres que están detrás del desconocido, ni a tres más que se trepan sigilosos por el otro lado del vagón. Hay docenas de migrantes encaramados al tren, pero ninguno tan cerca como para poder avisarle del peligro.

Uno de los hombres llega hasta la rejilla donde Enrique está sentado. Agarra a Enrique con las dos manos. Alguien lo sujeta de atrás. Lo echan de bruces sobre el techo del vagón. Los seis lo rodean. Sacate todo, dice uno. Otro empuña un garrote de madera que se estrella con un chasquido sobre la nuca de Enrique. Apúrense, dice alguien. El garrote le golpea la cara.

Enrique siente que alguien le arranca los zapatos, manos que le hurgan los bolsillos. Uno de los asaltantes saca un trocito de papel en el que ha apuntado el número de teléfono de su madre. Sin ese papel, no tiene forma de localizarla. El hombre arroja el papel al aire. Enrique lo ve revolotear y alejarse.

Los hombres le arrancan los pantalones. El teléfono de su madre está escrito con tinta en el interior de la cintura. Pero hay poco dinero. Enrique lleva encima menos de 50 pesos, unas monedas que juntó pidiendo limosna. Los hombres maldicen y echan los pantalones por la borda.

Los golpes caen ahora más contundentes. "No me maten", suplica Enrique.

"Callate", dice alguien.

Su gorra sale volando. Alguien le rasga la camisa. Le asestan otro puñetazo en el lado izquierdo de la cara y se le parten tres dientes que cascabelean en su boca como vidrios rotos. Lo siguen vapuleando por lo que parecen diez minutos. El robo se ha tornado en deporte sangriento.

Uno de los hombres se para a horcajadas sobre Enrique. Le envuelve el cuello con la manga de una chaqueta y empieza a retorcerla.

Enrique jadea, tose y resuella. Sus manos van febrilmente de su cuello a su cara en un intento de respirar y protegerse de los golpes.

"Tiralo del tren", grita un hombre.

Enrique piensa en su madre. Lo enterrarán en una tumba anónima y ella nunca sabrá lo que pasó. "Por favor, no dejes que muera sin volver a verla", le ruega a Dios.

El hombre de la chaqueta se resbala. El dogal se afloja.

Enrique se arrodilla con dificultad. Le han quitado todo menos los calzoncillos. Logra ponerse de pie y sale corriendo por el techo del vagón cisterna, intentando desesperadamente mantener el equilibrio en la superficie curva y lisa. El tren se sacude al pasar por rieles flojos. No hay luz. Apenas si alcanza a ver sus pies. Trastabilla y luego recupera el equilibrio.

Unas cuantas zancadas más y alcanza la parte trasera del vagón.

El tren avanza a casi 40 millas por hora. El vagón que sigue también es una cisterna de combustible. Saltar de uno a otro a esta velocidad puede ser suicida. Enrique sabe que puede resbalar, caer entre los vagones y ser succionado hacia abajo.

Oye que los hombres se acercan. Con cuidado, salta del techo a la rótula de enganche que une los vagones, a pocas pulgadas de las ruedas candentes que giran implacables. Oye el chasquido sordo de unos disparos y sabe lo que tiene que hacer. Salta del tren, lanzándose hacia el oscuro vacío. Cae a tierra junto a las vías y rueda. Se arrastra 30 pies. Le laten las rodillas. Por fin se desmorona bajo un arbolillo de mangos.

Enrique no ve sangre, pero la siente por todos lados. Se le desliza pegajosa por toda la cara, le sale por las orejas y por la nariz. Le sabe amarga en la boca. Aun así siente un inmenso alivio: han cesado los golpes.

Enrique recuerda haber dormido, quizá doce horas, luego volver en sí y tratar de sentarse. Piensa en su madre, luego en su familia y en María Isabel, que podría estar embarazada. "¿Cómo sabrán dónde he muerto?".

Para María Isabel, la novia de Enrique, no puede ser cierto que Enrique se haya ido de Honduras. Todo es una broma. Quizá se fue a visitar a un amigo. Volverá uno de estos días.

Unas semanas después de la desaparición de Enrique, su abuela paterna María cruza Tegucigalpa para hablar con los parientes del muchacho y con María Isabel. ¿Alguno de ellos ha tenido noticia de Enrique, que vino a despedirse de ella antes de marcharse a los Estados Unidos?

No era una broma.

María Isabel sabe que Enrique anhelaba estar con su madre. Hablaba mucho de irse al norte para estar con Lourdes. Pero ¿cómo podía dejarla a ella? ¿Qué si se lastimara o muriera cruzando México? ¿Y si nunca lo volviera a ver?

María Isabel llora y se culpa por la partida de Enrique. Luego reza. "Dios mío", murmura, "concedeme un deseo. Hacé que las autoridades mexicanas de inmigración atrapen a Enrique y lo deporten de vuelta para Honduras. Traémelo de vuelta". Ésta es una plegaria muy gastada en Honduras, especialmente por los niños cuyas madres acaban de irse al norte.

María Isabel no se siente bien, y el malestar la obliga a dejar la escuela nocturna. Pierde peso. ¿Qué si está embarazada y Enrique muere tratando de llegar a su madre?

Una amiga le ofrece una solución. Las dos viajarán juntas a los Estados Unidos. Quizá encuentren a Enrique cuando estén abriéndose camino por México, dice la amiga. María Isabel no tiene dinero. Su amiga, que trabaja en una tienda de ropa, ha ahorrado 10,000 lempiras, unos 570 dólares. No alcanza para contratar a un contrabandista, pero si María Isabel la acompaña al norte, la amiga promete que compartirá el dinero con ella. "Allá estaremos mejor. Tendremos de todo", dice la amiga.

María Isabel ha tomado una decisión. Ponen fecha de partida. Se irá en busca de Enrique.

UN ERROR

Enrique vuelve a quedarse dormido, despierta otra vez. El sol está alto y hace calor. Enrique no puede abrir el ojo izquierdo. No ve bien. Sus rodillas entumecidas no quieren flexionarse.

Toma un palo y lo usa para incorporarse. Despacio, descalzo y con las rodillas hinchadas, se tambalea a lo largo de las vías rumbo al norte. Ve a un ranchero y le pide agua. Vete a la chingada, dice el ranchero. Enrique se siente mareado y confuso. Camina en la dirección opuesta, hacia el sur siguiendo las vías. Después de lo que parecen ser varias horas, ve que está de vuelta en el lugar de donde salió, al pie del arbolillo de mango.

Un poco más allá, en la dirección opuesta, hay una choza con techo de paja rodeada de una cerca blanca. Es la casa del jornalero Sirenio Gómez Fuentes, que ve a un joven ensangrentado avanzando hacia él.

En la clínica de un solo cuarto, el doctor Guillermo Toledo Montes ayuda a Enrique a llegar desde el portal donde los pacientes esperan a ser atendidos hasta una camilla que hay dentro.

Enrique tiene una contusión seria en la cavidad del ojo izquierdo. El párpado está lastimado y es posible que le quede caído para siempre. Su espalda está cubierta de hematomas. Tiene varias lesiones en su pierna derecha y una herida abierta oculta bajo el cabello. Se le han roto dos dientes de arriba y uno de abajo.

El doctor Toledo le inserta una aguja bajo la piel cerca del ojo, luego en la frente. Le ha administrado anestesia local. Le limpia las heridas y piensa en los migrantes que ha atendido y que luego han muerto. Éste tiene suerte. "Agradece que estás vivo", dice.

A veces, el médico refiere los casos más difíciles al hospital de Arriaga, un pueblo a hora y media de distancia. Cada mes los trabajadores de la Cruz Roja de Arriaga recogen un promedio de diez migrantes que se han caído del tren o que han sido golpeados por delincuentes o pandilleros. "Me tiraron del tren", es la explicación que dan. Algunos tienen heridas de bala. Otros tienen tajos profundos en las manos porque intentaron protegerse de los golpes de machete. Los migrantes heridos que caen en tramos aislados de las vías y no pueden moverse esperan uno o dos días hasta que por fin pasa alguien.

En Las Anonas, la Cruz Roja recoge a un joven hondureño de diecisiete años de edad que ha perdido la pierna izquierda. Luego vienen por una mujer que está con convulsiones. Pasó seis días sin comer y se cayó del tren.

En tres días recogen a tres migrantes mutilados por el tren. Uno pierde una pierna, otro una mano, al tercero el tren lo partió en dos. En ocasiones los auxiliares de ambulancia tienen que forcejear para sacar de las vías un brazo o una pierna aplastados por el tren y así poder mover al migrante. Otras veces, para cuando llegan el migrante ha muerto. Se supone que no deben transportar cadáveres, pero igual lo hacen para que no se los coman los coyotes y los buitres.

El hospital de Arriaga lleva la crónica de este desfile de miseria. Dos semanas antes de la paliza de Enrique, ocurrida en el mes de marzo, encontraron a un salvadoreño tendido inconsciente junto a las vías con el brazo izquierdo fracturado. En abril, un hondureño se fracturó el pie al caerse del tren. Otro fue asaltado en los techos del tren, por alguien que blandía un machete, y llegó con los ligamentos de la mano derecha cercenados. En mayo, un hondureño sufrió una fractura de clavícula. En junio, un nicaragüense se rompió una costilla. En julio, un hondureño de diecisiete años perdió las dos piernas. En agosto, un salvadoreño llegó con una pierna que le colgaba de unos jirones de músculo y piel. En octubre, dos jóvenes salvadoreños se electrocutaron con un cable de alta tensión. Uno sufrió quemaduras de segundo grado en el 47 por ciento de su cuerpo. En diciembre, un hondureño llegó con ambas piernas y ambos tobillos fracturados. Según la trabajadora social Isabel Barragán Torres, lo más frecuente es que pierdan la pierna izquierda.

Algunos de los amputados se quedan por la zona porque los avergüenza volver y dejar que sus familias los vean así. "Díganles a los demás que no viajen de este modo", ruega la trabajadora social del hospital a los muchos heridos que regresan a Centroamérica.

"¿Por qué no te regresas a tu casa?", pregunta el médico que atiende a Enrique.

"No", responde él sacudiendo la cabeza. "No quiero volver". Con buen modo pregunta si hay alguna manera de pagar por los cuidados, los antibióticos y los antiinflamatorios que le dieron.

El médico niega con la cabeza. "Y ahora ¿qué vas a hacer?"

Agarrar otro tren de carga, responde Enrique. "Quiero ir a donde está mi familia. En mi país estoy solo. Tengo que ir al norte".

La policía de San Pedro Tapantepec no lo entrega a la migra. En vez de eso, Enrique duerme esa noche sobre el piso de concreto en el único cuarto de la comisaría. Al amanecer se marcha para alcanzar un autobús que lo regrese al ferrocarril. La gente que lo ve pasar repara en su cara magullada. Sin decir palabra, un hombre le da 50 pesos. Otro le da 20. Cojeando, Enrique sigue camino hacia las afueras de la ciudad.

El dolor es demasiado intenso, así que pide un aventón a un automóvil que pasa.

"¿Me lleva?"

"Súbete", responde el conductor.

Enrique sube al automóvil. Es un error que pagará caro. El conductor es un agente de inmigración en su día libre. Conduce hasta un retén de la migra y lo entrega a las autoridades. No puedes seguir camino al norte, dicen los agentes.

Enrique ruega poder lograrlo en el próximo intento.

Lo llevan a otro autobús impregnado de olor a sudor y gasóleo. Ve con alivio que no hay pandilleros centroamericanos a bordo. Éstos a veces se dejan apresar por la migra para entonces golpear y robar a los migrantes que van en los autobuses. Van de asiento en asiento amenazando a los pasajeros con picahielos y exigiéndoles que entreguen todo lo que llevan.

El autobús de Enrique recoge a otros deportados en los retenes de la migra que hay por el camino. Cuando los oficiales mexicanos llaman su nombre, los migrantes salen de las grandes celdas, algunas de ellas con excusados abiertos llenos de heces y orina. Les devuelven sus pertenencias. Además de la ropa, a muchos de ellos sólo les queda un cinturón.

Ya sentados en el autobús, algunos de los migrantes se dan cuenta de que ya no pueden más. No tienen dinero. Han padecido frío, calor, hambre. Se hunden en los asientos, débiles. Con frecuencia ha ocurrido algo trágico que les quebrantó la voluntad: un ataque violento, una violación, una caída del tren. Ya no creen que sea posible llegar a los Estados Unidos.

Otros han estado en el tren docenas de veces. Juran volver a intentarlo a toda costa. Éstos descansan en el autobús, juntando fuerzas para el camino que los espera. Planean cómo volver a emprender la travesía aprovechando lo que han aprendido en tentativas anteriores.

En el autobús de Enrique hay veinte migrantes, y están deprimidos. Hablan de darse por vencidos, de emprender el regreso a El Salvador o Nicaragua. Por largos trechos el autobús marcha en silencio salvo por el traqueteo del caño de escape.

Pese a todo, Enrique ha fracasado de nuevo: esta vez tampoco llegará a Estados Unidos.

No deja de repetirse que es sólo cuestión de intentarlo una vez más.

TRES

Ante la bestia

Enrique vadea un río con el agua hasta el pecho. Tiene cinco pies de estatura, hombros encorvados y no sabe nadar. La inscripción de su gorra anuncia con jactancia vacua: NO FEAR, no tengo miedo.

El río Suchiate marca la frontera. A sus espaldas está Guatemala. Delante está México, con el estado de Chiapas en el extremo sur. "Ahora nos enfrentamos con la bestia", dicen los migrantes al entrar en Chiapas.

A golpes Enrique, que tiene diecisiete años, ha aprendido mucho acerca de "la bestia". En Chiapas estará expuesto a los asaltos de los bandidos, a los atracos de la policía, y a pandillas callejeras que podrían matarlo. Pero él correrá esos riesgos porque necesita encontrar a su madre.

Ésta es la octava vez que Enrique intenta llegar al Norte.

Primero, siempre, está la bestia. Enrique ha aprendido varias cosas importantes sobre Chiapas.

En Chiapas no tomes autobuses ya que éstos deben pasar por nueve puestos de control de inmigración permanentes. Los trenes de carga también pasan por puestos de control, pero Enrique puede saltar del tren cuando éste va frenando, y si se apura quizá puede escabullirse para rodear el retén y volver a abordar del otro lado.

En Chiapas nunca viajes solo. Enrique lleva ventaja de noche o cuando hay niebla, porque puede ver las linternas de los agentes de inmigración pero ellos no lo pueden ver a él. Lo mejor es cuando hay tormenta, aunque haya relámpagos y ande en una cisterna llena de gasolina; cuando llueve los agentes de inmigración se quedan en casa.

En Chiapas no confíes en ninguna autoridad y cuídate de los lugareños, que suelen sentir antipatía por los inmigrantes.

Una vez a salvo del otro lado del río Suchiate, Enrique se prepara para pasar la noche en un cementerio cercano a la estación en la ciudad de Tapachula, acostándose sobre su gorra de *No Fear* para que no se la roben.

En viajes anteriores, Enrique pasó la noche cerca de la estación de tren, que está a varias cuadras del cementerio. En una ocasión descansó sobre un montón de pasto junto a la decrépita estación. Otra vez encontró una casa abandonada cerca. Tendió un pedazo de cartón y usó otro trozo como manta para protegerse de los mosquitos. De ahí podía ver los trenes que salían rumbo al norte. Perder uno significaba una espera de dos o tres días hasta el próximo tren.

Pero lo han capturado dos veces cerca de la estación en redadas policiales. Los agentes cierran todas las calles y no hay por dónde escapar.

Enrique decide que el cementerio es más seguro. Está lo bastante cerca como para escuchar el rugir de los motores y el chiflido estridente de las bocinas cada vez que un tren sale de la estación, pero también está lo bastante lejos como para evitar encontrarse con la policía que ronda la estación en busca de migrantes. Se pone un bollo de trapos bajo la cabeza como almohada y se queda dormido.

"Despertate". El aviso es un susurro, pero Enrique lo oye. El que habla es un pandillero que duerme a su lado arriba de una cripta.

Cinco camionetas llenas de policías municipales han ingresado sigilosamente al cementerio con las luces apagadas. Ahora, justo antes del alba, los agentes se ponen en movimiento. "¡Despliéguense!" Caminan con paso firme por el confuso laberinto de senderos, abriéndose en abanico entre las tumbas, cargando rifles AR15, escopetas calibre 12 y pistolas calibre .38.

El cementerio es hermoso. La luna está amarilla, y el cielo, azul oscuro. Enrique ve estrellas alrededor de las ceibas que hacen sombra sobre las lápidas. Hay cruces y aun criptas enteras pintadas de lila, morado y verde neón. Una brisa acaricia las ramas de los árboles y las hace susurrar al despuntar el día. Una ráfaga más fuerte sacude los inmensos ramajes, y el rumor va en aumento hasta que las ramas bailan y las hojas tintinean doblegadas por el viento. El camposanto recibe al sol con una sinfonía.

Crepitan las radios de la policía. Enrique se asoma por el borde de la cripta.

El cementerio será hermoso, pero también está lleno de peligros. Hace tres años, sacaron a la rastra de entre las tumbas a una chica de diecisiete años, luego la violaron y la asesinaron. El año anterior, a un joven le aplastaron la frente a golpes con un tubo de metal. Aun antes, a una joven la amordazaron con un trapo, luego la violaron y la apedrearon hasta matarla.

Pero Enrique se ha encontrado con cuatro pandilleros de la Mara Salvatrucha, que usan el cementerio como escondite. En un viaje anterior había conocido a El Brujo, un pandillero de la MS. Ellos dan protección aun en los rincones más oscuros del camposanto donde los migrantes apilan excremento, ropa vieja y latas de sardinas, donde los visitantes dejan velas encendidas sobre las tumbas y donde una bruja viene a sacrificar pollos. Sin estos pandilleros, Enrique jamás se atrevería a franquear los negros portones de hierro.

En este dormidero para migrantes, Enrique se ha lavado los dientes con orina, un remedio casero para sus dientes rotos y todavía doloridos. Ha pasado por alto las tumbas cubiertas con bloques rectangulares de un pie de altura llamados "mesas", que tienen lápidas triangulares que servirían bien de almohadas. En cambio, ha escogido el techo de un mausoleo, una cripta de una habitación que contiene los restos de cuatro miembros de la familia Conchalitos, dueños de un restaurante local. Enrique y Big Daddy, un pandillero de la MS de quince años, se han instalado en el techo. Escrito con aerosol en una de las paredes de yeso se lee MARA SALVATRUCHA y EL YAGA, el nombre de un líder local.

Pero estas inscripciones no proveen protección alguna contra lo que Enrique y Big Daddy ven ocurrir allá abajo. Los policías de uniforme azul están rodeándolos a ellos y a otros treintaitantos migrantes que han pasado la noche entre los muertos. Algunos de éstos están tratando de huir a toda carrera entre las tumbas. Enrique sabe que eso es inútil; la última vez que intentó escaparse de la policía en el cementerio, lo apresaron y lo deportaron.

Enrique y Big Daddy se tumban en el techo de la cripta. Enrique intenta no respirar.

Pero algunos policías miran en su dirección. Enrique y Big Daddy actúan como si no supieran que los agentes han reparado en ellos.

Entonces Big Daddy ve a un policía escudriñando por encima del borde de la cripta. Big Daddy no puede contenerse. Suelta una risita.

"Bájense", dice el agente.

No hay escapatoria. Enrique y los otros van a dar a la cárcel de Tapachula. "¿Nombre? ¿Edad? ¿De dónde vienes?" Los hacen pasar por cuatro puertas metálicas y un patio hasta llegar a tres calabozos pequeños. Un olor fétido emana de los agujeros que sirven de retretes. Hombres y niños se apoyan contra los barrotes de metal tratando de respirar aire fresco.

Por fin llevan a todos a una cárcel de la migra que hay al lado. La cárcel tiene varias celdas de espera que son habitaciones con bancas de cemento y puertas de hierro. Todas las celdas están repletas. Los agentes conducen a Enrique y a unos veinte más a un patio. Mientras deambulan por él, circula un rumor. A las diez de la mañana sale un tren.

"No puedo perderlo", se dice Enrique

Ve una vieja bicicleta apoyada contra el muro del patio. Ahora mira a la migra con cuidado. Cuando los ve distraídos, se para sobre la bicicleta. Otros migrantes lo izan más alto. Se agarra de un caño de agua y se empuja por encima de la pared hasta el techo de una casa adyacente. Se lanza al suelo de un salto. Le late la cabeza, que todavía está hinchada por la paliza.

Pero está libre.

Enrique corre hasta el cementerio, donde los migrantes se detienen con frecuencia a descansar. Un día cualquiera al amanecer se ve deshabitado, como si fuera un cementerio rural. Pero apenas se oye el resuello de un tren que se va y el silbido de los frenos, el camposanto parece cobrar vida. Docenas de migrantes, entre los que hay niños, emergen de los arbustos, de atrás de las ceibas y de entre las tumbas.

Corren por los senderos que hay entre los sepulcros y se lanzan cuesta abajo a toda velocidad. Un canal de aguas residuales de veinte pies de ancho los separa de las vías. En el canal hay siete piedras. Los migrantes cruzan el hediondo arroyo negro saltando de una a otra. Se reúnen del otro lado sacudiéndose el agua de los pies. Ahora están a pocos pasos de los rieles.

En este 26 de marzo del año 2000, Enrique está con ellos. Se echa a correr al lado de los vagones de carga en movimiento y se concentra en no tropezarse. El terraplén tiene una pendiente de 45 grados a cada lado y está salpicado de piedras del tamaño de su puño. No puede mantener el equilibrio y la velocidad a la vez, por eso trata de ir pisando sobre los durmientes con sus deshilachados zapatos deportivos. A pocos pies uno del otro, los durmientes están empapados con creosota y eso los hace resbaladizos.

Al llegar a este punto las locomotoras aceleran. A veces alcanzan las 25 millas por hora. Enrique sabe que debe encaramarse al tren antes de llegar a un puente naranja que cruza el Río Coatán justo pasando el cementerio. Sabe por experiencia que debe hacerlo pronto, antes de que el tren gane velocidad.

La mayoría de los vagones de carga tienen dos escalerillas a cada lado, junto a las ruedas. Enrique siempre elige le escalerilla de delante. Si no logra aferrarse a ella y sus pies tocan la vía, todavía tiene un instante para sacarlos del paso de las ruedas traseras. Pero si no corre con suficiente velocidad, la escalerilla le dará un tirón hacia delante y lo hará caer despatarrado. Entonces las ruedas delanteras o las traseras podrían cortarle un brazo, una pierna o quizá matarlo.

"Se lo comió el tren", dicen los otros migrantes.

Enrique ya tiene cuatro cicatrices irregulares en las espinillas que se ha hecho en esfuerzos frenéticos por abordar trenes.

El peldaño más bajo de la escalerilla está a la altura de su cintura. Cuando el tren se ladea hacia afuera, está más alto. Si se bandea en una curva, las ruedas echan chispas blancas y ardientes que le queman la piel. Enrique ha aprendido que, si lo piensa demasiado, se queda atrás y el tren se le va. Esta vez va trotando al lado de una tolva gris. Se agarra de una de las escalerillas, y se impulsa hacia arriba con todas sus fuerzas. Un pie encuentra el peldaño más bajo, después el otro.

Está a bordo.

Enrique mira hacia delante en el tren. Hay hombres y niños colgados de los costados de vagones cisterna que buscan un lugar donde sentarse o pararse. Algunos de los niños tienen las rodillas sangrantes y magulladas porque no lograron poner los pies en la escalerilla y se treparon peldaño a peldaño sobre las rodillas.

De pronto, Enrique oye gritos. Tres vagones más allá un chico de doce o trece años ha podido asir el peldaño más bajo de la escalerilla de un vagón cisterna, pero no logra impulsarse hacia arriba. La corriente de aire que hay bajo el tren le está succionando las piernas. Lo jala con más fuerza cada vez, atrayendo sus piernas hacia las ruedas.

"¡Subite!", dice un hombre.

"¡No te soltés!", dice otro. Él y otros varios se arrastran por el techo del tren hasta un vagón cercano. Vuelven a gritar. Quieren llegar hasta el vagón del niño antes de que esté demasiado exhausto y tenga que soltarse. Para entonces, no le quedará fuerza en los brazos para empujarse hacia afuera y alejarse de las ruedas del tren.

El niño cuelga indefenso de la escalerilla. Le cuesta tenerse agarrado. Con cuidado, los hombres se arrastran hacia abajo y le tienden los brazos. Lo izan despacio. El niño se golpea las piernas contra los peldaños, pero está vivo. Aún tiene sus pies.

A BORDO

Hoy no se ven mujeres en el tren; es demasiado peligroso. Hay varios niños, algunos mucho más pequeños que Enrique. Uno de ellos tiene sólo once años. Según cálculos del Grupo Beta, un grupo oficial de defensa de los derechos de los migrantes de Chiapas, entre el 20 y el 30 por ciento de los niños que abordan los trenes en Tapachula tienen quince años o menos. Este pequeño de once años le cuenta a Enrique que él también quedó con su abuela en Honduras. Él también viaja solo para encontrar a su madre en los Estados Unidos. Dice que está desesperado por verla.

Enrique se ha encontrado con niños de hasta nueve años. Algunos sólo hablan con sus grandes ojos marrones o con una sonrisa. Otros hablan abiertamente de sus madres. "Me sentía solo. Nada más podía hablar con ella por teléfono. Quiero verla. Cuando la vea, la voy a abrazar mucho, con todas mis fuerzas".

Enrique calcula que hay más de doscientos migrantes a bordo, el pequeño ejército que se abalanzó fuera del cementerio sin otra arma que la propia astucia. Contra ellos se forman en orden de batalla la migra, los policías corruptos, los pandilleros y los delincuentes. Ambos bandos libran lo que el cura de un albergue para migrantes llama "la guerra sin nombre". Chiapas, dice, es "un cementerio sin cruces donde la gente muere sin siquiera una oración". Según un informe de derechos humanos de 1999, los migrantes que atraviesan Chiapas se enfrentan con "una verdadera carrera contra el tiempo y contra la muerte".

Sin embargo, todo esto no significa nada en comparación con el anhelo que siente Enrique por ver a su madre, que lo dejó hace once años. Si bien la lucha por sobrevivir con frecuencia la desplaza de su mente, por momentos piensa en ella con un sentimiento abrumador de soledad. Recuerda cuando ella llamaba por teléfono a Honduras desde los Estados Unidos, el tono de preocupación en su voz, cómo no podía terminar la comunicación sin decir: "Te quiero. Te echo de menos".

Enrique lo piensa con cuidado. ¿En qué vagón va a viajar? Esta vez será más cauto que antes.

Los furgones son los vagones más altos. En estos vagones cubiertos las escalerillas no llegan hasta arriba. Es menos probable que los agentes de la migra trepen hasta arriba, y él podría viajar acostado en el techo sin que lo vieran. Desde allí lograría ver a los agentes acercándose, y si empezaran a subir podría saltar a otro vagón y salir corriendo.

Pero los furgones son peligrosos. No hay mucho de qué agarrarse en los techos. Quizá sería mejor viajar dentro de un furgón. Pero podría ocurrir que la policía, los agentes de seguridad ferroviaria o la migra trabaran las puertas desde fuera, dejándolo atrapado dentro.

Otro migrante, Darwin Zepeda López, relata algo que ocurrió en un furgón cerrado.

Creyendo erróneamente que era un cliente, unos coyotes o

contrabandistas arrearon a Zepeda junto con otros clientes hacia cuatro furgones que tenían las puertas abiertas. Después lo hicieron subir a uno de los furgones con otras cuarenta personas. Zepeda, de veintidós años de edad, dice que oyó que las puertas se deslizaban y se cerraban con un ruido metálico. Los contrabandistas trabaron las puertas del lado de fuera para que el furgón no levantara sospechas. Era abril del año 2000 en el sur de México, y que en el exterior la temperatura superaba los 100 grados. Dentro, el vagón se fue convirtiendo en un horno.

A medida que el tren avanzaba al norte, los migrantes se fueron tomando toda el agua que llevaban. El aire del vagón se impregnó de olor a sudor. Zepeda apenas podía respirar. La gente empezó a gritar y a pedir ayuda. Algunos se arrodillaron y le rogaron a Dios que detuviera el tren.

En el vagón estallaban peleas de puños cuando los migrantes maniobraban para respirar aire fresco por unos diminutos agujeros de óxido que había sobre las puertas. Transcurridas cuatro horas, relata Zepeda, una mujer asmática suplicó que le dieran agua, luego se desplomó inconsciente en el suelo. Otros le abrieron la boca y trataron de darle las pocas gotas de agua que encontraron. Finalmente, la dejaron por muerta. Algunos se pararon sobre ella para alcanzar los agujeros de aire que estaban más altos.

Durante las seis horas siguientes, hasta que unos agentes de inmigración y soldados mexicanos detuvieron el tren y abrieron las puertas, Zepeda vio a siete migrantes caer al suelo. Dice que el vagón parecía una morgue sobre ruedas.

Enrique busca otro lugar. Un buen escondite podría ser debajo de los vagones, subido al amortiguador de un pie de ancho que hay entre los ejes. Pero puede que Enrique sea demasiado grande para caber allí. Además, los trenes levantan piedras.

Peor aún, si se le cansaran los brazos o se quedara dormido, caería directamente bajo las ruedas. "Es una locura", concluye.

Podría sentarse en el compresor circular que tienen algunas tolvas en un extremo, con los pies colgando justo arriba de las ruedas. O pararse en la diminuta cornisa, apenas suficiente para apoyar los pies, que hay en otras tolvas. Pero sus manos se pondrían entumecidas y agarrotadas después de estar aferrado al vagón durante horas.

Enrique decide viajar arriba de una tolva. Encuentra una que va llena, lo que la hace más estable. Se sostiene de una rejilla que hay a lo largo del borde. Desde su posición a 14 pies de altura puede ver a cualquiera que se acerque de ambos lados de la vía, desde delante o desde otro vagón. Abajo, en cada extremo de la tolva, las ruedas de metal brillante están al descubierto: tienen tres pies de diámetro, cinco pulgadas de espesor y giran a toda velocidad. Enrique se mantiene lo más alejado posible de ellas.

No lleva nada que pueda impedirle correr rápido. Como máximo, si está excepcionalmente caluroso, ata un cordón de nylon a una botella vacía de plástico y se lo envuelve alrededor del brazo para llenar la botella cuando puede.

Algunos migrantes suben a bordo con un cepillo de dientes en el bolsillo. Unos pocos se permiten llevar un pequeño recuerdo de sus familias. Un padre se envuelve la vincha favorita de su hija de ocho años alrededor de la muñeca. Otros traen una pequeña Biblia con los números de teléfono de sus madres, o padres u otros parientes anotados en lápiz en los márgenes. A veces llevan cortaúñas, un rosario o un escapulario con una diminuta imagen de san Cristóbal, el santo patrón de los viajeros, o de san Judas Tadeo, el santo patrón de las situaciones desesperadas.

Como de costumbre, el tren se bambolea bruscamente de

un lado a otro. Enrique se sostiene con las dos manos. Por momentos el tren acelera o disminuye la velocidad, haciendo chocar los enganches y sacudiéndolo violentamente. Las ruedas giran y rechinan con estrépito metálico. A veces un vagón se bandea para el lado contrario del que está justo delante y atrás en la fila. El Gusano de Hierro, lo llaman algunos migrantes. En Chiapas, las vías tienen veinte años. Algunos durmientes se hunden, especialmente durante la temporada de lluvias cuando el lecho de la vía se satura y se ablanda. El pasto crece sobre los rieles, lo que los hace resbaladizos.

Cuando los vagones doblan en una curva, parece que van a volcar. El tren de Enrique pasa sólo unas cuantas veces por semana, pero se descarrila un promedio de tres por mes, calcula Jorge Reinoso, jefe de operaciones de la línea de ferrocarriles Chiapas-Mayab. Un mes particularmente malo hubo diecisiete accidentes. Un año antes, una tolva parecida a la de Enrique volcó con un cargamento de arena y enterró vivos a tres migrantes. En otro lugar volcaron seis tolvas. Un migrante murió aplastado al quedar atrapado entre el vagón y un puente que estaba cruzando el tren. Otro inmigrante fue hallado muerto aguas abajo. Los restos oxidados de los vagones dados vuelta están desparramados cerca de las vías. Una vez descarriló un tren en el que viajaba Enrique. Su vagón se sacudió tan fuerte que estuvo a punto de saltar del tren para salvarse. Enrique rara vez se permite demostrar que tiene miedo, pero teme que este vagón llegue a volcar. El Tren de la Muerte, lo llaman algunos migrantes.

Otros tienen una visión algo más positiva del tren. Creen que tiene un propósito noble. A veces los techos del tren van repletos de migrantes. Miran al norte, hacia una nueva tierra, un éxodo sin fin. El Tren Peregrino, lo llaman.

A Enrique lo conmueve la magia del tren, su fuerza y su capacidad de llevarlo hasta su madre. Para él es el Caballo de Hierro.

El tren gana velocidad. Pasa por un río marrón que huele a cloaca. Luego emerge delante una forma oscura. Los migrantes que van en los vagones delanteros, más cerca de la locomotora, mandan el aviso hacia atrás por encima del estruendo ensordecedor del tren. La señal de alarma pasa de migrante a migrante, de vagón en vagón. "¡Rama!", gritan. Todos se agachan.

Enrique se aferra a la tolva. Se balancea de un lado a otro para eludir las ramas. Todos los migrantes se inclinan a la vez, esquivando las mismas ramas; a la izquierda, luego a la derecha. El más mínimo descuido —un vistazo al reloj o una mirada hacia la parte trasera del tren en el momento equivocado— y las ramas los catapultarán al aire. Matilda de la Rosa, que vive junto a la vía, recuerda a un migrante que llegó a su puerta con un ojo colgándole en la mejilla. Lo sostenía cerca de su cara con la mano derecha. "El tren me arrancó el ojo", dijo.

PARADA TEMIBLE

Cada vez que el tren aminora la velocidad, Enrique está alerta por si aparece la migra. Los migrantes se despiertan unos a otros y empiezan a descender por los costados del tren, listos para saltar. Se asoman hacia afuera tratando de ver por qué han bajado la velocidad. ¿Será otra falsa alarma? A veces viene un tren en la dirección opuesta y el maquinista se ve obligado a desviarse a un apartadero. Al pasar de un vagón a otro, un migrante puede pisar inadvertidamente la manguera presurizada de los frenos que se extiende todo a lo largo del tren. Otros migrantes, frustrados por la lentitud del tren, desconectan la manguera deliberadamente. El conductor debe detenerse para arreglar el problema. También puede ser que tengan que disminuir la velocidad debido a una curva difícil. Si el tren vuelve a acelerar, todos se trepan nuevamente al tren. El movimiento hacia abajo y hacia arriba por las escalerillas parece una danza extrañamente coreografiada.

Pero bajar la velocidad en Huixtla, con su estación roja y amarilla, sólo puede significar una cosa: se acerca La Arrocera, uno de los retenes de inmigración más temidos de México. De la media docena de retenes que Enrique ha eludido en el sur de México, La Arrocera es el que más lo asusta.

Los agentes de inmigración escogieron este lugar, llamado así porque hay dos acopiadoras de arroz, por ser tan aislado. Hay acres y acres de pasturas para ganado y pocas casas o calles transitadas donde los migrantes puedan esconderse. Normalmente, los agentes de la migra capturan a la mitad de los que van a bordo.

Enrique ya se ha enfrentado con los peligros de La Arrocera. En el intento pasado, él iba tendido sobre una tolva. Era de noche. Los haces de luz de las linternas de los agentes de la migra bailaron sobre su vagón en varias ocasiones. Enrique contuvo la respiración. El tren siguió adelante.

Esta vez llega al calor del mediodía. La tensión va en aumento. Algunos migrantes se paran en los techos del tren y se esfuerzan por divisar a agentes de la migra allá delante. Los primeros en avistar veinte agentes sobre las vías avisan a los demás a gritos: "¡Bájense!". Cuando el tren va frenando, saltan.

El tren se ladea. Enrique salta de vagón en vagón hasta aterrizar en un furgón. El tren se detiene. El muchacho se tiende boca abajo con los brazos extendidos, esperando que la migra no note su presencia. Pero varios agentes reparan en él.

"¡Bájate, puto!"

"¡No! ¡No voy a bajar!"

La escalerilla no llega hasta arriba de todo. La única manera de subir es trepándose por el espacio entre dos furgones adyacentes, estribando con un pie en cada una de las salientes horizontales que hay en los extremos de los vagones para ir subiendo de a poco.

"¡Bájate!"

"¡No!"

Los agentes piden refuerzos, uno de ellos empieza a subir.

Enrique se pone de pie y se lanza a toda carrera por los techos del tren, volando para salvar los espacios de cuatro pies entre vagón y vagón. Tres agentes lo siguen por tierra arrojándole piedras y palos, algo que muchos migrantes dicen haber experimentado aquí. Las piedras chocan estrepitosamente contra el metal del tren. Enrique corre de vagón en vagón, más de veinte vagones en total, tratando de no caerse cada vez que salta de una tolva a una cisterna, que es más baja y tiene el techo curvo.

Se le está acabando el tren. Tendrá que rodear La Arrocera él solo. Será suicida, pero no hay más remedio. Más piedras rebotan contra el tren. Enrique baja rápido por una escalerilla y corre hacia los arbustos.

"¡Alto! ¡Alto!", gritan los agentes.

Mientras huye, Enrique cree oír balazos.

Excepto en circunstancias extraordinarias, los agentes de migraciones mexicanos tienen prohibido portar armas. No obstante, según un agente retirado la mayoría carga pistolas calibre .38. Algunos trabajadores de albergues dicen haber visto migrantes con heridas de bala. Otros aseguran que fueron torturados. Muy pronto Enrique conocerá a un hombre que tiene el pecho como picado de viruela con quemaduras de cigarrillo. El hombre le explica que un agente de la migra le hizo esas marcas en La Arrocera.

Sin embargo, en el matorral Enrique se preocupa menos por los agentes que por las "madrinas" con machetes. El nombre dado a estos hombres es un juego de palabras: son civiles que ayudan a las autoridades, como lo haría una madrina, y administran "madrizas", o palizas salvajes. Los activistas de derechos humanos y algunas agencias policiales dicen que las "madrinas" cometen algunas de las peores atrocidades –violaciones y torturas– y que las autoridades les permiten quedarse con una porción de lo que roban.

A veces una "madrina" aborda el tren y se hace pasar por migrante. Luego avisa por radio cuántos migrantes hay a bordo y dónde están escondidos para que los agentes sepan a qué vagones dirigirse cuando detengan el tren. Los agentes de la migra usan uniformes verdes. Enrique no puede distinguir a las "madrinas", que van de civil.

Enrique sigue corriendo. Se arrastra por debajo de una cerca de alambre de púas y luego bajo dos líneas de alambre liso. Estas últimas están electrificadas. Por las noches, Guillermina Gálvez López, que vive en una choza de madera junto a las vías en La Arrocera, oye los trenes y al poco rato los alaridos penetrantes de los migrantes que vienen mojados por el pantano y chocan contra el alambre.

"¡Ayúdeme! ¡Ayúdeme!", gimen.

En un plazo de diez meses, los que viajan en los trenes han traído diez veces a su puerta hombres y niños sin brazos, sin piernas o decapitados. Con frecuencia sufren las heridas cuando tratan de subir o bajar del tren huyendo de los agentes.

Los migrantes esconden su dinero. Algunos lo cosen a sus pantalones. Otros se ponen un poco en los zapatos, otro poco en la camisa y una moneda o dos en la boca. Aun hay otros que lo envuelven en bolsas plásticas y lo guardan en lugares privados. Algunos lo enrollan y lo deslizan dentro de sus bastones. Otros ahuecan un mango, ponen sus pesos dentro y luego simulan que están comiendo la fruta.

Enrique piensa que no tiene tanto dinero como para haber de preocuparse.

Sabe que se ha internado en territorio de maleantes. Según las autoridades, hay por lo menos tres, quizá cinco bandas de asaltantes, algunos con Uzis, algunos drogados, que patrullan las tres millas de sendero de tierra que los migrantes deben transitar para rodear La Arrocera.

Los migrantes describen experiencias similares. "No corras o te matamos", les gritan. Sácate la ropa. Échate al suelo. Los bandoleros apoyan el filo de sus machetes contra las gargantas o las orejas de los migrantes mientras éstos se desvisten. No hagas ruido, les dicen. No mires para arriba. Uno rasga las cinturas de los pantalones, los cuellos y los puños de las camisas en busca de dinero escondido. Se quedan con los cinturones, los relojes y los zapatos. Los que se resisten son apaleados o asesinados. Todos reciben una advertencia final: "Si hablas con las autoridades, te vamos a encontrar y te vamos a matar". Los lugareños ven pasar grupos de migrantes desnudos por los senderos de tierra; les han sacado absolutamente todo.

Uno de ellos es El Cantil, un hombre alto y flaco que lleva ese apodo en referencia a un tipo de víbora particularmente ágil y venenosa. El Cochero es líder de una banda de diez asaltantes. La Mano de Seda es conocido por su maestría en el arte de asaltar personas. La banda llamada la Mara Valiente vive en el pueblo cercano de Buenos Aires y opera en el tramo de la vía que cruza el rancho Reforma.

Después de los robos del día, los delincuentes se van al pueblo vecino de Huixtla a beber y a alternar con prostitutas. Allí está Quinto Patio, con su fachada fucsia y un letrero invitador que dice LADIES DANCE. También están el club nocturno La Embajada, Los Pinos, Las Brisas y el bar Noa Noa, que publicita bailarinas exóticas.

Los bandidos son tan conocidos y operan con tal impunidad que Mario Campos Gutiérrez, un supervisor del Grupo Beta Sur, cree que las autoridades colaboran con ellos. Según Campos, muchos de los bandidos son agentes de policía en actividad o retirados. Si son arrestados, salen rápidamente en libertad pagando sobornos. Las declaraciones de testigos contra ellos desaparecen misteriosamente. Los migrantes no pueden esperar durante meses hasta el juicio. Hace tiempo que los bandidos han intimidado a todo habitante de La Arrocera que consideró testificar contra ellos.

"Si hablas, te matan. Mejor cerrar la boca", dice Antonio, un anciano lugareño que tiene miedo de dar su apellido. Un vendedor de helados cerca de La Arrocera agrega: "Si los denuncias, salen libres y te vienen a buscar. Operan a plena luz del día. Aquí no hay ley".

La última vez que pudo escurrirse hasta el otro lado de La Arrocera, Enrique tuvo suerte porque tuvo cuidado. En aquella ocasión se unió a una banda de pandilleros. Los bandidos tratan de evitar a los pandilleros, que pueden estar armados, y prefieren presas más fáciles. Enrique y los pandilleros pasaron enfrente de un grupo de mexicanos armados con machetes que estaban de pie junto a la vía. Los hombres les clavaron la mirada, pero no se movieron ni los atacaron.

Esta vez está solo. Se concentra en el pensamiento que lo hará correr más rápido: "No puedo perder el tren".

Si pierde el tren del que se acaba de bajar, sabe que será presa fácil esperando días enteros entre los arbustos y el pastizal hasta que pase otro tren.

Enrique corre tan rápido que siente explotar sus sienes. El suelo está mojado y resbaladizo. Los pastos son como tentáculos largos que le enlazan los pies. Tropieza, se levanta y sigue corriendo. Pasa por una casa de ladrillo abandonada. Le falta la mitad del techo.

La casa tiene mala fama. No hace mucho tiempo, el Grupo Beta encontró allí dentro una cama de ladrillo cubierta con hojas color verde esmeralda que parecían ser de estrelicia y dos pares de pantaletas sucias hechas bollo en el piso. Allí violan a mujeres, recientemente una chica de dieciséis años fue violada repetidamente durante tres días.

Muchas son víctimas de violaciones múltiples, como una salvadoreña que estaba embarazada de cuatro meses y fue violada a punta de pistola por trece delincuentes junto a las vías un poco más al sur. Estas mujeres llegan a los hospitales locales con severas hemorragias internas y largos arañazos en las nalgas. Algunas quedan embarazadas. Las hay que pierden la razón. En un albergue de Chiapas, una mujer violada camina con los brazos tiesos cruzados delante de su cuerpo y la mirada ausente. En otro albergue, una mujer se pasa horas bajo la ducha todos los días para tratar de limpiar los rastros del ataque.

Según un estudio hecho por la Universidad de Houston en 1997, una de cada seis niñas migrantes detenidas por las autoridades de Texas dice haber sido víctima de un ataque sexual durante el viaje. Algunas de las muchachas que viajan al norte se cortan el pelo, se fajan los pechos y tratan de pasar por muchachos. Otras se escriben en el pecho: TENGO SIDA.

Enrique no se detiene. Llega hasta el puente Cuil, donde el tren cruza un cauce de aguas turbias de cuarenta pies de ancho. Según los migrantes y agentes del Grupo Beta Sur, éste es el lugar más peligroso. La banda de El Cantil suele acechar cerca de aquí. Los asaltantes arrastran colchones hasta los árboles cercanos, almuerzan y esperan por la presa. Usan de vigías a niños del lugar que se adelantan a la carrera en bicicleta para avisar a los bandidos de que hay migrantes acercándose. Cuando estos últimos van cruzando el puente, los bandidos se descuelgan de las ramas y los rodean. Otros asaltantes se esconden junto a las vías entre los tupidos arbustos y enredaderas que hay arriba y abajo del puente. Uno pesca en el río o corta pasto con un machete como si fuera un labriego, y avisa a los otros con un silbido para que tiendan la trampa.

Un mes antes, unos asaltantes emboscaron a cinco salvadoreños que cruzaban el puente a las cuatro de la madrugada. Los migrantes intentaron huir. Los asaltantes balearon a uno por la espalda. Cuatro meses después, asesinaron a tres salvadoreños y un mexicano. Los salvadoreños tenían un tiro en la cabeza y las manos atadas a la espalda. El mexicano fue apuñalado. Todo lo que les quedaba era la ropa interior. Un lugareño lleva la cuenta de cuarenta migrantes asesinados por bandidos, algunos de ellos muertos a machetazos.

Enrique cruza el puente a la disparada y sigue corriendo. A su derecha hay montañas. El suelo es tan húmedo que los campesinos plantan arroz entre las hileras de maíz. Siente la humedad que emana de la tierra margosa, drenándole la energía, pero sigue corriendo. Finalmente se detiene, doblado en dos, jadeando.

No sabe bien por qué, pero ha sobrevivido a La Arrocera. Quizá fue su cautela extrema, quizá su decisión de escaparse, quizá su intento de pasar desapercibido tumbándose en el techo del furgón, lo cual retrasó su descenso del tren y dio a los bandidos la oportunidad de atacar a otros migrantes que lo precedieron.

Está desesperado de sed. Ve una casa.

Lo más probable es que los habitantes de la casa no le den nada. Chiapas está harto de los migrantes de Centroamérica, dice Hugo Ángeles Cruz, profesor y experto en migraciones del Colegio de la Frontera Sur en Tapachula. Éstos son más pobres que los mexicanos y la percepción es que son atrasados e ignorantes. La gente piensa que traen enfermedades, prostitución y delincuencia además de quitarles los empleos. En los retenes, también son causa de balaceras. Los lugareños temen que los tiros que la migra dispara al aire para hacer que los migrantes se rindan podrían lastimar a un niño que estuviera jugando fuera. Algunos migrantes no son de fiar. La gente de Chiapas habla de asaltos perpetrados por migrantes con pistolas y cuchillos. Cuentan de una mujer que recibió a un migrante en su casa y fue muerta a golpes con un caño de hierro. También esplican el caso de un hombre que vendía pollos en el mercado y era bondadoso con los forasteros. Él dio a tres salvadoreños un lugar para dormir y trabajo matando y desplumando aves. Los salvadoreños lo asaltaron y lo degollaron.

A los chicos como Enrique los llaman "indocumentados apestosos". Los insultan y se burlan de ellos. Les echan encima los perros. Niños descalzos les arrojan piedras. Algunos usan hondas. "Vayan a trabajar. ¡Váyanse! ¡Váyanse!"

A veces es casi imposible conseguir agua para beber. Los viajeros filtran con la camiseta las aguas residuales de las zanjas. Conseguir comida puede ser igualmente difícil. Enrique lleva la cuenta: en siete de cada diez casas se niegan a darle nada.

"No", dicen. "Hoy no cocinamos. No tenemos tortillas. Prueba en otro lado".

"No, chamaco, aquí no tenemos nada".

Muchos habitantes de La Arrocera se encierran en sus casas cuando oyen llegar el tren. "Tengo miedo", dice Amelia López Gamboa, un ama de casa local que confina a su familia en su vivienda de ladrillo de una habitación y traba la puerta.

A veces es aún peor: la gente de las casas denuncia a los migrantes.

Enrique ve a otro migrante que ha conseguido rodear La Arrocera. Él también está muy sediento, pero no se anima a pedir. Teme caer en una trampa. Para los migrantes, mendigar en Chiapas es como meterse en la boca del lobo.

"Yo voy", dice Enrique. "Si atrapan a alguien será a mí".

Enrique también sabe que asustará menos a la gente si mendiga solo.

Se acerca a una casa y habla en voz baja, con la cabeza levemente inclinada: "Tengo hambre. ¿No tiene un taco que le sobre? ¿Un poco de agua?". La mujer que está dentro ve las heridas de Enrique, producto de la golpiza que le dieron en el techo del tren la última vez que intentó el viaje al Norte. "¿Qué pasó?", pregunta. Le da agua, pan y frijoles. El otro migrante se acerca. La mujer también le da comida.

Suena una bocina. Enrique corre hacia las vías. Mira para todos lados, tratando de detectar agentes de la migra, quienes a veces arremeten en camioneta a toda velocidad para apresar a los migrantes que intentan abordar nuevamente el tren. Otros viajeros que han sobrevivido a La Arrocera salen de entre los arbustos. Se lanzan a la carrera paralelo al tren y tienden los brazos para asir las escalerillas de los vagones de carga.

A veces los maquinistas retroceden con las locomotoras para ganar velocidad en una salida lanzada. Usan la aceleración para impedir que los migrantes vuelvan a abordar el tren. No obstante, esta vez el tren no va a toda máquina.

Enrique se trepa a una tolva. El tren gana velocidad. Por el momento, Enrique se calma.

UNA DECISIÓN

Allá en Honduras, María Isabel está inquieta. Ha decidido ir en busca de Enrique. Tal vez lo encuentre por el camino, en México. Si no, seguirá camino hacia los Estados Unidos. Ella y una amiga han puesto fecha para emprender juntas el camino.

Dos días antes de la fecha, María Isabel le confiesa sus planes a la tía Gloria. Primero la hace prometer que no se lo contará a nadie, menos que menos a la madre de María Isabel, Eva, que es muy estricta. "Me voy a los Estados Unidos", dice María Isabel.

Gloria encuentra una nota de despedida bajo el colchón de María Isabel. "Me voy a México con una amiga a buscar a Enrique." Le deja sus animales de peluche a la hija de catorce años de Gloria. Por la carta ésta se da cuenta de que María Isabel habla en serio.

Esa noche, Gloria está tan afligida que tiene palpitaciones. No puede dormir. A la mañana siguiente, se desahoga con su hija Karla Yamileth Chávez. Karla encara a María Isabel de inmediato. "¿Estás loca? ¿Querés morirte en el viaje? Si estás embarazada, podrías perder el bebé en el camino", dice Karla, y envía por la madre de María Isabel al otro lado de la ciudad.

Eva reprende a su hija con vehemencia. "¿Qué estás pensando? Si tienes problemas, ven a casa. Ya nos arreglaremos". María Isabel escucha en silencio. Está arrepentida de haber hecho el plan. Cuando su compañera de viaje llega a la hora señalada, María Isabel le dice que se vaya. Pero las reacciones que ha despertado su idea sólo han servido para subrayar en su mente el peligro que corre Enrique.

LA VIGILIA

El Gusano de Hierro rechina, gime y traquetea. Cisternas negras, furgones rojizos y tolvas grises serpentean hacia el norte por una vía férrea sencilla que corre paralela a la costa del Pacífico. A la derecha las colinas están cubiertas de cafetales. Junto a las vías hay tallos de maíz. El tren avanza por un mar exuberante y tropical de árboles de plátano.

Temprano por la tarde hace 105 grados. A Enrique se le queman las manos cuando se agarra de la tolva. Se arriesga a soltarse. Termina por quitarse la camisa y sentarse sobre ella. La locomotora despide un humo caliente de gasóleo. La basura que la gente quema junto a las vías emana un tufo penetrante y más calor. A muchos migrantes les han robado las gorras, así que se envuelven la cabeza con una camiseta. Miran con envidia a los lugareños que se refrescan y se lavan en los arroyos al concluir la jornada, y a otros que dormitan en hamacas tendidas a la sombra cerca de las casas de adobe y de bloques de cemento. Los vagones se bambolean a un lado y a otro, hacia arriba y hacia abajo, como cubos de hielo en un vaso de agua.

A Enrique le palpita la cabeza. El reflejo del sol en el metal le hace arder los ojos y hormiguear la piel. Le drena la poca energía que le queda. Se mueve de un lado a otro en el vagón buscando pedacitos de sombra. Por un rato se para sobre una cornisa angosta en el extremo de una cisterna de combustible. La cornisa está a unas pulgadas de las ruedas. No puede quedarse dormido; un sacudón del tren podría hacerlo dar en tierra.

Además, los pandilleros de la Mara Salvatrucha, algunos deportados de Los Ángeles, siempre merodean por los techos de los trenes en busca de viajeros dormidos. Muchos pandilleros de la MS se establecen en Chiapas después de ser deportados de los Estados Unidos a sus países de origen en Centroamérica por haber cometido delitos. La policía de Chiapas es más indulgente con las maras que la de El Salvador u Honduras. "Allí la policía no te arresta, te mata", afirma José Eduardo Avilés, de veinticinco años, quien fue deportado de Los Ángeles a El Salvador y se estableció en Chiapas junto a las vías.

La Mara Salvatrucha controla los techos de los trenes que operan al norte del Río Suchiate, donde muchos de los migrantes que van a los Estados Unidos inician su travesía por México. Asaltan a los migrantes que van de polizontes en los trenes. Como en general éstos tienen miedo de denunciarlos, son víctimas ideales.

Hay unos doscientos pandilleros en Chiapas que comparten esta empresa criminal sobre ruedas. El padre Flor María Rigoni, sacerdote del refugio para migrantes Albergue Belén, lleva la cuenta de diecinueve grupos. Cada uno controla un tramo específico de la ruta y ciertas estaciones. Los grupos se reúnen periódicamente para decidir quién se queda con qué.

"Pedimos dinero a cambio de llevar gente a los Estados Unidos en los techos de nuestros trenes", dice Jorge Maurizio Mendoza Pineda al describir su actividad y la de su pandilla, la Mara Salvatrucha, en el estado de Chiapas. "Ellos me dan dinero. Si me tratan bien, yo los trato bien. Si no, no... Si alguien me dice: 'Por favor no me mates', no le hago caso".

Antes de que salga el tren, los pandilleros merodean por la estación de Tapachula fijándose en cuáles migrantes compran comida y dónde guardan su dinero después. Tratan de hacerse amigos de los migrantes diciéndoles que ellos ya han hecho el viaje en tren. ¿Puedo darte consejos? Muchos de los pandilleros llevan rosarios de plástico al cuello para que los migrantes no sospechen de ellos. Preguntan: "¿De dónde sos? ¿Tenés dinero?".

Diez o veinte de ellos abordan el tren armados con machetes, cuchillos, caños de plomo y pistolas. Cuando el tren gana velocidad, rodean a un grupo de migrantes. Suelten el dinero o los matamos, les dicen. Las drogas los envalentonan. Los pandilleros llevan marihuana y cocaína en roca en las viseras de sus gorras de béisbol. El maquinista Emilio Canteros Méndez suele ver pandilleros armados por el espejo retrovisor. En los techos de los furgones estallan peleas. Con frecuencia los pandilleros arrojan del tren en movimiento a los migrantes que los hacen entrar en cólera porque no tienen dinero o porque se resisten; o los dejan muertos en el techo del tren para que los encuentren los empleados ferroviarios en la próxima estación.

La advertencia que dan los pandilleros a los migrantes de no recurrir a las autoridades se hace cumplir de manera implacable. Julio César Cancino Gálvez, del Grupo Beta Sur, recuerda que un grupo de unos treinta migrantes en la estación de Tapachula le preguntó por qué las autoridades no reprimían a los pandilleros. Cancino les respondió que necesitaban testigos y los urgió a presentarse a denunciar los abusos. Un chico hondureño de diecinueve años habló. Dio una descripción detallada de su asaltante.

Horas después, la Cruz Roja le pidió a Cancino que ayudara a un migrante herido. Era el mismo muchacho hondureño. Tenía las costillas fracturadas y todo el pecho y la cara severamente magullados. Habló lentamente y en un murmullo, con las manos en el pecho. Dos pandilleros habían oído su descripción y lo habían pateado despiadadamente. "La próxima vez, te matamos", le dijeron. Temiendo por su vida, el chico pidió ser deportado.

Muchos de los migrantes que viajan en el tren de Enrique se agrupan con la esperanza de que su número les dé una medida de protección. Están alertas a cualquiera que tenga un tatuaje, especialmente los pandilleros que tienen calaveras tatuadas alrededor de los tobillos: según la policía, se tatúan una calavera por cada persona que han matado. Algunos usan gorras negras tejidas que pueden bajar para cubrirse el rostro. Son de una brutalidad legendaria. Los migrantes cuentan de nueve pandilleros que arrojaron a un hombre del tren, luego forzaron a dos muchachos a tener relaciones sexuales bajo amenaza de correr la misma suerte.

Enrique ha oído hablar de los pandilleros más peligrosos: El Indio, que opera en la frontera mexicana del lado guatemalteco; Blackie, un salvadoreño regordete de piel oscura que tiene las letras MS tatuadas en la frente, cuyo territorio se extiende desde la frontera hasta Arriaga en el norte de Chiapas. También están El Yaga, Porkie y Homeboy.

Durante una de sus primeras tentativas por llegar al norte, un encuentro fortuito salvó a Enrique de lo peor de las pandillas. Cuando emprendía el viaje, reparó en otro adolescente, un pandillero apodado El Brujo, que estaba en la estación en Honduras esperando para viajar a la frontera con México. A Enrique no le gustan las pandillas. Pero ambos trabaron amistad en las horas que pasaron juntos viajando a través de Honduras y Guatemala. En el transcurso del primer viaje en tren por Chiapas, El Brujo le presentó a una docena de pandilleros de la MS con los que se fueron encontrando: Big Daddy, que es bajo y delgado, El Chino, que tiene los ojos oblicuos, y El Payaso, que tiene la boca y los ojos grandes. En los viajes siguientes, cada vez que lo deportaron Enrique se acopló a alguno de estos pandilleros para protegerse de los ataques.

Durante el séptimo viaje, esta conveniente relación llega a su fin. Enrique está en el tren con El Brujo y otros dos pandilleros de la MS que cargan machetes. Uno de ellos está enfadado porque un miembro de la pandilla rival Calle 18 le robó la camisa durante una parada del tren en Chiapas. Como represalia, los pandilleros de la MS arrojan al pandillero del tren. Enrique se niega a participar, lo que ocasiona una desavenencia. "Si eres de la MS, debes matar a los de la 18. Y si eres de la 18 debes matar a los de la MS. Yo no era así", explica Enrique.

Después de pelearse con sus amigos en la mitad del trayecto por Chiapas, los pandilleros dejan de andar con Enrique. Fue esa noche, cuando ya no contaba con su protección, que Enrique fue apaleado en el techo de un vagón. Ahora, por segunda vez, está solo en un tren.

Debe mantenerse alerta.

Después de haber pasado días sin dormir, algunos migrantes dormitan de pie amarrados con cinturones o camisas a los postes que hay en la cola de las tolvas. Otros se bajan del tren y se acuestan sobre las vías usando un riel para apoyar los pies y otro de almohada. Están convencidos de que es la única manera de descansar un poco sin perder el próximo tren, y confían en que la vibración de la locomotora los despertará. Otros creen, erradamente, que las víboras no pueden reptar por encima de los rieles, por eso duermen así para estar a salvo de ellas. Como están extenuados, muchos duermen tan profundo que no oyen el tren que se aproxima, las bocinas ensordecedoras, el clamor de los frenos. El tren les rebana extremidades y a veces los decapita. Para cuando ven a los migrantes sobre las vías, los maquinistas saben que no tienen la distancia necesaria para frenar. Muchos sólo le piden perdón a Dios y siguen adelante.

Enrique únicamente se permite dormitar en los trenes más al norte, donde los pandilleros ya no controlan los techos. Para dormir se apretuja en una hendidura que hay en lo alto de las tolvas junto a la puerta-trampa que se usa para cargarla. Si no, espera a que el tren tuerza en una curva y le permita ver bien todos los vagones. Ve un furgón con las puertas abiertas. Cuando el tren aminora la velocidad, se baja de un salto, corre hasta el furgón y se mete adentro para una siesta corta.

En Chiapas, casi todos los viajeros del tren se esfuerzan por no quedarse dormidos. Dagoberto Hernández Aguilar usa el recuerdo de algo que vio en su primer viaje para guardar vigilia. Dos adolescentes que viajaban en el techo de un furgón cercano se adormilaron. El tren dio un súbito sacudón hacia delante. Los dos se resbalaron del tren. Hernández no sabe si sobrevivieron, pero se recita una oración una y otra vez en su camino al norte: "Podría haber sido yo". Los migrantes toman anfetaminas, se cachetean la cara, hacen sentadillas, hablan entre ellos de cuánto dinero van a ganar en los Estados Unidos, cuentan chistes, se ponen gotas de alcohol en los ojos y cantan. A las cuatro de la madrugada, el tren resuena como un coro.

Hoy Enrique está aterrado de que lo apaleen de nuevo. Se pone tenso cada vez que un desconocido salta a su vagón. Se da cuenta de que el miedo lo ayuda a mantenerse despierto, entonces decide inducirlo. Se trepa al techo del vagón cisterna y toma impulso para saltar. Con los brazos abiertos, como si volara, salta a un furgón bamboleante, luego a otro. Algunos están separados por una brecha de cuatro o cinco pies. Otros están a nueve pies de distancia.

El tren entra en la región norte de Chiapas. Enrique ve hombres trabajando con azadones en los maizales y mujeres en la cocina amasando tortillas. Los vaqueros que pasan les sonríen. Los labriegos alzan sus machetes y alientan a los migrantes: "¡Qué bueno!". Las montañas se van acercando. Las plantaciones de plátano van cediendo el paso a pasturas para ganado. El tren de Enrique desacelera y avanza con lentitud. Mariposas monarcas revolotean junto al tren y se adelantan a su vagón.

Al atardecer cede el calor opresivo, y Enrique oye empezar la música de grillos y ranas que se une al coro de los migrantes. Sale la luna. Miles de luciérnagas titilan alrededor del tren. Aparecen las estrellas, tantas que se ven como puntos de luz brillante apretujados en todo el cielo.

El tren se acerca a San Ramón, cerca de la frontera norte del estado. Es pasada la medianoche y los agentes de la policía judicial seguramente están durmiendo. Los tripulantes del tren dicen que es aquí donde la policía lleva a cabo los atracos más grandes. Según un maquinista, grupos de quince agentes detienen el tren. Agarran de la camisa a los migrantes que huyen. El maquinista les ha oído decir: "Si te mueves, te mato. Te parto en dos". Y luego: "Danos lo que traes o te mandamos de vuelta".

En el pueblo cercano de Arriaga, el jefe de la policía judicial o Agencia Federal de Investigación niega que sus agentes detengan los trenes en San Ramón para asaltar a los migrantes. El jefe, Sixto Juárez, sugiere que los robos son perpetrados por pandilleros o bandidos que se hacen pasar por agentes judiciales.

Enrique ha sido capturado antes en este lugar. Se había sacado los zapatos para secar sus pies ampollados. Descalzo, no pudo correr más aprisa que la policía. Hoy todavía tiene los pies húmedos de su carrera para rodear La Arrocera, pero se ha dejado los zapatos puestos, listo para salir a la disparada.

Enrique recibe el amanecer sin incidentes. Las estrellas retroceden. Hacia el este el cielo se aclara detrás de las montañas y una neblina cubre los campos a ambos lados de la vía. Hombres montados en burro pasan al trote con envases de lata llenos de leche amarrados a la montura; están empezando la distribución del día.

Enrique calcula que uno de cada diez migrantes llega hasta aquí. Mario Campos Gutiérrez, supervisor del Grupo Beta Sur, estima que a la larga la mitad de ellos lo consigue, luego de intentarlo repetidamente. Un migrante dice: "He pasado la parte más difícil". Otro: "Cuando llego a este punto, empiezo a cantar aleluyas".

Chiapas queda atrás. Enrique sabe que todavía le queda un largo camino, pero a estas alturas se ha enfrentado ocho veces con la bestia, y ha sobrevivido. Es un logro del que se siente orgulloso.

DEVORADOS

Muchos de los migrantes que emprendieron el viaje en tren con Enrique han sido apresados y deportados. A otros les ha ido peor; Chiapas los ha quebrantado. Esos migrantes no hablan del Tren Peregrino o del Caballo de Hierro. Ellos tienen otro nombre para el tren: el Tren Devorador.

Según cálculos de la Cruz Roja, aproximadamente día por medio un migrante centroamericano que va camino de los Estados Unidos en los trenes de carga pierde un brazo, una pierna, una mano o un pie. Este cálculo proporcionado por Martín Edwin Rabanales Luttman, jefe de capacitación del cuerpo de ambulancias de la Cruz Roja en Tapachula, es sólo para el estado mexicano de Chiapas. No incluye a aquellos que mueren en forma instantánea cuando el tren los decapita o los parte en dos.

Se caen de los trenes por distintas razones. Algunos se quedan dormidos y se resbalan; otros son arrojados del tren por los pandilleros que controlan los techos. Como los migrantes tratan de burlar a las autoridades haciéndose pasar por mexicanos, no llevan identificación. Si mueren, sus cuerpos anónimos son enterrados en fosas comunes. En Tapachula van a dar a una fosa del cementerio con fetos y con los cuerpos de bebés que nacieron muertos.

En Arriaga, al norte de Chiapas, ponen fotografías de los migrantes muertos en un álbum negro que está sobre el escritorio del jefe de policía Reyder Cruz Toledo. Algunas de las fotografías son tan recientes que aún no las han pegado en el álbum.

En casi todas ellas, los migrantes tienen los ojos abiertos.

El jefe guarda el álbum a mano con la esperanza de que alguien identifique los cuerpos. Dice que nunca nadie viene a ver.

Carlos Roberto Díaz Osorto, un hondureño de diecisiete años, casi había cruzado Chiapas. Carlos yace en la cama número uno de la unidad de traumatología del Hospital Civil de Arriaga, en el sur de México. Cuatro días antes de que lo trajeran al hospital, Carlos vio cómo el tren le cortaba las dos piernas a un hombre, pero desplazó el miedo de su mente. Él tenía que ir a los Estados Unidos a trabajar.

Carlos iba corriendo junto al tren en una curva cerca de Arriaga donde los trenes frenan. "¿Subo o no subo?", se preguntaba. Sus primos se agarraron del sexto vagón contando del final. Carlos entró en pánico. ¿Acaso lo iban a dejar atrás?

El tren llegó a un puente. Carlos no se dio por vencido, sino que cruzó el puente saltando de un durmiente a otro. Los cordones de sus zapatos estaban sueltos. Su zapato izquierdo salió volando, luego el derecho. Trató de alcanzar la escalerilla de una cisterna, pero el vagón iba demasiado rápido y la soltó. Se aferró a una barandilla.

La cisterna se sacudió bruscamente. Carlos no se soltó, pero sintió que la corriente de aire bajo el vagón le succionaba las piernas, atrayéndolas hacia las ruedas. Sus dedos se aflojaron. Trató de empujarse hacia atrás con los pies para alejarse. Pero cuando se soltó, la corriente de aire lo succionó. Las ruedas le aplastaron el pie derecho, luego le rebanaron la pierna izquierda por arriba de la rodilla.

"¡Ayúdenme! ¡Ayúdenme! ¡Me duele!", gritó. Empezó a jadear, a sudar, a pedir agua sin saber si alguien lo oía.

Los paramédicos de la Cruz Roja Mexicana lo encontraron tendido junto a las vías. Había perdido casi un tercio de su sangre, pero los rieles candentes habían cauterizado muchas de sus arterias. Los paramédicos le practicaron dos torniquetes. Un médico le cortó los huesos, luego selló cada vena y cada arteria.

Le estiró la piel para cubrir los muñones y los suturó. A veces no hay disponibilidad de medicinas para prevenir las infecciones, pero Carlos tuvo suerte. La Cruz Roja encontró algo de penicilina.

Muchos migrantes que pierden extremidades en el tren van a dar al Albergue Jesús el Buen Pastor en Tapachula, a doce cuadras de la estación donde abordaron el tren al emprender el viaje. Olga Sánchez Martínez, la directora del albergue, trata de curar a los migrantes malheridos por la bestia.

Olga es una mujer menudita de edad mediana con sedoso cabello negro largo hasta las caderas y un simple rosario blanco al cuello. Está constantemente en movimiento, impaciente por solucionar problemas. Compra sangre y medicinas para que los migrantes no mueran. Los cuida hasta que puedan regresar a casa. "Nadie me puede decir que algo es imposible. Todo se cura. Nada es imposible", asegura Olga.

"Sin ella, muchos pacientes habrían muerto", dice José Luis Solórzano, el cirujano del hospital.

En el hospital, casi todos explican a Olga que habrían preferido que el tren los matara en lugar de dejarlos así. Hierven de rabia. Maldicen a Dios. ¿Por qué no los protegió? Insultan a Olga. En sus ojos se ve el miedo. ¿Quién se casará con un tullido? ¿Cómo harán para trabajar, ni hablar de cómo harán para trabajar la tierra? "Déjeme morir", le dicen a Olga, apartándola. Le piden que no cambie las vendas de sus muñones y sus heridas. Se niegan a comer. Algunos tratan de ahorcarse.

Olga se sienta en sus camas y les acaricia el cabello. Les dice que hay un motivo por el que Dios los dejó con vida. "Si hubiese querido, te podría haber matado. Pero no lo hizo. Te dejó con los ojos abiertos". Cuando estás sufriendo tanto dolor y desesperación, les dice, sólo hay un lugar donde encontrar fuerzas. "Dios tiene un plan para ti. Vas a aprender a vivir, de manera diferente".

Luego les cuenta su propia historia.

Cuando tenía siete años tuve una enfermedad intestinal que no fue tratada por falta de dinero para comprar medicinas. Me destrozó los órganos internos. Desde entonces, empecé a enfermarme con gravedad periódicamente. Cuando tenía dieciocho años, me quedé ciega y muda por un tiempo y tenía furúnculos en los brazos. Se me cayó el cabello. Estuve treinta y ocho días en coma y quedé esquelética con 76 libras de peso. Un año después, ya lo bastante repuesta para trabajar en una fábrica de tortillas, una máquina me cortó las puntas de dos dedos. Olga le muestra la mano al migrante. Acosada por el constante dolor de estómago, tan débil que pasaba meses sin poder levantarme de la cama, traté de abrirme las venas.

En 1990, un médico me dijo que tenía cáncer y me quedaban sólo unos meses de vida. Yo tenía dos hijos que iban a quedar con mi esposo, que alguna vez fue un alcohólico mujeriego.

Nunca había sido muy religiosa, pero ese día fui a la iglesia. Me arrodillé y recé. "Dicen que Dios existe. ¿Por qué no me curas? Déjame ver crecer a mis hijos, aunque sea sólo un poco". Hice un pacto: cúrame y yo ayudaré a la gente.

Los migrantes la escuchan.

Olga les cuenta que estudió la Biblia y de ella aprendió que tenía que ayudar a los débiles, a los hambrientos. Empezó a visitar pacientes en un hospital público local. Un año más tarde, vio a un niño salvadoreño de trece años que había perdido ambas piernas tratando de abordar el tren. Volvió a su casa llorando. ¿Cómo podía Dios ser tan cruel? El hospital echó al indigente muchacho antes de que curaran sus heridas. Olga trajo al niño a recuperarse en su humilde hogar. Tres días más tarde, había otro joven salvadoreño en el hospital que había perdido ambos brazos. "No te sientas solo. Yo te ayudaré", le dijo. También lo trajo a su casa.

Aprendió a vendar las heridas mirando cómo lo hacían los médicos. Al poco tiempo tenía veinticuatro migrantes en su casa, tantos que apenas podía abrir la puerta de la calle. Sacó los muebles afuera para que entraran todos. El esposo de Olga ayudaba a vestir y a lavar a los muchachos que no tenían brazos. Olga mendigaba dinero para comida, medicinas, sillas de ruedas y para que los migrantes pudieran regresar a casa. En 1999, abrió un albergue para migrantes heridos en una diminuta fábrica de tortillas que alguien le prestó.

Cuando termina su relato, se inclina sobre los pacientes. Les dice que no ha vuelto a tener problemas intestinales serios desde el día que hizo la promesa. "Dios nunca me ha abandonado".

Les tiende su mano mutilada. "Dios te necesita. No te necesita con todos tus miembros. Necesita tu corazón. Tienes mucho para dar".

Olga confiesa que no ha sido fácil. Cada día, por lo menos un nuevo migrante herido franquea las puertas color verde lima del albergue. Los registran en un libro de entradas con su nombre y anotan qué parte del cuerpo les falta o cualquier otro tipo de lesión que hayan sufrido. Ella ha atendido a más de 1,500 migrantes heridos desde que abrió el albergue. Es un desfile sin fin. Los que no entran en las quince camas que hay en los cuatro dormitorios duermen en el piso de un largo pasillo.

Olga trabaja gratis los siete días de la semana desde el alba hasta entrada la noche para ganar dinero para comida, sangre, medicinas, prótesis y un terrenito donde construir un albergue permanente. Vende tacos, chicharrones, pasteles, pan donado y fruta cortada frente al hospital. Cada tanto, algunas iglesias de Chiapas le permiten solicitar donaciones. Ella va mendigando de coche en coche con una foto del migrante mutilado al que quiere ayudar y la receta del remedio que necesita. Con frecuencia la gente le dice que está loca por ocuparse de extranjeros que roban y asesinan, y que en vez debería ayudar a mexicanos.

Todos los domingos se levanta a las cuatro de la madrugada para ir a las montañas, donde se instala cerca de un mercado al aire libre. Allí vende donaciones de ropa usada. Cuando llega todavía está oscuro. Olga descarga seis bolsas de ropa usada sobre la acera angosta. Acomoda con cuidado hileras de bolsitas de frijoles, azúcar y jabón para lavar ropa, artículos que le dona una tienda local porque los envases están dañados y no pueden venderlos. Cuando algún cliente se detiene junto a la ropa, Olga empieza a buscar furiosamente en la pila y a alzar prendas para que las vean, con la esperanza de que algo les interese.

"¡Ropa por uno, dos pesos!", grita.

La ayuda un grupo de gente variopinto: el propietario de un hotel local, un vendedor de fertilizantes, una mujer que vende ropa para niños, el encargado de una ferretería. Un alcohólico en recuperación la lleva de aquí para allá en su camión desvencijado. Ambos transportan a los migrantes heridos de regreso a su pueblo natal si no es posible mandarlos en autobús. Un médico particular dona su tiempo para reconstruir el pie de un joven si Olga provee los materiales para la operación. Olga y una amiga de la iglesia, Marilú Hernández Hernández, piden limosna a la salida de siete iglesias en distintos pueblos. Si un migrante se está desangrando y no hay dinero para comprar sangre, se acercan a las vías aunque sea medianoche y les ruegan a los migrantes que donen su sangre gratis.

El dinero nunca le alcanza. Las medicinas para un amputado cuestan 300 dólares. Unas veces no hay comida para los pacientes; otras debe racionar los antibióticos y no les puede dar la dosis completa; también ocurre que se le acaban las gasas y debe vendarlos con trapos hervidos. Cada par de piernas artificiales cuesta por lo menos 2,000 dólares. Cuando va a ver al ortopedista Jorge Luis Antonio Álvarez, le desliza por encima del escritorio las fotos de los migrantes que necesitan prótesis sabiendo que aún le debe 4,500 dólares por trabajos realizados. Ella le paga de a poco. La mayoría de los migrantes tienen que irse antes de que ella pueda costear las prótesis. Eso es lo que más le duele.

A veces Olga pierde la paciencia con Dios. Demasiado castigados por la bestia, algunos migrantes mueren. Olga no siempre puede conseguir a tiempo el dinero para comprar la sangre o la medicina que necesitan para sobrevivir. "¿Qué quieres que haga?", le pregunta a Dios con enojo. Una niña de trece años fue violada junto a las vías y la dejaron con el cuello fracturado y las caderas destrozadas. No podía hablar ni moverse. Olga enterró a la niña y a otros treinta y nueve. Trata de comprarles un ataúd de madera para que sean inhumados con algo de dignidad. Pero la mayoría se recupera lentamente bajo el cuidado de Olga.

La mujer empieza todos sus días al amanecer en el gris hospital general público. Hoy, apenas entra en la sala de emergencias se le acerca apresuradamente una trabajadora social vestida de rosado. Se la ve aliviada.

"Señora Olguita, tiene clientes nuevos", dice.

"¿Migrantes?"

La trabajadora social asiente con la cabeza.

En la habitación número dos Olga ve a Andrea Razgado

Pérez, una adolescente que ha perdido el pie derecho. Olga sabe que la muchacha teme que su marido la deje porque está estropeada. "No hay nada que no puedas hacer si tienes voluntad". Le cuenta de una migrante que perdió las dos piernas pero cocinaba para todos en el albergue con una tabla de picar apoyada en los brazales de su silla de ruedas. Andrea la escucha sollozando. "No llores", dice Olga. "Éste es el comienzo de una nueva vida. No te han sacado nada. Tienes tus manos. Debes seguir adelante y confiar en Dios".

Olga se dirige al albergue, que está lleno de personas mutiladas por el tren.

Tránsito Encarnación Martines Hernández ha perdido ambos pies. Olga ha prometido conseguirle al joven una prótesis, que cuesta 1,800 dólares. "Vas a caminar otra vez", le dijo. Él lleva meses esperando en el albergue. No puede ni pensar en volver a su pueblito de Honduras, donde no podrá caminar por los ondulados senderos de tierra, ni cultivar frijoles o maíz o café, ni jugar al fútbol con sus amigos. Debe empezar de nuevo en otro lugar. "Le pido a Dios que me permita caminar, aprender un trabajo que pueda hacer así como estoy". Espera, porque sabe que Olga representa su mejor posibilidad de conseguir las prótesis algún día.

Leti Isabela Mejía Yanes está sentada en la cama. Es una madre soltera de cara angulosa y cabello castaño rizado. Ha perdido ambas piernas. En Honduras, Leti y sus tres hijos comían una vez al día, normalmente dos pedazos de pan con una taza de café aguado. Al más pequeño sólo le daba un trozo de pan y leche materna. A veces, cuando sus hijos lloraban de hambre ella se las arreglaba para reunir el dinero suficiente para comprar un poquito de masa para tortillas y la mezclaba en un vaso grande de agua para llenarles el estómago.

Sus hijos le rogaron que no se fuera. Su hijo de nueve años le había dicho que prefería dejar la escuela y empezar a trabajar. "¡Ya sé escribir mi nombre!", argumentaba. Mejía dejó a Marlon, Melvin y Daniel, de once, nueve y un año y medio de edad respectivamente con sus parientes. Daniel todavía no había aprendido a hablar cuando ella se marchó. Olga encontró a Leti en el hospital y le trajo dos litros de sangre y antibióticos. En el albergue le dio analgésicos y le sacó los puntos. Al principio Leti quería morir, pero ahora desea mejorarse y volver a ver a sus hijos. Sentada en la cama, borda en una funda de almohada la imagen de Cenicienta vestida para el baile. Esperará aquí, cosiendo, hasta que Olga le pueda comprar unas piernas a ella también.

Olga baña a los pacientes. Cocina. Les proporciona píldoras para el dolor. Les da ánimo y se alegra cuando dan sus primeros pasos con una prótesis. Se impacienta con los que tienen lástima de sí mismos. Los exhorta a salir del albergue para ir al océano, que muchos de ellos nunca han visto. Allí los pone sobre la arena, donde las olas lamen sus muñones.

Les cura las heridas todos los días. Por las tardes se apresura para llegar a misa de siete. Se arrodilla ante un altar adornado con un cordero de bronce, dos ángeles alados y una imagen tallada en madera de Jesús y los discípulos en la Última Cena. Con las manos entrelazadas y los ojos cerrados, se pone a rezar. Le cuenta a Dios lo que ha hecho ese día. Le agradece que le haya dado la fuerza para sobrellevar las vicisitudes de la jornada. Le pide ideas sobre cómo ganar dinero para costear medicinas y prótesis. Le ruega diez años más de vida para tener tiempo de construir un albergue permanente para migrantes heridos. Todos los días termina su plegaria de la misma manera: "Tú eres el que hace posible este trabajo".

Por las noches, cuando oye el silbido del tren, Olga le pide a Dios que proteja a los migrantes del tren y de los ataques. Ruega que la bestia no traiga tantas víctimas a su puerta.

Otros de los que no llegan tan lejos como Enrique han sido quebrantados por Chiapas de una manera diferente. Los han violado. Wendy marcha al maizal empujada por un asaltante que tiene una cobra tatuada. Ella tiene diecisiete años y es la única mujer en un grupo de once centroamericanos que intentan rodear un retén de inmigración en Huehuetán, Chiapas. El hombre del tatuaje y otros cuatro han estado al acecho.

Uno de los centroamericanos trata de darse a la fuga, pero un bandido le da tres planazos con la hoja de su machete. Los asaltantes ordenan a los otros nueve hombres, entre quienes está el esposo de Wendy, que se desvistan y se tumben boca abajo. Un bandido revisa la ropa en busca de dinero.

El esposo de Wendy y los otros centroamericanos relatan que entonces el hombre del tatuaje le ordena a la muchacha que se saque los pantalones. Ella se niega. Él la arroja al suelo de un empellón y le pone la punta del machete contra el estómago.

Wendy rompe a llorar. El bandido acerca el filo del machete a su garganta. Ella se saca los pantalones y él los revisa para ver si hay dinero. "Si gritas, te corto en pedacitos". Luego la viola.

Los demás bandidos insultan a los hombres que están en el suelo, y al poco mientan a sus madres y amenazan con castrarlos. "¡Qué carajo hacen fuera de su país!", les dicen. Uno por uno los bandidos van al maizal a violar a Wendy en un período de una hora y media.

Su esposo se llena de furia. Los bandidos traen a Wendy de vuelta. La muchacha está llorando y no puede hablar. Vomita y luego se desmaya. El esposo de Wendy y los otros centroamericanos se escapan y la llevan al retén. "Me quiero morir", dice ella temblando. Ninguno de los asaltantes es arrestado.

Wendy, que es hondureña, es una del gran número de muchachas migrantes que dicen haber sido violadas durante su travesía al norte por México para llegar a los Estados Unidos. Un estudio realizado en 1997 por la Universidad de Houston encontró que una de cada seis muchachas detenidas por el Servicio de Inmigración y Naturalización dice que sufrió un ataque de índole sexual.

Olivia Ruiz, una antropóloga cultural del Colegio de la Frontera Norte en Tijuana, explica que las violaciones son un elemento de la denigración y la humillación general que sufren los centroamericanos en México, porque son vistos como seres inferiores por venir de países menos desarrollados. Afirma que las víctimas pueden ser hombres o mujeres.

OAXACA

Habiendo eludido el destino de muchos otros migrantes, Enrique llega a Ixtepec, un cruce de caminos al sur de Oaxaca, el estado que sigue a Chiapas a unas 285 millas de la frontera con Guatemala. Al mediodía el tren se detiene con un chirriar de frenos y los migrantes saltan de él para buscar casas donde mendigar agua y comida. La bestia habrá quedado atrás, pero la mayoría de ellos aún tiene miedo. Es un pueblo chico y los forasteros llaman la atención. Es fácil detectar a los migrantes, que van con la ropa sucia y huelen mal después de días o semanas sin bañarse. Suelen andar con los zapatos rotosos y sin calcetines. Están marcados con picaduras de mosquito. Se ven extenuados.

Casi todos los migrantes quieren quedarse junto a las vías entre la vegetación del terraplén, desde donde pueden trepar a los trenes que van saliendo o esconderse entre los arbustos de huisache o mezquite si hay una redada de la migra. Dos de ellos no se atreven a entrar al pueblo. Le dan a Enrique veinte pesos y le piden que compre comida. Si Enrique la trae de vuelta, ellos la compartirán con él.

Enrique se quita la camisa amarilla que está manchada y huele a gasóleo. Abajo lleva una camisa blanca, que se pone encima de la otra. Tal vez pueda pasar por lugareño. Se propone que, si ve a un policía, no se dejará dominar por el pánico y seguirá andando como si nada.

Es crucial pasar desapercibido. Si tienen ropa adquirida en Centroamérica, los migrantes le cortan las etiquetas. Algunos se compran ropa mexicana o prendas inscritas con el nombre de un equipo de fútbol mexicano. Casi todos se desembarazan de sus mochilas al ingresar en México.

Para mantenerse limpio, Enrique busca pedazos de cartón sobre los que dormir. Cuando consigue agua, guarda un poco para lavarse los brazos. Si pasa por un río o un arroyo, se desviste y entra al agua. Mendiga ropa limpia o friega lo que lleva puesto y lo pone a secar a la orilla del río.

Enrique toma los pesos que le dan los dos migrantes y camina hacia la calle principal pasando por un bar, una tienda, un banco y una farmacia. Se detiene en una barbería. Su cabello es rizado y está demasiado largo. Eso lo delata fácilmente. La gente de aquí suele tener el cabello algo más lacio.

Entra a la barbería con aire decidido.

"¡Órale, jefe!", dice usando una expresión favorita de los oaxaqueños. Enrique disimula el tono llano de su acento centroamericano y habla suavemente, con cadencia musical, igual que un oaxaqueño. Pide que le corten el pelo bien corto, estilo militar. Paga con el último dinero que le queda cuidándose de no llamarlo *pisto*, como le dicen en su país. Aquí *pisto* significa alcohol.

Enrique se cuida de hablar de más. Los agentes de la migra interrogan a los migrantes para que se delaten con sus respuestas. Les preguntan si la bandera mexicana tiene cinco estrellas (la bandera de Honduras tiene cinco estrellas, pero la mexicana no tiene ninguna), cómo se llama el mortero para hacer salsa (*molcajete*, una palabra que se usa sólo en México), o les preguntan cuánto pesan. Si el migrante contesta en libras, es que es centroamericano. En México la medida de peso es el kilogramo.

En Guatemala a los refrescos los llaman aguas, pero no aquí en México. Aquí una chaqueta es una chamarra, no una chumpa. La camiseta no es una blusa sino una playera.

Los agentes de la migra disfrutan particularmente de probar a los sospechosos de ser migrantes con palabras que significan lo mismo tanto en México como en Centroamérica y suenan parecido, pero no exactamente igual. Un cinturón puede llamarse cinto o cincho. Las patillas también pueden llamarse patitas.

En un momento Enrique se ve reflejado en el escaparate de una tienda. Es la primera vez que se ve la cara desde que lo apalearon. Lo que ve lo hace retroceder: cicatrices y moretones. Magulladuras. Un párpado caído.

Se queda boquiabierto ante su imagen.

"Me han dejado bien chingado", murmura.

Enrique tenía cinco años cuando su madre se marchó. Ahora es casi otra persona. Lo que ve en el cristal del escaparate es a un joven maltrecho, demacrado y desfigurado.

La furia que siente lo hace redoblar su empeño por seguir marchando hacia al norte.

CUATRO

Dádivas y fe

Desde lo alto de su vagón de carga en marcha, Enrique ve una figura de Cristo.

En los campos de Veracruz, entre campesinos y burros cargados con caña de azúcar, un cerro se alza imponente, empequeñeciendo al tren. En la cima se yergue una estatua de Jesús. Tiene 60 pies de altura y está vestida de blanco con una túnica rosada. Los brazos abiertos de la estatua se extienden hacia Enrique y los otros peregrinos que van en los techos de los vagones de carga.

Algunos miran fijo en silencio, otros susurran una plegaria.

Son los comienzos de abril del año 2000 y este puñado de migrantes encaramados en furgones, cisternas y tolvas ha recorrido casi un tercio de la longitud de México.

Muchos creen que es gracias a su fe religiosa que han llegado tan lejos. Rezan en los techos de los trenes. Durante las paradas se arrodillan junto a las vías para rogar a Dios que los ayude y que los guíe. Le piden que los mantenga vivos hasta alcanzar el Norte. Le ruegan que los proteja de los asaltos y las golpizas de los bandidos, de los despojos de la policía y de las deportaciones de la migra.

A cambio de la ayuda divina, ellos prometen no volver a probar una gota de alcohol, hacer una difícil peregrinación algún día, servir a Dios para siempre.

Muchos llevan pequeñas Biblias envueltas en bolsas de plástico para que no se mojen cuando vadean ríos o cuando llueve. En las páginas y en los márgenes garabatean los nombres y las direcciones de las personas que los ayudan. Los migrantes dicen que la policía suele registrar las cubiertas en busca de dinero para robar, pero por lo general les devuelven las Biblias.

Algunas páginas están particularmente gastadas, por ejemplo la del Salmo 23: "Aunque fuese por valle tenebroso/ningún mal temería/pues tú vienes conmigo/tu vara y tu cayado me sosiegan".

O el Salmo 91: "El mal no te alcanzará/ni la plaga se acercará a tu tienda;/que él ordenará a sus ángeles/que te guarden en todos tus caminos".

Algunos migrantes recurren a una plegaria especial a la Santísima Trinidad, la oración a las Tres Divinas Personas. La plegaria pide la intercesión de los santos para que puedan desbaratar cualquier arma alzada contra ellos. Con siete oraciones, la plegaria es lo suficientemente corta como para recitarla en un momento de peligro. Dios no se molestará si le rezan aprisa.

Esa noche Enrique se trepa al techo de un furgón. A la luz de la estrellas ve a un hombre de rodillas, rezando inclinado sobre una Biblia.

Enrique se baja del furgón.

Él no le pide ayuda a Dios. Con los pecados que ha cometido, no se siente con derecho a pedirle nada.

ATADITOS

Lo que recibe son dádivas.

Enrique espera lo peor. Viajar en los trenes por el estado de Chiapas le ha enseñado que cualquier mano alzada puede arrojar una piedra, pero aquí en los estados de Oaxaca y Veracruz descubre que la gente es amistosa. Los saludan agitando los brazos y les avisan a gritos si hay policías acechando en un pueblo próximo. Un jefe de policía dice que los que viven junto a las vías se disgustan cuando los migrantes se llevan la ropa que está tendida para secarse, pero solamente porque lo hicieron sin antes pedir. "La gente de Oaxaca y Veracruz está más dispuesta a ayudar", afirma un maquinista. "Así somos", dice Jorge Zarif Zetuna Curioca, un diputado de Ixtepec.

Quizá no todos sean así, pero aquí abunda la generosidad de espíritu. Muchos lugareños aseguran que esta generosidad tiene su raíz en las culturas indígenas de los zapotecas y los mixtecas. Además, dicen, las dádivas son una buena forma de protestar contra la política de México respecto de la inmigración ilegal.

Como argumenta un hombre que vive junto a las vías en Veracruz: "Está mal que nuestro gobierno mande a la gente de regreso a Centroamérica. Si no queremos que nos impidan a nosotros entrar en los Estados Unidos, ¿cómo podemos impedir que los centroamericanos entren a nuestro país?".

Al rato de haber visto la estatua de Jesús, Enrique está solo en una tolva. Ha caído la noche y el tren hace sonar un silbato melancólico al pasar por un pueblito. Enrique mira hacia un lado. Más de una docena de personas, en su mayoría mujeres y niños, salen corriendo de sus casas junto a las vías llevando unos aditos.

Algunos migrantes se asustan. ¿Vendrán a arrojarles piedras? Se tumban en el techo del tren. Enrique ve a una mujer y un niño correr junto a su tolva.

"¡Órale, chavo!", gritan. Le arrojan un paquete de galletas. Es la primera dádiva. Enrique tiende una mano para agarrar el paquete, pero con la otra mano se aferra a la tolva. El paquete de galletas pasa volando a varios pies de distancia, rebota en el vagón y cae pesadamente al suelo.

Ahora hay mujeres y niños a ambos lados de la vía arrojándoles aditos a los migrantes que van en los techos de los vagones. Corren rápido y apuntan con cuidado, casi siempre en silencio, tratando de no errar el blanco.

"¡Allí va uno!".

Enrique mira hacia abajo. Allí está la misma mujer con el niño. Le arrojan una bolsa de plástico azul. Esta vez el bulto aterriza de lleno en sus brazos. "¡Gracias! ¡Adiós!", dice en la oscuridad. Los desconocidos desaparecen en un abrir y cerrar de ojos, y Enrique no sabe si lo habrán oído.

Abre la bolsa y encuentra media docena de panecillos.

La generosidad lo deja atónito. En muchos lugares de Veracruz, cuando el tren aminora la marcha en una curva o para atravesar una aldea, la gente sale a dar. A veces veinte o treinta personas brotan de las casas junto a las vías y van hacia el tren. Saludan, sonríen, gritan y luego arrojan comida.

Los pueblos de Encinar, Fortín de las Flores, Cuichapa y Presidio son particularmente reputados por su generosidad. Señalando el suelo de Veracruz, un joven migrante hondureño llamado Fernando Antonio Valle Recarte dice: "Aquí la gente es buena. Aquí todos dan". Un hombre sale de su casa justo en el momento en que José Rodas Orellana se prepara para abordar el tren. Sin decir palabra, pone en las manos del migrante un gran emparedado relleno con huevos revueltos. El hombre regresa a su casa. Con la voz quebrada por la emoción Rodas dice: "Sin gente como ellos, no podríamos seguir adelante. Esta gente te da cosas. En Chiapas te quitan cosas".

Normalmente, Enrique y los otros migrantes tratan de andar en los trenes durante las horas de oscuridad. Aquí los migrantes esperan que les toque pasar de día, porque es probable que los lugareños les traigan regalos.

Ésta no es la clase de lugar donde podría esperarse que la gente alimente a los extraños. Un estudio del Banco Mundial realizado en el año 2002 encontró que el 42.5 por ciento de los 100 millones de habitantes de México vive con menos de dos dólares por día. Aquí en las zonas rurales, el 30 por ciento de los niños de menos de cinco años comen tan poco que se les trunca el crecimiento, y la gente que vive junto a las vías suele ser la más pobre.

Las familias arrojan tricotas, tortillas, pan y botellas plásticas llenas de limonada. Un panadero que tiene las manos cubiertas de harina arroja los panes que le han sobrado. Una costurera arroja bolsas llenas de emparedados. Un adolescente arroja plátanos. Un carpintero arroja burritos rellenos con frijoles. El dueño de una tienda arroja galletas con forma de animales, pastelitos del día anterior y botellas de medio litro de agua. Los que han visto a los migrantes caerse del tren debido al agotamiento les traen jarras de plástico llenas de Coca-Cola o café.

El joven Leovardo Santiago Flores arroja naranjas en noviembre, cuando éstas abundan, y piñas y sandías en julio. Con más de cien años de edad, María Luisa Mora Martín es una mujer encorvada que durante la Revolución Mexicana se vio reducida a comer la corteza de su árbol de plátanos. Con sus manos nudosas se afana llenando bolsas con tortillas, frijoles y salsa para que su hija de setenta años, Soledad Vásquez, pueda bajar aprisa por una pendiente rocosa y arrojarlas al tren.

"Si tengo una tortilla, doy la mitad", afirma uno de los que arrojan comida. "Sé que Dios me traerá más".

"No me gusta sentir que yo he comido y ellos no", señala aquél.

Otros dicen: "Cuando ves a esta gente, te conmueves. Te conmueves. ¿Te imaginas todo lo que han andado?".

"Dios dice: cuando te vi desnudo, te vestí. Cuando tuviste hambre, te di de comer. Eso es lo que Dios enseña".

"Uno se siente bien al dar algo que ellos tanto necesitan".

"No podré llevarme nada conmigo cuando me muera. Entonces, ¿por qué no dar?"

"¿Y si algún día nos pasa algo malo a nosotros? Tal vez alguien nos dará una mano".

Muchos de los que dan comida en esta zona viven en pueblos pequeños en los que aproximadamente uno de cada cinco jóvenes se ha marchado a los Estados Unidos. En estos lugares, la gente entiende que los pobres dejan su tierra no porque quieren sino por extrema necesidad. Han seguido con preocupación el duro camino que recorren sus hijos para llegar a los Estados Unidos y saben que éste es más difícil aún para los centroamericanos.

El hijo de Raquel Flores Lamora, una maestra jubilada que vive en Santa Rosa, un pueblo aledaño al ferrocarril, casi murió tratando de hacer el cruce a los Estados Unidos. Caminó durante tres días hasta que los pies se le pusieron tan ampollados y en carne viva que supo que tendría que entregarse al INS para salvar la vida. En cambio, los que iban con él lo cargaron el resto del camino.

Cada noche, Flores se levanta de su sofá gastado y se dirige a las vías. Allí entrega ropa y comida, a veces las camisas y pantalones que sus hijos le mandan de California para que ella los regale.

Los dos hijos de Baltasar Bréniz Ávila caminaron días enteros bajo un calor abrasador y con poca agua para ingresar en los Estados Unidos, eludiendo víboras y bandidos que querían asaltarlos. Ahora trabajan lavando automóviles en el condado de Orange, en California. "Cuando ayudo a alguien aquí, siento como que les estoy dando de comer a mis hijos", dice Bréniz. "Me imagino que allá también la gente los ayuda".

Para algunos, la gratitud de los migrantes es recompensa suficiente. Después de días enteros sin comer, los migrantes sollozan cuando les dan un atadito de comida. Otras veces el agradecimiento se expresa con gestos pequeños: una sonrisa, un firme apretón de manos antes de seguir camino.

El obispo local, Hipólito Reyes Larios, está detrás de este ímpetu solidario. Uno de sus pasajes favoritos de la Biblia es Mateo 25:35, que exhorta a dar la bienvenida y ser misericordes y caritativos con los desconocidos. "Uno de los actos de misericordia es dar refugio a un migrante", dice el obispo.

Los sacerdotes predican la enseñaza de Mateo en docenas de pequeñas parroquias de la arquidiócesis. En la rectoría del Beato Rafael Guizar y Valencia, una humilde iglesia amarilla de ladrillo con cuarenta bancas, el cura Ignacio Villanueva Arteaga tiene un mensaje simple para su congregación: ser un buen cristiano es ser un buen samaritano. El sacerdote describe los motivos por los que los migrantes se ven obligados a dejar su tierra y habla de los peligros y los problemas que enfrentan en su camino.

Villanueva habla de otro refugiado: el niño Jesús, cuya familia tuvo que huir de Israel hacia Egipto cuando un ángel le dijo a José que corrían peligro. El cura eleva una plegaria en la que le pide a Dios que ayude a los migrantes a llegar a destino y a encontrar trabajo para que puedan regresar a su tierra algún día.

Cerca de allí, la policía local y estatal hace operativos para capturar migrantes. Villanueva protege a todos los que entran en su iglesia. "Son migrantes. Aquí les damos de comer", le dice el sacerdote de incipiente calvicie a la policía, que hasta el momento no ha allanado la iglesia. Los migrantes duermen en un cuarto de estudios y catecismo sobre unos colchones verdes que el cura arrastra de una pila que hay fuera.

Una tarde la policía arrestó enfrente de su iglesia a siete migrantes que se habían bajado del tren. Villanueva corrió hacia la conmoción y les dijo a los agentes: "¿Por qué los detienen? No están robando nada a nadie. Sólo quieren ir al norte. Déjenlos ir". Muy pronto había ocho patrullas y más de cincuenta feligreses rodeando a su sacerdote. Villanueva convenció a los oficiales de que liberaran a los migrantes. El cura dice que se esfuerza en mantener buenas relaciones con la policía. Todos los años, para la procesión del Domingo de Pascua, los invita a cargar la cruz.

Algo parecido ocurre en una iglesia cercana, la parroquia de San Isidro Labrador en Encinar. Todas las semanas el sacerdote exhorta a los fieles a que den de comer a los migrantes. Les dice que traigan la comida a la iglesia si son ancianos o mujeres embarazadas y no pueden llegarse a las vías por algún motivo. Él se ocupará de que alguien la lleve en su lugar.

Nadie recuerda exactamente cuándo comenzó esta costumbre de los regalos, quizá en la década de los ochenta, cuando grandes números de centroamericanos empezaron a abordar los trenes huyendo de la guerra y la pobreza. En cada parada del tren, los migrantes se acercaban a las casas a mendigar. Estaban sucios y demacrados, acosados por parásitos que habían contraído en el camino. Debilitado por el hambre, cada tanto alguno se caía del tren.

Con el tiempo, los que vivían junto a las vías, especialmente en el estado de Veracruz, empezaron a traer comida a los lugares donde el tren baja la velocidad para dar una curva o porque los rieles están en mal estado. Los que no tenían comida traían botellas plásticas llenas de agua del grifo. Los que no tenían botellas se acercaban a la vía para ofrecer una plegaria. A medida que fue creciendo la procesión de migrantes, también creció la voluntad de ayudar.

A lo largo de las vías férreas de Veracruz, los lugareños se movilizan ante la primera señal del tren.

Gladys González Hernández está atenta al sonido de la bocina. ¡Ahí está por fin! La niña recorre presurosa los pasillos de la tienda de comestibles de su padre sacando galletas, botellas de agua y pastelillos de los estantes. Se lanza a la carrera hacia afuera. Ella y su padre, Ciro González Ramos, saludan agitando los brazos a los migrantes que van a bordo del tren. La niña tiene seis años.

Padre e hija se paran junto a los rieles que atraviesan Fortín de las Flores y arrojan las galletas, el agua y los pastelillos hacia las manos tendidas de los migrantes.

Ciro González, que tiene treinta y cinco años de edad, ha enseñado a su hija a hacer esto; él quiere que su hija sea una persona de bien.

Ella le preguntó una vez: "¿Por qué les das comida?". "Porque vienen de lejos y no han comido", respondió él.

Tiempo atrás, un migrante tocó a la puerta de un vecino de González. "Deme cualquier cosa, por favor", dijo ansiosamente el migrante que tenía los labios resecos. Llevaba dos días sin comer y devoró seis tacos rellenos con frijoles. Después dijo con humildad: "Espero que Dios lo ayude algún día. Yo tenía hambre y usted me dio bien de comer". El vecino empezó a arrojar comida a los migrantes que pasaban en el tren. González siguió su ejemplo.

A las seis de la tarde de un día de verano, Jesús González Román y su hermana Magdalena González Román, de cuarenta y treinta y un años respectivamente, están sentados fuera de su casa junto al ferrocarril en el pueblo de Encinar. Los vecinos salen a conversar después de largas horas de labor como albañiles o labriegos. Las nubes flotan entre las verdes y escarpadas montañas. La tarde se hace más fresca. Un vecino arrea despacio unas cabras hacia su casa junto al ferrocarril.

Se oye la bocina del tren.

Magdalena y su hermano tienen dos minutos. Entran corriendo a la casa. Su madre, Esperanza Román González, que tiene setenta y ocho años de edad, se ciñe un delantal rosado y recoge su bastón.

Jesús saca tres tricotas de una bolsa de plástico llena de ropa que les han dado unos parientes. Les hace un nudo para que sean más fáciles de arrojar.

Magdalena pone tortillas en una bolsa naranja y panes en una bolsa azul. Con un cucharón llena una botella plástica con limonada y la prisa la hace derramar un poco.

La bocina de la locomotora se oye cada vez más fuerte y más frecuente.

En la estufa de la cocina, Magdalena vierte un tazón de guiso en una bolsa de plástico. "¿Listo?", murmura. "Tenemos pan, tortillas…". Corre a la sala.

La bocina se oye como una detonación cercana.

Jesús y Magdalena corren hacia afuera, donde su madre ya cruza cojeando el portón de madera. Sus largas trenzas grises se mueven de aquí para allá.

Los faros del tren iluminan el atardecer. El tren baja la velocidad para tomar una curva. El suelo vibra, las ruedas azotan los rieles. El maquinista toca la bocina cinco veces para advertir a la veintena de personas que se ha acercado con comida, bebida y ropa que tengan mucho cuidado.

Jesús y Magdalena se aproximan a las vías, se paran firmes sobre los talones y se sostienen el uno al otro para que la corriente de aire que genera el tren no los vaya a succionar hacia las ruedas.

Jesús avista migrantes en el techo de un furgón. "¡Allá arriba hay algunos!", grita, y agita las tricotas sobre su cabeza.

Un adolescente con camisa verde y blanca desciende algunos peldaños de la escalerilla del furgón. Se sostiene del vagón con la mano derecha y tiende su mano izquierda.

Ahora, cada segundo cuenta. Magdalena le da a Jesús la bolsa azul que tiene pan. Él la lanza hacia arriba junto con las tricotas. Unos instantes más tarde Magdalena arroja una botella de limonada. El joven agarra todo.

"¡Gracias!", grita por encima del alboroto.

"¡Que Dios los lleve!", vocifera Jesús con una sonrisa en la mirada.

En silencio, Esperanza alza las manos al cielo y le reza a la Virgen de Guadalupe. Le pide que lleve a salvo a todos los niños que van en el tren hasta sus afligidas madres que están en el Norte.

Algunos han decidido que darles comida y plegarias a los migrantes no es suficiente. Un pueblo abrió las puertas de su iglesia a los migrantes. Algunos lugareños invitan a desconocidos a quedarse en su casa, a veces durante meses. Otros protegen a los migrantes de la policía, con lo cual corren un serio riesgo de ser acusados de contrabando de migrantes.

El cura Salamón Lemus Lemus contempla el solar de su iglesia y ríe entre dientes: "Me han tomado la iglesia", dice sonriendo. Hay cientos de migrantes deambulando por el patio. Duermen en todos los rincones de la iglesia: en tres grandes dormitorios que alguna vez se usaron para sacramentos, bautismos y grupos de estudio para jóvenes; en el garaje; en los pasillos; fuera en el patio de tierra; en la antigua sacristía. Cada uno escoge un pedazo de cartón de una pila gigantesca y lo tiende dondequiera que haya espacio suficiente para echarse a dormir. Son tantos –hasta 640 algunas noches– que deben seguir camino después de tres días para dejar el lugar a otros.

Hace más de dos décadas que estas congregaciones vienen siendo lideradas por sacerdotes comprometidos en la lucha por los derechos de los trabajadores y los pobres. Los fieles miraban con inquietud creciente cómo los migrantes se amontonaban para dormir junto a la ferrovía cercana con la ropa mojada, a veces con temperaturas bajo cero. Observaban que los agentes de policía los arrastraban por el pelo o les retorcían la muñeca contra la espalda en una maniobra llamada "manita de puerco" antes de arrojarlos en las cajas de sus camionetas. Vieron que muchos migrantes sufrían heridas al tratar de huir de la policía. En dos años, treinta y dos migrantes perdieron una extremidad en el tren.

La policía municipal, que viste uniforme verde y blanco, usaba perros. Julio César Trujillo Velásquez, portavoz de la arquidiócesis de Orizaba, cuenta que tanto la policía municipal como la estatal apaleaban a los migrantes, a veces les robaban dinero, y después los cargaban en las cajas de sus camionetas.

Los fieles organizaron brigadas que acudían de inmediato en auxilio de los migrantes a los que la policía estaba maltratando. "No son animales. Son seres humanos", dice Gloria Sánchez Romero, una voluntaria de la iglesia. "A nadie le gustaría que le trataran así".

La policía irrumpía en la iglesia para arrestar a los migrantes allí escondidos, a veces con las pistolas desenfundadas. Un día, varios agentes de la migra entraron a la iglesia, arrestaron a cuatro migrantes y los cargaron en su camioneta.

El cura protestó.

"Ayúdenos, nos van a golpear", exclamó un migrante.

"¡Cállate!", dijo uno de los agentes, golpeándolo varias veces con su bastón. El iracundo sacerdote y unas cien personas que se habían congregado a su alrededor exigieron a la policía que liberara a los migrantes. "Esto es una iglesia. Ustedes han profanado este lugar. ¡Suéltenlos!", exclamó el cura.

La policía soltó a cuatro y retuvo a otros seis que había capturado fuera de la iglesia.

Los miembros de la congregación organizaron protestas públicas. Unos 150 se manifestaron frente al hospital público local. Alzaron una gran pancarta con la inscripción: HOSPITAL: ENEMIGO DE LOS MIGRANTES. Estaban indignados porque el hospital había permitido a la migra deportar rápidamente a un migrante que había perdido una pierna en el tren. El hombre alegaba que un agente de policía lo había empujado hacia el tren, causando el accidente. El migrante fue deportado sumariamente, antes de que pudiera dar testimonio ante funcionarios locales. Los manifestantes marcharon una milla hacia el hospital coreando "¡Queremos justicia!" y bloquearon la entrada a la carretera local.

Los fieles decidieron que tenían que hacer algo más, relata Luis Hernández Osorio, un voluntario de la iglesia. Empezaron a permitir que algunos migrantes durmieran y comieran en la iglesia. Se corrió la voz de que ésta daba santuario. La represión policial aumentó y empezaron a llegar cada vez más migrantes a la iglesia.

Luis y un grupo de feligreses recurrieron al obispo: "Debe ayudarnos. Son nuestros hermanos. Debemos abrirles las puertas de la iglesia". El obispo también recibió a otro grupo que se oponía a amparar a los migrantes en la iglesia argumentando que eran una amenaza a la seguridad de los niños y las familias. Estos migrantes arruinan la imagen de la iglesia, decían: cuelgan su ropa interior a secar en las paredes de la iglesia; llevan semanas sin bañarse y huelen mal; escupen y les hacen propuestas indecentes a nuestras hijas; el bello césped verde de la iglesia donde los niños juegan después del catecismo se ha convertido en un lodazal.

El obispo tomó el partido de los migrantes. Llamó a Lemus Lemus, el canoso cura de la iglesia, y le dijo que los ayudara. Prometió colaborar a recaudar dinero para construir un albergue para migrantes. "Yo considero que ésta es la misión de la iglesia. Es fundamental", afirma el obispo. La mitad de los 800 feligreses se retiraron de la congregación como forma de protesta.

Se estableció una tregua tácita con la policía y la migra, que ya no volvieron a irrumpir en la iglesia en busca de migrantes. Cientos de migrantes, casi todos hombres, deambulan por el extenso patio de la iglesia amarilla con molduras anaranjadas. Descansan, juegan al dominó, lavan la ropa y la cuelgan de cuerdas que atraviesan el patio en todas direcciones. A un lado del patio hay una cocina al aire libre. Tres veces al día forman una larga fila para esperar que les sirvan comida, que normalmente consiste en arroz con frijoles y cualquier otra donación que hayan recibido, tal vez un tazón de sopa. Al otro lado hay una gran batea descubierta donde lavan la ropa. A las diez de la noche se echan a dormir en el suelo como sardinas en lata, los pies de uno junto a la cabeza del vecino. No hay sábanas.

Las cuarenta iglesias y las once rectorías de la diócesis contribuyen con comida y dinero al esfuerzo. Todas las iglesias hacen una colecta en febrero o marzo, para Miércoles de Ceniza, y en septiembre para el Día del Migrante. Distribuyen sobres de colecta decorados con una imagen de un tren de carga. Cada vez recaudan unos 3,300 dólares. El obispo va en persona a las iglesias para predicar sobre la necesidad de ayudar a los migrantes.

Hay grupos de feligreses que van de puerta en puerta solicitando donativos de las empresas. La voluntaria Gregoria Sánchez Romero dice que cuatro de cada cinco acceden a contribuir con algo. Dos panaderos regalan los panes que les sobran al final del día. Un hombre que tiene un negocio de venta de pollos viene cada dos o tres semanas con cincuenta aves. Los sábados, un mercado de Córdoba les pasa todas las verduras que no se vendieron esa semana. Otro benefactor viene con regularidad a traer dos o tres sacos grandes de azúcar. La gente llega a la iglesia con pequeños obsequios de frijoles, aceite, arroz y lentejas. Algunos cocinan de más para la cena y traen las sobras. Unos pocos traen bolsas de cemento para ayudar a construir el albergue para migrantes.

El cura dio lo que quizá sea el mayor regalo que han recibido. A lo largo de su vida, el sacerdote había ahorrado 37,500 dólares para su jubilación. "Va a venir más y más gente. Debemos construir", les dijo a sus feligreses. Luego, a los sesenta y tres años contribuyó silenciosamente la suma completa para comprar el terreno donde construir el albergue para migrantes.

Otros dan su tiempo. Luis Hernández Osorio es un hombre pequeño de intensos ojos oscuros. Trabaja ocho horas como contador, luego otras ocho en la iglesia. Se ocupa de los problemas con la policía y encuentra nuevos benefactores. Todas las noches pasa a buscar los donativos de pan. Una vez por semana va a una pescadería local con una enorme olla en la cajuela de su automóvil. El dueño de la pescadería llena la olla con pescado y mariscos. Es suficiente para darles un plato fuerte a los migrantes durante tres días. "Todos los días tengo que batallar con muchos problemas, pero me siento en paz", afirma Hernández. "Siempre quise hacer algo con mi vida. Estoy satisfecho".

Alfonso Peña Valencia es un arquitecto que trabaja como guardia de seguridad voluntario en la iglesia de siete de la tarde a una de la madrugada seis días por semana. La séptima noche, el sábado, monta guardia hasta el amanecer. Su esposa Rosita administra primeros auxilios a los migrantes. "Me gusta estar aquí", dice Peña. "Quiero ayudar al prójimo".

Para algunos no alcanza con dar a los migrantes refugio de corto plazo en la iglesia. María del Carmen Ortega García es una mujer corpulenta y sonriente que deja a los migrantes dormir en una habitación de su casa. Ellos le traen recuerdos de su hijo. En 1995, su hijo de dieciocho años José Gerónimo fue deportado desde California, donde estaba como ilegal. Ella no sabe qué fue de él una vez que lo trajeron a este lado de la frontera. Nunca más tuvo noticias de su hijo. Empezó de a poco a dar ayuda a los migrantes, ofreciéndoles una taza de café, luego un lugar donde bañarse.

Nueve meses atrás, un hondureño de veintidós años llamado Israel Sierra Pavón le pidió limosna a Ortega junto a las vías. Ella le dio seis pesos y lo invitó a cenar a su casa, la que tiene un cerdo atado a una correa en el patio. El muchacho se quedó nueve meses gratis, trabajando y ahorrando para seguir viaje. Así, Ortega ha acogido a diecisiete migrantes; algunos se quedan unos días, otros se quedan durante meses.

La casa de un solo cuarto donde vive Francisca Aguirre Juárez está tan abarrotada que las tres camas están apiñadas contra la pared del fondo. Aguirre es una mujer de edad mediana que ha perdido casi todos los dientes de delante y viste una tricota agujereada. Ella comparte una cama con su hija. Su hijo comparte la cama del medio con un migrante, y otros dos migrantes duermen en la tercera cama. En dos años la familia ha compartido la habitación con ochenta migrantes. Casi todos se quedan una semana. Aguirre dice que cada tanto da de comer a los policías para mantener las buenas relaciones. Pero el propietario de su casa ha amenazado con desalojarla por acoger a tantas personas.

En una esquina cercana al ferrocarril, Aguirre vende *memelitas*, un bocadillo de masa relleno con frijoles. Apenas le alcanza el dinero para alimentar a sus propios hijos. Sin embargo, ella se acerca a las vías las cuatro veces que pasa el tren entre las seis de la mañana y las diez de la noche.

Le hace una señal al maquinista.

"¡Vaya despacio, por favor, que voy a dar comida!", grita.

Algunos bajan la velocidad, otros no. "¡Muchachos! ¡Comida!". Arroja agua, manzanas, calcetines y emparedados de frijol. Dice que con frecuencia se levanta para dar comida también a los migrantes que pasan en los trenes de la una y media y las tres de la madrugada.

"Mucha gente quiere acumular dinero. Yo no", explica Aguirre, que empezó a ayudar después de ver cómo un hondureño de veinticinco años perdía una pierna tratando de abordar el tren. El muchacho gritó de dolor durante dos horas hasta que alguien lo llevó a un hospital. "Me siento mejor cuando ayudo. Ellos sufren más que yo".

Algunos lugareños protegen a los migrantes de la policía. Cuando ven que se acerca una patrulla policial o que los agentes están haciendo un operativo, abren sus portones y dejan que los migrantes se escondan en el jardín delantero o trasero de la casa.

Baltasar Bréniz Ávila vive a dos cuadras de la vía en Encinar. Una vez acababa de dar de comer unos tacos a un joven hondureño. El migrante estaba parado en la puerta, listo para irse, cuando pasó una patrulla azul y blanca de la policía estatal por el camino de tierra.

Rápidamente, Bréniz hizo entrar al joven. La policía tocó a su puerta. "¡Entréguelo! Es un migrante. Lo vamos a arrestar. Si no lo entrega, lo arrestaremos también a usted por contrabando".

La policía tenía pistolas y ametralladoras. Bréniz, que trabaja como vendedor ambulante de sillas rústicas, sabía que los acusados de contrabando pueden pasar años en la cárcel y trató de disimular el terror que sentía. Bréniz se rehusó de buena manera y respondió que no había motivo para entregar al hombre. Dijo que era un pariente que vivía en una granja de las afueras. La policía se retiró.

Bréniz dejó que el migrante se quedara una hora en su casa, hasta estar seguro de que no había moros en la costa.

Muchos miembros de la iglesia de María Auxiliadora, incluso el cura, han sido objeto de intimidación por parte de la policía por ayudar a migrantes. "Si te veo haciendo esto otra vez, te arresto", advierten los agentes. "Ayudar a los centroamericanos es un delito".

Aunque la ayuda humanitaria no es contra la ley, esto no es una amenaza para desdeñar, explica Hernández, el voluntario de iglesia. Cinco miembros de su congregación han sido arrestados. Ninguno de ellos fue acusado de un delito, pero posiblemente eso se deba a que los detenidos estuvieron dispuestos a comprar su libertad con sobornos. Una vez detuvieron a una familia entera –madre, padre y dos hijos– por dar a tres migrantes un lugar donde dormir. Los agentes les extorsionaron 20,000 pesos antes de dejarlos en libertad. En un caso parecido, un miembro de la congregación que es chofer de taxi llevó a cinco migrantes un tramo de la ruta. Temiendo que lo acusaran de contrabando de personas, el chofer pagó 30,000 pesos por debajo de la mesa y la policía estatal lo liberó.

A veces es el pueblo entero el que hace frente a la policía. He aquí lo que relatan los habitantes de El Campesino El Mirador, un caserío aledaño al ferrocarril ubicado al pie de una montaña:

La policía del pueblo cercano de Nogales tenía jurisdicción sobre El Campesino El Mirador. Una tarde hacia finales del año 2000, un tren de carga que viajaba al norte se detuvo en un apartadero para ceder el paso a un tren que iba rumbo al sur. En ese momento, unos agentes de policía salieron de un bar que había junto a las vías. La gente del pueblo dice que los agentes se veían borrachos. La policía avistó a unos cincuenta migrantes que iban en el techo del tren detenido y enfilaron hacia los vagones de carga para arrestarlos. Los migrantes saltaron del tren y corrieron hacia la montaña.

La policía los persiguió. Los lugareños dicen que los agentes empezaron a disparar. Una bala hirió en un brazo a una muchacha hondureña de diecisiete o dieciocho años. La chica estaba embarazada de ocho meses, según explicó porque la había violado un policía en Chiapas.

La chica trepó arañando la montaña hasta que llegó a una pequeña plataforma de cemento a unas 100 yardas de altura. En la plataforma había una cruz blanca. Allí se detuvo jadeando y sangrante, sin poder seguir más.

Tres agentes la alcanzaron, la agarraron del pelo, la patearon y la golpearon con sus bastones.

"¡Déjenme!", gritaba la muchacha. "Ya estoy herida. Voy a perder el bebé".

María Enriqueta Reyes Márquez, una residente de El Campesino El Mirador de treinta y ocho años, subió hasta la cruz. Ella dice que vio que la muchacha tenía el hueso de un brazo astillado por una bala. "Era como si le estuvieran pegando a un perro", recuerda con lágrimas en los ojos. "A los perros los tratan mejor. No castigan a los criminales, pero golpean a esta pobre gente. ¿Por qué? ¿Por qué?"

Reyes afirma haberles dicho: "Ya dejen de golpearla". Rodeando a la muchacha y a la cruz, ella y unas cincuenta personas más se volvieron hacia los agentes. "¡Cobardes! ¿Por qué la golpean?".

Dos de los agentes huyeron colina abajo, alejándose de la turba enardecida. Alguien le dio puntapiés en las nalgas al tercer agente hasta que éste también se dio a la fuga.

Poco después, los lugareños hallaron a un hombre del pueblo muerto en una zanja cerca del ferrocarril. Dedujeron que el hombre había muerto a causa del tiroteo previo, y la furia de la gente se desbordó.

Al día siguiente, 500 habitantes de El Campesino El Mirador y otros dos pueblos vecinos marcharon a la alcaldía de Nogales, de donde eran los agentes, y la rodearon. Algunos llevaban palos y piedras. Exigieron la liberación de todos los migrantes capturados el día anterior, quince en total, algunos de los cuales habían sido apaleados.

Reyes, que había caminado dos horas y media hasta Nogales, afirma haberle gritado al alcalde: "Somos humanos. Debemos tratar a la gente de manera humana. Está bien mandarlos de regreso. Pero no está bien que los baleen, que los golpeen así".

Los habitantes de El Campesino El Mirador le dijeron al alcalde de Nogales que sus agentes no eran bienvenidos en el pueblo.

Samuel Ramírez del Carmen, director de la Cruz Roja en el pueblo cercano de Mendoza, Veracruz, confirma que envió paramédicos a tratar a una migrante embarazada que había sido baleada por la policía de Nogales y que las protestas ahuyentaron del pueblo a la policía.

El reportero local Julián Ramos Hernández afirma que ocho agentes fueron despedidos debido al incidente. "La policía les disparó a los migrantes", explica Ramos. "La gente estaba indignada".

Reyes cuenta que los otros migrantes del tren se quedaron en la montaña durante un mes, temerosos de bajar. Tres veces por día, los lugareños remontaban trabajosamente la colina hasta la cresta salpicada de palmeras para llevarles agua y comida. También ella dice que la policía no ha regresado.

NUEVO CARGAMENTO

Enrique tiene hambre, pero teme que la media docena de panecillos que le arrojaron sean toda la buena suerte que puede esperar, así que los guarda para después. Alrededor de una hora más tarde, el tren se acerca a la ciudad de Córdoba.

El tipo de cargamento que lleva el tren está cambiando. Ahora es mercancía valiosa que se daña más fácilmente: automóviles Volkswagen, Ford y Chrysler. Los guardias de seguridad registran los vagones de carga, atrapan a todos los polizontes que pueden y los entregan a las autoridades. Según el funcionario de Transportación Ferroviaria Mexicana Cuauhtémoc González Flores, lo más grave es que, si un migrante se cae y resulta herido o muerto, cuesta ocho dólares por minuto detener el tren, a veces durante horas, hasta que lleguen los investigadores.

Junto a las vías aparece un curso de aguas residuales. Córdoba está cerca. Los migrantes se beben el agua que les queda, porque es difícil correr rápido cargando las botellas. Se anudan a la cintura las tricotas o las camisas de repuesto. Enrique agarra su bolsa de panes. A eso de las diez de la noche, un aroma familiar le da la señal: es la planta tostadora de café que está al lado de la estación de ladrillo rojo. Cuando el tren baja la velocidad, Enrique salta y sale escapando.

Elude a los guardias de seguridad de la estación y modera el paso. Se sienta en la acera, una cuadra al norte de la estación. Se le aproximan dos agentes.

Quedarse quieto es mejor que tratar de escapar. Enrique esconde el pan en una grieta, se traga el miedo y trata de hacerse el indiferente.

Los agentes de uniforme azul avanzan derecho hacia él.

Enrique se queda inmóvil, sin siquiera pestañear. Los policías tienen olfato para el miedo. Se dan cuenta si uno es indocumentado. Ten calma, se dice Enrique. No puedes mostrarte asustado ni esconderte. Debes mirarlos fijo a los ojos.

Los agentes no traen regalos sino que desenfundan sus pistolas. "Si corres, disparo", dice uno apuntádole al pecho. Se llevan a Enrique y a otros dos muchachos más jóvenes que andaban cerca a un almacén de ferrocarril grande y tenebroso, donde otros siete agentes ya tienen a veinte migrantes. Es una redada de las grandes.

Ponen a los migrantes en fila contra la pared: "Saquen todo lo que llevan en los bolsillos".

Enrique sabe que sólo un soborno evitará que lo deporten a Centroamérica. Tiene 30 pesos, unos tres dólares, que ganó moviendo piedras y barriendo cerca de las vías en Tierra Blanca. Se había bajado del tren por un período breve en Tierra Blanca, en parte para ver si podía ganar lo suficiente para comprar su libertad si lo apresaba la policía. Algunos agentes te sueltan si les das 20 pesos. Otros exigen 50 –o más– y luego te entregan a la migra para que te deporte. Ahora ruega que las monedas que tiene sean suficientes.

Un agente lo palpa y le dice que vacíe sus bolsillos.

Enrique deja caer su cinturón, una gorra de los Raiders y los 30 pesos. Mira de reojo a sus compañeros migrantes. Cada uno está parado junto a un montoncito de pertenencias.

"¡Sálganse! ¡Váyanse ya!"

No lo van a deportar. Pero Enrique se detiene, junta valor y pregunta: "¿Pueden regresarme mis cosas, mi dinero?".

"¿Qué dinero?", responde el agente. "Olvídalo, a menos que quieras que tu viaje termine aquí".

Enrique da media vuelta y se aleja.

Aun en Veracruz, donde los extraños pueden ser tan bondadosos, no se puede confiar en las autoridades. El jefe de la policía estatal en el pueblo cercano de Fortín de las Flores no quiere hacer comentarios sobre el incidente.

Exhausto, Enrique recupera su bolsa de panecillos, se sube a la plataforma de un camión y se queda dormido. Al amanecer oye un tren. Sin soltar los panes, se echa a trotar junto a un vagón de carga y se trepa a bordo.

LAS MONTAÑAS

Las vías, ahora más parejas, empiezan a subir. El aire está más fresco. El tren pasa entre cañas de bambú de 60 pies de altura; cruza un largo puente que salva un cañón profundo; avanza entre el pútrido humo blanco que emana de una fábrica de Kimberly-Clark que convierte la pulpa de caña de azúcar en pañuelitos Kleenex y papel higiénico.

A medida que marcha hacia el norte, México va cambiando. En Oaxaca atravesó la zona ganadera. Hacía tanto calor que detrás de él las vías se veían como un garabato borroso, distorsionadas por el calor. Era tanta la humedad que había bolas de musgo en los cables de electricidad junto a las vías. Enrique cruzó un río de una cuadra de ancho. Estaba empapado de sudor. Cuando el tren disminuyó la velocidad, lo invadió el olor a sudor.

En Veracruz anduvo entre hileras de plateados árboles de piña y campos exuberantes de esbeltas cañas de azúcar que rozaban el tren. Vio las chimeneas de los ingenios azucareros y casas donde la gente pone a secar las tortillas del día anterior en los techos de hojalata. Estaba rodeado de pantanos y mosquitos. Tenía que cuidarse de las abejas. Había oído que muchas eran africanizadas y que cuando las espanta el humo de las locomotoras el enjambre se abalanza a atacar a los migrantes que van en los techos del tren.

A medida que avanza hacia el norte, los trenes también van cambiando. Los rieles están sujetos a durmientes de cemento, soldados y mejor mantenidos. Los trenes de carga son más largos y parecen deslizarse más rápido y con menos esfuerzo, descarrilándose con menos frecuencia. Como hay más trenes y como tantos migrantes quedaron heridos o detenidos en Chiapas, hay menos polizontes a bordo. En algunos trenes Enrique sólo ve una docena.

La tripulación del tren cambia en Orizaba. Enrique le pide a un hombre que está parado cerca de las vías: "¿No me da un peso para comprar comida?". El hombre le pregunta por sus cicatrices, producto de una paliza que le dieron a bordo del tren hace poco más de una semana. Luego le da 15 pesos, aproximadamente 1.50 dólares.

Enrique corre a comprar un refresco y queso para comer con sus panecillos. Mira hacia el norte. Más allá de una verde cordillera se ve el pico nevado de Orizaba, la cumbre más alta de México. Aquí va a hacer mucho frío, especialmente durante la noche, muy distinto a las húmedas y calurosas tierras bajas. Mendigando, Enrique consigue dos tricotas. Antes de que el tren se ponga en marcha, corre de vagón en vagón rebuscando en los huecos que hay en los extremos de las tolvas, donde los migrantes a veces ponen ropa cuando quieren deshacerse de ella. En uno encuentra una manta.

Cuando el tren se pone en marcha, Enrique comparte su queso, su refresco y sus panecillos con otros dos muchachos que también se dirigen a los Estados Unidos. Uno tiene trece años; el otro, diecisiete. En silencio, Enrique vuelve a agradecer por los panes que le arrojaron.

Enrique disfruta con la camaradería: la forma en que los viajeros se cuidan unos a otros, cómo transmiten lo que saben, cómo comparten lo que tienen. Los migrantes suelen designar a uno para que monte guardia mientras los demás descansan. Se aconsejan mutuamente. Cuando el tren baja la velocidad y surgen de entre las sombras migrantes que corren a abordarlo con las manos tendidas hacia las escalerillas, los migrantes que van en los techos les avisan a gritos si el tren va demasiado rápido.

"¡No subás! ¡Te va a pisar!", vociferan.

Cuando Enrique consigue una camisa de más o algo de información sobre cómo eludir a la policía, comparte. Otros migrantes han sido generosos con él. Le han enseñado palabras mexicanas que sabían. Uno le ofreció un pedazo de jabón cuando Enrique se metió en un río verde y poco profundo para bañarse.

Enrique se da cuenta de que las amistades serán efímeras. Muy pocos de los que emprenden el viaje juntos, incluso sin son hermanos, acaban juntos. Con frecuencia los migrantes abandonan a un compañero de grupo herido antes que arriesgarse a ser capturados por las autoridades. Mientras espera la salida del tren en Veracruz, un salvadoreño de treinta y un años recuerda que hace poco vio cómo el tren le cortaba una pierna a un hombre que intentaba eludir a la migra en una parada. El salvadoreño se sacó la camisa y la usó para hacerle un torniquete en la pierna. Después huyó, temeroso de que lo arrestara la migra.

"¡No me dejen!", gritó el hombre herido. Según las autoridades el hombre murió más tarde ese mismo día.

Muchas veces, entre tren y tren, Enrique prefiere dormir solo en el pasto alto, lejos de otros migrantes, porque sabe que así es menos probable que lo vean. A pesar de todo, la camaradería puede significar la diferencia entre la vida y la muerte. "Podría llegar al norte más rápido si fuera solo", supone Enrique, "pero quizá no llegaría".

Las montañas se ven próximas. Enrique invita a los dos muchachos a compartir su manta. Juntos se mantendrán más calientes. Los tres se apretujan entre la rejilla y la boca de carga en el techo de una tolva. Enrique hace un bollo con unos trapos y los usa de almohada. El vagón se mece y sus ruedas traquetean rítmicamente. Se quedan dormidos.

El tren entra en un túnel, el primero de los treinta y dos que atraviesan las cumbres de Acultzingo. Cada túnel lleva el nombre de un estado de México. Los migrantes van contando los que han pasado, y calculan cuántos más les quedan. Fuera brilla el sol. En los túneles está tan oscuro que los viajeros no alcanzan a ver sus manos. Gritan: "¡Ay! ¡Ay! ¡Ay! ¡Ay! ¡Ay!", y esperan el eco. A veces, la cola del tren no termina de salir de un túnel que ya la locomotora se zambulle en otro. Los vagones de carga crujen al tomar las curvas. Enrique y sus amigos siguen durmiendo. De nuevo a la luz del día, el tren rodea una colina. Abajo el valle está cubierto de campos de maíz, rábanos y lechuga, cada uno de un tono distinto de verde.

El Mexicano es el túnel más largo. El tren desaparece dentro de él durante ocho minutos. Un humo negro envuelve los techos de los vagones.

El humo quema los pulmones y hace arder los ojos. Algunos migrantes se lanzan hacia abajo por las escalerillas, tratando de escapar de los gases malsanos. Enrique cierra los ojos, pero la cara y los brazos se le tiñen de gris. Un hollín negruzco le sale de la nariz. Los maquinistas temen a El Mexicano. Si la locomotora se recalienta, deben detenerse. Entonces los polizontes se abalanzan jadeando hacia los arcos de salida para respirar aire limpio.

Ya otra vez fuera, los vagones se empiezan a escarchar. Para protegerse del viento helado, los migrantes se acurrucan en los espacios entre los vagones o con extraños. Están pasmados de frío y tiritan. Muchos no tienen manta ni abrigo. Algunos visten camisetas. Se les parten los labios y se les nubla la mirada. Se abrazan las piernas. Tres de ellos están como encajados dentro de un agujero en el extremo de una tolva. Para caber deben sentarse uno sobre otro, con las manos cruzadas sobre el pecho y las cabezas hacia abajo. Se estiran las camisas sobre la boca para calentarse con su aliento. Cuando el tren va despacio, trotan al lado para entrar en calor.

Algunos se arriesgan a acercarse a la última de las tres locomotoras para apretarse contra el motor. Otros se paran en las columnas de humo caliente de gasóleo que despide el tren. Aun otros se meten de un salto en una tolva llena de arena o de grano, pero solamente si pueden encontrar una que esté lo suficientemente llena para permitirles salir después. Al caer la noche, algunos migrantes mayores toman whisky. Un trago de más y pueden caerse. Otros juntan ropa vieja y basura para hacer fogatas en las salientes que hay sobre las ruedas de las tolvas. Acercan las manos al fuego, luego se llevan las palmas a las caras congeladas.

Al amanecer, el camino se hace más recto y llano. A una milla y media sobre el nivel del mar, el tren acelera a 35 millas por hora. Enrique despierta. Ve cultivos de cactus a ambos lados. Justo enfrente se alzan dos enormes pirámides: la metrópolis preazteca de Teotihuacán.

Luego ve interruptores y semáforos, urbanizaciones, un

cartel publicitario del Paradise Spa. Una zanja de aguas residuales. Taxis. El tren reduce la velocidad para entrar en Lechería. Enrique se prepara para correr.

Ha llegado a Ciudad de México.

DESCONFIANZA

La hospitalidad de Veracruz se ha desvanecido. Una mujer de Ciudad de México frunce la nariz cuando le hablan de los migrantes. Lo piensa dos veces antes de destrabar la puerta metálica de su alta cerca de estuco. "Les tengo miedo. Hablan raro. Son sucios".

Enrique empieza a golpear puertas para mendigar comida. En Ciudad de México, el crimen es descontrolado. En algunas iglesias ha ocurrido que grupos de bandidos entraran durante la misa para asaltar a todos los feligreses al mismo tiempo. Las iglesias contratan guardias armados para estar a salvo durante el servicio religioso. En Ciudad de México, la gente vive nerviosa y a menudo es hostil. "No tenemos nada", le dicen en una casa tras otra, normalmente sin siquiera abrir la puerta.

Olivia Rodríguez Morales es esposa de un mecánico de ferrocarril jubilado y vive una cuadra al sur de la estación de Lechería en un furgón rojizo que ha convertido en vivienda. Rodríguez es una mujer de voz suave que usa lentes de armazón plateada y lleva al cuello una cadena con una cruz de oro. Sin embargo, cuando le preguntan sobre los migrantes deja de tejer el chal azul, se pone tensa y su semblante se vuelve frío.

Rodríguez recuerda que una tarde seis migrantes que andaban cerca de la vía le pidieron dinero a un muchacho del vecindario. Él se negó. Esa noche, cuando el muchacho iba caminando hacia su casa, los mismos migrantes lo acometieron cerca de la estación. Le ataron las manos con alambre de púas. Le robaron el dinero, el reloj; y la ropa. Le golpearon la cabeza con un machete. Lo dejaron desnudo.

Era una noche de lluvia. El muchacho se arrastró lentamente hasta su casa. Estaba grave y pasó tres meses en el hospital. Aunque él nunca habló de eso, Rodríguez y otros vecinos oyeron decir que el muchacho había sido violado por los migrantes. En una comunidad de vínculos estrechos como es la de los empleados ferroviarios, casi todos conocían al joven desde niño.

Antes los migrantes le daban pena, y ella les ofrecía comida y ayuda. Ahora, todas las veces por día que le piden ayuda –un taco, un café, una camisa o un par de calcetines–, siempre se niega sin miramientos. "No confiamos en ellos", dice. "Después de aquello la gente cerró las puertas".

Todos los días al amanecer, los vecinos salen a trabajar preocupados. ¿Será que los migrantes que se esconden en las matas de flores amarillas que hay entre las vías son inocentes que viajan al norte? ¿O serán hombres peligrosos que huyen de la ley en sus propios países? "Uno no sabe quiénes son. Algunos vienen por necesidad. Otros pueden estar escapando de algún problema", dice Rodríguez.

Su vecino Óscar Aereola Peregrino está de acuerdo: "Por uno pagan todos".

Enrique va de puerta en puerta, esperando misericordia. Por fin en una casa recibe otra dádiva: una mujer le da tortillas, frijoles y limonada.

Ahora debe esconderse de la policía estatal que custodia la estación de Lechería, un polvoriento barrio industrial al noroeste de Ciudad de México. Enrique está rodeado de chimeneas. Hay una planta de reciclado de metales, una fábrica enorme de neumáticos Goodyear y otra de plásticos. Diseminados entre las vías hay juguetes rotos, llantas viejas y zapatos gastados. Enrique debe eludir a la migra, que a veces viene a la estación en automóviles sin identificación. Casi todos los migrantes se esconden entre los furgones, dentro de ellos, o en la hierba.

Enrique se agacha para entrar en una alcantarilla de concreto de tres pies de diámetro, una de las muchas que hay en un descampado lleno de vacas, ovejas y flores amarillas y violetas al norte de la estación. Cuando llegó hasta aquí en un viaje previo, pasó la noche acurrucado en la alcantarilla con otros migrantes. La policía no lo encontró. Salvo que tenga mala suerte, se dice, quizá pueda llegar a la frontera.

Enrique está a 13 millas del corazón del sistema ferroviario mexicano. Sin embargo, con sus dos áreas de estacionamiento y sus seis vías, la estación hierve de actividad. Los trenes que van camino de Ciudad de México paran en Lechería para dejar los vagones con carga combustible. Cuando emprenden la ruta hacia el norte, pasan por allí para engancharlos otra vez. Cada veinticuatro horas salen quince trenes de Lechería, dice José Patricio Sánchez Arellano, encargado de recursos humanos para la estación de Lechería y otras estaciones de la empresa Ferrocarril y Terminal del Valle de México.

Fuera de la alcantarilla donde se esconde Enrique, se oye el estrépito metálico y el entrechocar de los trenes a los que quitan y agregan vagones, formando caravanas de casi una milla de largo.

Enrique debe escoger con cuidado. No todos los trenes llegan hasta la frontera. Muchos migrantes buscan los de Ferrosur, una de las tres compañías que operan en la estación. Ferrosur tiene menos guardias de seguridad. Otra compañía, Transportación Ferroviaria Mexicana, a veces instala guardias en sus trenes para que nadie abra un furgón cerrado con un cortaalambres y robe la mercancía.

A las diez y media de la noche llega un tren que se dirige al norte. Éste es el tren que prefiere Enrique, porque va hasta la frontera con Texas viajando casi siempre durante la noche, y en la oscuridad es menos probable que lo detecten. Como de Ciudad de México en adelante el sistema ferroviario es más moderno, los trenes se desplazan muy rápido y pocos migrantes viajan en los techos.

Enrique repara en unos vagones poco comunes. En Lechería, las compañías ferroviarias a veces cargan un contenedor cerrado del tamaño de un furgón dentro de un vagón descubierto algo más grande; una caja dentro de otra caja abierta. Algunos migrantes se deslizan en el pequeño espacio entre los dos contenedores. Pero si el tren frena repentinamente y el contenedor se mueve, corren el riesgo de morir aplastados.

Enrique, con ayuda de sus dos amigos, escoge un furgón, y luego fuerza la puerta con una piedra. Si los encuentran allí dentro, será difícil escapar, pero cuentan con que hay pocos retenes de la migra en el norte de México. Un funcionario del ferrocarril calcula que, en este tramo de la ruta, las autoridades dejan pasar el tren sin detenerlo cuatro de cada cinco veces. Los muchachos cargan pedazos de cartón sobre los que echarse para mantenerse limpios.

Enrique ve una manta sobre una tolva cercana. Sube una escalerilla para alcanzarla y oye un fuerte zumbido por encima de su cabeza. Por un tramo de 143 millas hacia el norte, hay cables aéreos tendidos por encima del tren que antes servían para locomotoras que ya no se usan. Los cables todavía conducen

25,000 voltios para prevenir el vandalismo. Hay letreros que advierten: PELIGRO-ALTO VOLTAJE, pero muchos migrantes no saben leer.

Ni siquiera hace falta tocar los cables para morir electrocutado, pues desde ellos puede extenderse un arco de electricidad de hasta 20 pulgadas. Hay un espacio de sólo 36 pulgadas entre los cables y los vagones de carga más altos, que son los que transportan automóviles. En el centro de comando de las oficinas ferroviarias de Ciudad de México, las rutas de los trenes aparecen trazadas en las pantallas de computadora con líneas azules y verdes. Por lo menos una vez cada seis meses las pantallas titilan y se apagan. Eso quiere decir que un migrante se trepó al techo de un vagón y causó un cortocircuito en el sistema al electrocutarse. Cuando las computadoras vuelven a encenderse, las pantallas indican en rojo el lugar del cortocircuito.

Enrique trepa a la tolva. Toma con cuidado la punta de la manta y la jala hacia abajo. Luego gatea de vuelta hasta su furgón y se acomoda en un lecho que él y sus amigos han construido con paja que encontraron en el vagón.

Los muchachos comparten una botella de agua y otra de jugo. Las modernas locomotoras se deslizan sin esfuerzo dejando atrás las afueras de Ciudad de México. El paisaje se vuelve cada vez más desolado: arena, matas espinosas, liebres y víboras. Van entre peñascos, cruzan lechos de río secos y cañones con paredes de pura roca. Avanzan en medio de una densa niebla, y Enrique cae en un sueño profundo, demasiado profundo.

No oye que la policía detiene el tren en medio del desierto central de México. Los agentes vestidos de negro encuentran a los muchachos acurrucados bajo la manta en el lecho de paja.

Enrique está asustado. La última vez que lo pararon aquí saltó del tren, tomó dos puñados de piedras y a duras penas se salvó de ser aprehendido. Ahora no tiene adónde huir. Los agentes llevan a los muchachos ante el jefe, que está cocinando un caldero de guiso sobre un fogón. Éste los palpa para ver si llevan drogas. Luego, en lugar de arrestarlos, les da a todos tres tortillas, agua y pasta de dientes para que se aseen.

Enrique está asombrado. El jefe les permite subir de nuevo al furgón y les dice que se bajen del tren antes de llegar a San Luis Potosí, porque allí hay sesenta y cuatro guardias de seguridad cuidando la estación. Unas cuatro cuadras antes de llegar a la estación, los guardias van siguiendo al tren en automóvil, arrestan a los migrantes que saltan del tren y luego los entregan a la migra. A media mañana Enrique ve dos antenas con luces rojas intermitentes. Los muchachos saltan del tren media milla al sur de la ciudad.

Sus amigos pagan un taxi que los lleva al lado norte de la ciudad. Enrique sale a buscar comida. "No tenemos nada", dice la gente. Por fin alguien le da una naranja, luego alguien más le da tres tacos. Enrique comparte la comida con sus amigos.

Hasta ahora, Enrique siempre ha optado por seguir adelante. En el Sur, si estaba en apuros podía recoger los mangos que crecen junto a las vías. Una vez, en Chiapas, sobrevivió tres días comiendo solamente mangos. Pero aquí el paisaje es demasiado árido como para vivir de la tierra, y mendigar es muy arriesgado. No hay sembradíos a la vista, sólo fábricas de vidrio y de muebles. Si quiere sobrevivir, deberá trabajar. Además, no desea llegar a la frontera sin un centavo. Ha oído que los rancheros estadounidenses balean a los migrantes que vienen a mendigar.

Enrique remonta trabajosamente una colina hasta llegar a la casita de un fabricante de ladrillos. Con buen modo, pide comida. El fabricante de ladrillos le ofrece algo más que eso: si Enrique trabaja, le dará comida y un lugar donde dormir. El muchacho acepta de buen grado.

Algunos migrantes dicen que los mexicanos explotan a los indocumentados rehusando pagarles al final del día de trabajo, o pagan sólo una fracción del salario corriente de aproximadamente 50 pesos, unos 5 dólares por día. Pero el fabricante de ladrillos le ofrece a Enrique más que eso: 80 pesos al día. Además, le da zapatos y ropa.

Enrique trabaja un día y medio en la fábrica de ladrillos, una de las trescientas que bordean la vía al norte de San Luis Potosí. Los obreros vierten arcilla, agua y estiércol de vaca seco en grandes pozos. Se remangan los pantalones y apisonan la mezcla lodosa como si pisaran uvas para hacer vino. Cuando ésta se convierte en una pasta marrón firme, la vuelcan en moldes de madera. Luego desmoldan los ladrillos sobre el piso plano y los dejan secar.

Con los ladrillos hacen pilas en forma de pirámide dentro de hornos grandes como habitaciones. Debajo de los hornos, avivan los fuegos con aserrín. Cada tanda de ladrillos se hornea durante quince horas, despidiendo nubes de humo negro hacia el cielo.

El trabajo de Enrique es palear la arcilla. Al final del día se baña en un estanque para quitarse la arcilla y el polvo de estiércol que lo cubren. Esa noche, duerme sobre el piso de tierra de un cobertizo que comparte con uno de sus amigos del tren.

"Tengo que llegar a la frontera", le dice.

¿Será conveniente que tome otro tren? Contando todos sus intentos, ha sobrevivido más de treinta viajes en tren. Esta vez ha recorrido 990 millas en vagones de carga desde Tapachula, cerca de Guatemala. ¿Se le acabará la suerte?

Su empleador le aconseja que tome una "combi", un minibús Volkswagen, para pasar por un retén que hay a unos 40 minutos al norte del pueblo. Las autoridades no detienen las combis, explica el fabricante de ladrillos. Luego le recomienda tomar un autobús a Matehuala, donde tal vez pueda conseguir que un camionero lo lleve a Nuevo Laredo, en la ribera del Río Grande.

EL CAMIONERO

Enrique recibe su paga de 120 pesos. Gasta unos cuantos en un cepillo de dientes.

Toma una combi y pasa por el retén sin la menor dificultad. Paga 83 pesos para abordar un autobús con destino a Matehuala. El desierto está salpicado de yucas altas y desgarbadas. Al costado de la ruta hay gente vendiendo pieles de víbora. Tres horas más tarde, una arcada rosada le da la bienvenida a Matehuala.

Fuera de la estación repara en un hombre de aspecto bondadoso. "¿Me puede ayudar?", le pregunta.

El hombre le da un lugar donde dormir. A la mañana siguiente, Enrique camina hasta una parada de camiones. Matehuala está sobre una de las rutas principales que recorren los camioneros que se dirigen a los Estados Unidos. Llega una caravana de camiones. Algunos de los choferes se detienen a comer o a cargar gasolina.

Les dice a todos los camioneros que ve: "No tengo dinero. ¿Me puede llevar lo más al norte que vaya?".

Uno tras otro se niega. Después del largo y solitario trecho que han recorrido desde Ciudad de México, muchos de ellos disfrutarían con algo de compañía en las 380 millas que faltan para llegar a la frontera. Aun así, según un camionero que está en la parada, nueve de cada diez camioneros se rehúsan a llevar migrantes. Si lo hacen, la policía podría acusarlos de contrabando. Los choferes dicen que ya tienen bastantes preocupaciones con los agentes que les ponen drogas en el camión y luego exigen sobornos. Además, algunos temen que los migrantes los asalten.

Por fin, a las diez de la mañana, da con un camionero que se arriesga a llevarlo. Enrique se sube a la cabina de un camión de cinco ejes que transporta cerveza.

"¿De dónde eres?", pregunta el chofer.

Honduras.

"¿Adónde vas?" El camionero ya ha visto a otros muchachos como Enrique. "¿Tu mamá o tu papá están en los Estados Unidos?" Enrique le cuenta de su madre.

A llegar a Los Pocitos ven un letrero que dice: PUESTO DE CONTROL A 100 METROS. El camión espera en fila, luego avanza poco a poco. Unos agentes de la policía judicial le preguntan al conductor qué lleva. Quieren ver documentos. Observan detenidamente a Enrique.

El camionero tiene una respuesta preparada: éste es mi asistente. Pero los agentes no preguntan.

Un poco más adelante, hay soldados que revisan cada vehículo en busca de drogas y armas. Dos reclutas con aspecto de novatos les hacen la señal de seguir.

Ajeno al parloteo de la radio del camionero, Enrique se queda dormido. El paisaje vuelve a cambiar. Las yucas ceden el paso a un matorral espinoso y bajo. El camionero pasa por dos retenes más. Cuando está cerca del Río Grande, se detiene a comer. Le compra a Enrique un plato de huevos, frijoles refritos y un refresco. Otra dádiva. Para Enrique, andar en camión es como un sueño.

A dieciséis millas de la frontera aparece otro letrero: BAJE LA VELOCIDAD. ADUANA DE NUEVO LAREDO.

No te preocupes, lo tranquiliza el camionero, la migra sólo registra los autobuses.

BIENVENIDOS A NUEVO LAREDO, anuncia otro letrero.

El camionero lo deja cerca del aeropuerto en las afueras de la ciudad, apenas pasando el motel California. Con los 30 pesos que le quedan, Enrique se toma un autobús que recorre el sinuoso camino hasta la ciudad.

En su arduo camino a través del sur y el centro de México, Enrique estuvo muchas veces a un paso de ser capturado y deportado, pero siempre lo acompañó la suerte.

En Matías Romero, Oaxaca, unos agentes de la migra rodearon el tren y apresaron a muchos polizontes. Enrique saltó de su escondrijo en él y corrió hacia unos arbustos. Se tumbó en el matorral sin atreverse siquiera a respirar. Transcurrido lo que pareció una hora, el tren empezó a rodar; Enrique se echó a correr al lado de un vagón y volvió a abordarlo.

Durante una breve parada del tren en Medias Aguas, Veracruz, Enrique se bajó y se sentó junto a las vías a conversar con otros migrantes. El silencio de la noche era total salvo por el ronroneo de la locomotora y el compresor de los frenos.

"¡Ni sueñen con escapar!", dijeron dos hombres que vestían ropa de fajina verde, apuntándoles el haz de luz de sus linternas. Una pequeña unidad del ejército con sede al lado de la estación estaba a la caza de migrantes.

Enrique se dio a la fuga. Los soldados lo persiguieron sin

dar tregua. Aunque estaba extenuado después de casi dos días sin dormir, Enrique corrió más rápido. Se precipitó a lo largo de las vías por un tramo de dos cuadras hasta una calle de tierra llamada Manuel Hidalgo en el extremo norte del pueblo. Frente a las vías estaba el jardín trasero de una casa que parecía estar vacía. La casa estaba construida sobre pilotes de cemento de tres pies de altura para protegerla de las inundaciones. Enrique cruzó el jardín corriendo, se echó al suelo de bruces y se arrastró debajo de la casa. Esperó. Nada.

Era medianoche. Enrique sentía que el cuerpo le dolía de fatiga. Juntó unos tablones que había desparramados bajo la casa, los puso de costado para que nadie lo viera y se echó sobre la tierra. Segundos después estaba dormido.

En el tren engancharon y desengancharon vagones. El estrépito metálico hendió la noche. Luego el tren se puso en marcha, haciendo vibrar el suelo al pasar por la casa donde dormía Enrique.

Él no oyó nada. Estaba a salvo. En medio del polvo, siguió durmiendo.

Ahora, al llegar a Nuevo Laredo, otra vez tiene suerte. El autobús para en la plaza Hidalgo, en pleno centro de Nuevo Laredo. Es una explanada de una manzana, y hay mucha gente a la sombra de las palmeras. Algunos son migrantes que se sientan en los escalones de la gran torre con reloj. Otros son contrabandistas que circulan susurrando ofrecimientos de llevar personas a los Estados Unidos a cambio de dinero.

Enrique no tiene dinero, pero se encuentra con un hondureño que había conocido en el tren. El hombre lo lleva a un campamento a orillas del Río Grande. A Enrique le gusta el lugar y decide quedarse hasta que pueda cruzar.

Al atardecer de ese día, Enrique fija la mirada más allá del

Río Grande y contempla los Estados Unidos. El otro lado del río se cierne como un misterio.

Allí, en algún lugar vive su madre. Ella también se ha vuelto para él un misterio. Enrique era tan pequeño cuando ella se marchó que apenas puede recordar su aspecto: cabello rizado, ojos color chocolate. Su voz es un sonido distante en el teléfono.

Enrique ha pasado cuarenta y siete días sin pensar en otra cosa que en sobrevivir. Ahora, cuando piensa en ella lo embarga la emoción.

CINCO

En la frontera

Un agente de la patrulla fronteriza grita por un megáfono: "Usted se encuentra en territorio estadounidense. Regrese".

A veces Enrique se quita la ropa y entra al Río Grande para refrescarse. Pero el megáfono siempre lo detiene. Retrocede. "Gracias por regresar a su país".

Enrique está varado. Hace días que está atascado en Nuevo Laredo, en la ribera sur del Río Bravo, como lo llaman aquí. Se la ha pasado observando, escuchando y tratando de hacer planes. En algún lugar al otro lado de esta cinta verde de agua espesa está su madre.

Para encontrarla, Enrique debe desafiar lo desconocido. La última vez que llamó ella dijo que estaba en Carolina del Norte. Enrique no sabe si todavía está allí, ni dónde está ese lugar ni cómo llegar. Ya no tiene su número de teléfono. No se le ocurrió memorizarlo.

Muchos de los jóvenes centroamericanos y mexicanos que se lanzan solos al norte no memorizan direcciones y números telefónicos. Los envuelven en plástico y se los guardan en un zapato o bajo la cintura del pantalón. Cada tanto ocurre que un secuestrador se alza con un niño, encuentra los números y llama a la madre para pedir rescate.

Sin números telefónicos y sin saber adónde ir, muchos de los niños se quedan varados al llegar al río. La derrota los empuja a lo peor que este mundo de frontera tiene para ofrecer: drogas, desesperación, muerte.

Estamos a fines de abril del año 2000, y hace casi dos meses que Enrique se marchó de su casa por última vez. Es un veterano fogueado en siete intentos por llegar al norte. Éste es su octavo intento, y lleva 1,800 millas recorridas. Su madre ya habrá llamado a Honduras, y la familia le habrá dicho que él se ha marchado. Seguro que estará preocupada.

Tiene que llamarla por teléfono. Además, quizá ella haya ahorrado suficiente dinero para contratar un coyote que lo ayude a cruzar el río.

Enrique recuerda un número telefónico de Honduras: el del taller de llantas donde trabajaba. Llamará allí y le pedirá a su antiguo patrón que encuentre a la tía Rosa Amalia o al tío Carlos Orlando Turcios Ramos, quien le había conseguido el empleo, para obtener el número telefónico de su madre. Luego volverá a llamar a su jefe, y éste le dará el número.

Para hacer las dos llamadas necesita dos tarjetas telefónicas: 50 pesos cada una. Cuando telefonee a su madre, pedirá cobro revertido. No es posible conseguir los pesos mendigando. La gente de Nuevo Laredo no da limosna. Enrique ve que los mexicanos de la frontera son rápidos para proclamar su derecho de migrar a los Estados Unidos. "Jesús era migrante", les oye decir. Pero la mayoría no da comida, ni dinero ni trabajo a los centroamericanos.

Tendrá que trabajar por su cuenta. No hay muchas opciones de trabajo para los niños migrantes: lustrabotas, vendedor ambulante de chicle o caramelos, lavacoches. Enrique se decide por esto último.

UN REFUGIO

El campamento al que se ha unido es un refugio para migrantes, coyotes, drogadictos y delincuentes, pero es más seguro que cualquier otro lugar de Nuevo Laredo, una ciudad de medio millón de personas llena de agentes de la migra y policías de todo tipo que podrían apresarlo y deportarlo. Volver a empezar sería aún peor que estar varado.

El campamento está al final de una senda angosta y sinuosa que desciende hacia el río. Unas cañas lo protegen de la vigilancia constante de las autoridades estadounidenses de inmigración. Hay cámaras de vigilancia y agentes en camionetas todoterreno blancas patrullando un camino de tierra que corre a lo largo de un empinado terraplén al otro lado del río.

Enrique comparte uno de los cinco colchones sucios y húmedos con tres migrantes más. Otros duermen sobre pedazos de cartón. Para la ropa usan "el closet", un resorte de alambre arrancado de un colchón y puesto en posición vertical. Cada uno de los residentes tiene un lugar asignado en un segmento del alambre para colgar su camisa y sus pantalones.

Enrique huele excremento de cabra y de sus compañeros de campamento, que usan el pasto cercano como baño. Hay basura desparramada, hormigas rojas por todo el suelo y millones de jejenes sobrevolando el río. Durante las horas de sol hace un calor abrasador. Todos los días Enrique se desviste y se mete en el río hasta las rodillas para limpiarse el sudor y la suciedad. Cuando le da miedo aventurarse a entrar en Nuevo Laredo a tomar agua de la fuente en algún parque, bebe del río por el que corren los desechos cloacales sin tratar de numerosos pueblos. La gente le habla de una superstición: el que bebe del Río Bravo se queda varado para siempre en Nuevo Laredo. Enrique se arriesga de todos modos. El agua sabe pesada, pero no se enferma.

Para Enrique es difícil dormir en el campamento. Durante toda la noche se oye el ruido de las idas y venidas de los migrantes que intentan cruzar el río. Los migrantes nadan o usan cámaras neumáticas para llegar hasta una isla minúscula y frondosa que hay a mitad del cauce, luego descansan escondidos hasta que ven la oportunidad de terminar de cruzar. Los agentes del INS braman por los megáfonos advirtiéndoles que retrocedan. Se oye el ruido de los automóviles que cruzan por un puesto de frontera que hay a pocas cuadras.

Enrique sabe que tiene que vadear el río para ver de nuevo a su madre. Al otro lado ve el campanario de una iglesia, vías de ferrocarril y tres antenas con luces rojas intermitentes. Trata de evocar la voz calma de su madre…

Si tan sólo pudiera llamarla.

Todas las tardes, sin falta, reúne coraje y va a la alcaldía de Nuevo Laredo con un gran balde plástico de pintura y dos trapos. Llena el balde con agua de un grifo que hay al costado del edificio. Luego va al estacionamiento que hay enfrente de un bullicioso puesto de tacos. A diferencia de otros negocios, los trabajadores del puesto de tacos no lo echan. Uno de los trapos que lleva es rojo. Cada vez que alguien llega a cenar, Enrique les indica con su trapo rojo dónde estacionar el automóvil, como el personal de tierra de un aeropuerto que dirige a un avión hasta la puerta de embarque.

Habitualmente hay competencia. Dos o tres migrantes más se instalan con sus baldes en la misma acera.

Enrique se aproxima a una mujer que conduce un Chevrolet Impala amarillo con ruedas cromadas. La mujer está hablando por su teléfono celular. ¿Le puedo lavar el carro? Ella termina de hablar por teléfono y dice que no.

Llega un hombre con su hijita. "¿Le lavo el carro?"

"No, m'hijo".

La mujer del Impala regresa con sus tacos. Enrique espera a que se despeje el tráfico, luego le indica la salida agitando su trapo rojo. Súbitamente, ella saca la mano por la ventanilla del automóvil y le da tres pesos.

Enrique ofrece sus servicios a docenas de personas, pero sólo una o dos acceden. Para las cuatro de la madrugada, ha conseguido ganar 30 pesos, unos tres dólares.

UN SALVAVIDAS

Alrededor del puesto de tacos hay aroma a carne asada. Enrique observa cómo los trabajadores sacan tiras de carne de un barreño y las ponen sobre grandes tablas de cocina para picarlas. Los clientes se sientan a comer en mesas de acero inoxidable. A veces, al cerrar el puesto los meseros le dan algunos tacos.

De no ser así, Enrique cuenta con la parroquia de San José o la parroquia del Santo Niño para su única comida del día. Estas iglesias dan tarjetas de comida a los migrantes. Una tarjeta alcanza para diez comidas y la otra para cinco. Enrique puede contar con que va a comer una vez al día durante quince días. Las tarjetas valen oro. En ocasiones las tarjetas robadas aparecen en un mercado negro de tarjetas de comida. Los migrantes que se bañan en el río las dejan en la orilla y llevan piedras para arrojárselas a cualquiera que quiera robarlas.

Todos los días Enrique va a una u otra iglesia para comer. Allí es seguro; la policía no se acerca. Con precisión de relojería, la voluntaria Leti Limón abre la puerta amarilla de doble hoja en la iglesia de San José y grita: "¿Quién es nuevo?".

"¡Yo! ¡Yo!", gritan hombres y niños desde el patio. Se agolpan en la puerta y forcejean para entrar.

"¡Hagan fila! ¡Hagan fila!" Limón es pobre; trabaja limpiando casas por 20 dólares cada una al otro lado del río en Laredo, Texas. Pero hace un año y medio que está ayudando a dar de comer a estos migrantes porque se imagina que a Jesús le gustaría. Les da tarjetas color beige a los recién llegados y perfora las de los que van entrando. Un cura de la parroquia los cuenta y ve que el 6 por ciento de ellas son niños.

Uno por uno, los migrantes se van parando detrás de las sillas que rodean una mesa larga. En la cabecera, un mural muestra a Jesús con las manos extendidas hacia platos llenos de tacos, tomates y frijoles. Sobre él está la inscripción: VENGAN A MÍ LOS QUE SE SIENTEN CANSADOS O AGOBIADOS.

Se bajan las luces y se apagan los ventiladores para que todos puedan oír la bendición de la mesa. Al no circular el aire, empieza a hacer un calor casi sofocante en la habitación; el sudor corre por los rostros de los migrantes y les empapa las camisas. Un voluntario o uno de los migrantes empieza a recitar la breve oración. Algunos que llevan dos o tres días sin comer no pueden esperar: desde donde están, atrás de la silla, agarran tacos con una mano y pan con la otra.

Un voluntario les pide que se quiten el sombrero, que por favor coman todo lo que tienen en su bandeja o se lo den a alguien que esté cerca.

Las sillas chirrían cuando todos las jalan al mismo tiempo. Las cucharadas de guiso llegan a las bocas antes de que las posaderas toquen las sillas. Hay más migrantes que sillas. Algunos comen parados. Otros se acuclillan en el suelo balanceando el plato sobre una rodilla. Comen con desesperación silenciosa. Los frijoles, el guiso, los tomates, el arroz y los buñuelos desaparecen en un ruidoso entrechocar de tenedores contra platos.

Después, una docena de migrantes se reúne junto a un mapa de Texas que hay frente a una imagen de la Virgen de Guadalupe. Aunque está recubierto de plástico, algunas partes se han puesto negras de tanto manoseo. Los migrantes hablan de cómo van a llegar allí y conversan sobre el estado del río. ¿Está alto? ¿Está bajo? Luego esconden una manzana o un plátano para llevarle a un amigo.

En las cenas de la iglesia Enrique conoce a otros niños que quieren llegar hasta sus madres en los Estados Unidos. Ermis Galeano tiene dieciséis años y también está varado. Él y Enrique comparan sus experiencias. Los dos son hondureños.

Ambos han sido víctimas de asaltos. Unos bandidos golpearon a Ermis en la cara con una tabla, algo parecido a lo que le ocurrió a Enrique. Lo dejaron en ropa interior, sollozando y ensangrentado, igual que a Enrique. También a él le arrancaron el pedacito de papel donde llevaba el número de teléfono de su madre y lo arrojaron al aire.

María, la madre de Ermis, lo dejó cuando él tenía diez años para ir a Carolina del Norte. Ella giraba dinero, y mandó cinco cartas y quince fotos. Llamaba cada dos semanas. Pero eso no era suficiente. Ermis extrañaba los ocasionales viajes de tres horas en autobús que hacían hasta Tegucigalpa para ir de compras, los fideos que cocinaba su mamá y los paseos juntos hasta la tienda para comprar tortillas. Echaba de menos el olor de su madre. Cuando ella se fue, él se ponía su desodorante, miraba su retrato y lloraba. Dormía en la cama de ella para sentirla cerca. Criarse con su tía no era lo mismo. "Mi mamá me decía que me amaba. Nadie más me decía eso", explica Ermis. Ésta es la tercera vez que intenta ir en su busca.

Una muchacha de quince años, Mery Gabriela Posas Izaguirre, o Gabi, como prefiere que la llamen, le cuenta a Enrique su historia.

Explica que ella tenía motivos para irse de Honduras. Su madre, que era divorciada, había vendido la mesa del comedor, el refrigerador y las cacerolas para poder mandar a Gabi a la escuela. Finalmente, su madre vendió algunas de las camas. Gabi dormía en el piso.

La muchacha cuenta que una mañana de julio de 1999 su madre se acostó junto a ella y la abrazó. Ya había pasado la mitad de la noche acurrucada junto a sus otros hijos. Cuando Gabi regresó de la escuela esa tarde, había una nota: "Me voy por un tiempito. Voy a trabajar mucho". La madre dejó a cargo de todo al hermano mayor de Gabi y pidió que los niños rezaran tres veces por día: antes de comer, antes de dormir y antes de salir.

Gabi y sus dos hermanos anhelaban estar con su madre. Empezaron a dormir en su cama para sentirse cerca de ella. Gabi se quedaba dormida aspirando en la almohada el perfume de su madre. Soñaba con tenerla en casa, regañándola por la mañana para que no llegara tarde a la escuela. Se imaginaba que iban al parque. Extrañaba burlarse de ella porque escuchaba "música de viejos": Beethoven.

"La casa estaba triste, vacía", dice Gabi.

Cada vez que sonaba el teléfono, Gabi corría a atender. "¿Cuándo vienes a casa?", imploraba. Después le recriminaba con aspereza: "¿Por qué nos trajiste al mundo si nos ibas a abandonar?". De los cuarenta y ocho niños que hay en su clase, treinta y seis tienen un padre o madre en los Estados Unidos, casi siempre la madre.

En su nuevo hogar en el noreste de los Estados Unidos, la madre de Gabi hacía la limpieza y cuidaba de dos pequeños. Un día, le envió a Gabi una muñeca Barbie. Los niños que cuidaba su madre habían rasgado la caja para abrirla. Gabi estaba furiosa. A solas, se imaginaba a su madre jugando con los niños a su cargo.

"¿Qué tal las playas?", preguntaba con sarcasmo.

Madre e hija discutían.

"Estoy cuidando a otros niños en lugar de cuidarlos a ustedes. ¿Te imaginas lo que es eso? Tú no sabes lo que yo he sufrido", reclamaba la madre.

Gabi no la creía. Todo lo que quería era estar con ella.

Llegó el invierno. La madre llamó llorando. Estaba sola, enferma y sin trabajo.

"Supe que tenía que ir", dijo Gabi. "Pensé: soy joven. Quiero ayudarla para que pueda regresar a casa".

Para Navidad de 1999, marcharse se había convertido en una obsesión.

La madre estaba aterrada de que violaran a Gabi si emprendía el viaje sola. Le pidió a Lourdes, una tía de Gabi de veintiséis años, que viajara con ella. A cambio de 2,000 dólares pagados por adelantado, un contrabandista prometió llevarlas, pero las asaltó y las dejó abandonadas en Tapachula, un pueblo en el sur de México muy cerca de la frontera. Las deportaron a Guatemala.

Gabi resolvió intentarlo de nuevo, esta vez atravesando la selva de Lacandón en el estado mexicano de Chiapas. Ella y Lourdes pasaron días enteros lavando ropa junto al Río Usumacinta a cambio de comida, pidiéndole a cada contrabandista que pasaba si las podía llevar por el cruce montañoso.

"Si no pueden pagar al contado, ya saben cómo pagan las mujeres", les dijo uno.

Indignada, Gabi se rehusó.

Por fin, cuatro contrabandistas les permitieron unirse a un grupo de ochenta migrantes que, según supo Gabi, habían pagado entre 5,000 y 8,000 dólares cada uno. La hacían marchar en cabeza para que ayudase a abrir una senda en la densa vegetación. Rechazaba constantemente avances de índole sexual. Trataba de afearse lo más posible. Casi no dormía, no sonreía y no se peinaba. Las piernas se le pusieron negras de tantas garrapatas. Sentía que los insectos la estaban comiendo viva, pero no se atrevía a levantarse la falda para sacarlos. Gabi se repetía a sí misma todo el tiempo: "Tengo que llegar donde está mamá".

Ella y Lourdes empezaron a hacer autostop. Pero una agente de la migra las pilló tratando de rodear un retén. Gabi cuenta que la agente le ordenó que se desvistiera, revisó su ropa buscando dinero escondido y luego la regañó por tener tan poco; a cambio de lo que llevaba no podía dejarlas ir.

"Por favor, permítanos ir. Voy para ayudar a mi mamá", le suplicó Gabriela.

"¡Váyanse!", respondió la agente.

Al fin Gabi y Lourdes se abrieron camino hasta Nuevo Laredo. Gabi le dice a Enrique que ella también siente que está varada. A veces, afirma, quiere suicidarse.

Kelvin Madariaga es otro adolescente hondureño que

acude a las comidas de la iglesia. Él también ha perdido durante el viaje el número telefónico y la dirección en Nueva York de su madre, Adalinda. Al escapar de agentes mexicanos en el sur de México, Kelvin se cayó en un charco. El número telefónico de su madre, apuntado con rotulador, se borroneó y quedó ilegible.

Un hombre le dio trabajo lavando platos en un puesto de tacos. Pudo comprar una tarjeta telefónica para llamar a Honduras y pedir el número de su madre. Pero el único teléfono que hay en su pueblito al sur de Honduras, perteneciente a una cooperativa agrícola, había sido desconectado.

Transcurridos meses de viaje, Kelvin teme que sólo tiene una opción: volver a Honduras, conseguir el número telefónico de su madre y emprender el viaje una vez más. "Ella me hablaba de sus problemas. Yo le hablaba de los míos. Necesito verla. Quiero verla", dice Kelvin.

A la salida de la iglesia, muchos migrantes se enfrascan en una forma tosca de terapia callejera. ¿Quién tuvo el peor viaje en tren? No miden el viaje en días sino en zapatos perdidos, palizas recibidas, pertenencias robadas. Comparan cicatrices. "Yo caminé cuatro días". "¡Yo caminé veintiocho!" Muestran pies cubiertos de ampollas, uñas que se han doblado hacia arriba de tanto caminar.

Un muchacho está sentado en un banco de metal verde que hay fuera de la iglesia. Lleva semanas varado y tiene la carta ganadora. Se remanga una pierna de sus vaqueros negros, se saca un zapato deportivo abotinado, luego se quita una prótesis. Su espinilla derecha se afina hasta terminar en un muñón color rosado.

UN CONTRABANDISTA

El Tiríndaro, el líder del campamento, es un heroinómano que normalmente quiere drogas o cerveza a cambio de permitir que alguien se quede en la relativa seguridad del lugar. Pero a Enrique no le ha pedido nada. El Tiríndaro es de una subespecie de coyote a los que llaman "pateros", porque llevan gente a los Estados Unidos en cámaras neumáticas que empujan nadando como patos. Otros que están en el mismo rubro instalan a sus clientes en casas alquiladas o habitaciones de hotel. El Tiríndaro es un contrabandista de poca monta; él usa el campamento. Enrique es un cliente potencial.

Además de contrabandear, El Tiríndaro financia su adicción a la heroína haciendo tatuajes y vendiendo la ropa que los migrantes dejan abandonada en la orilla del río. En caso de apuro, El Tiríndaro revierte a su antigua ocupación de ratero. Un día, Enrique tropieza con El Tiríndaro en la calle. El contrabandista lleva en los brazos un pavo vivo que ha robado de algún jardín.

Cuando necesita un "alfilerazo" el contrabandista tiene malas pulgas. Se inyecta todo el tiempo. Enrique observa cómo El Tiríndaro, echado sobre un colchón, mezcla en una cuchara heroína negra mexicana con agua, la calienta con un encendedor, llena una jeringa con el líquido y se clava la aguja directamente en la vena.

Cuando está bajo el efecto de la droga, El Tiríndaro tiene alucinaciones. Oye voces imaginarias, multitudes que se acercan al campamento. A veces la droga lo deja tan aletargado que apenas logra ponerse de pie o moverse. Puede llegar a ganar 2,000 o 3,000 dólares en una sola operación de contrabando y dilapidarlo en un día comprando heroína, que le gusta mezclar con cocaína. Comparte las drogas con amigos de una banda criminal de la zona conocida como Los Osos, que es el nombre de una cantina de billares adonde van a beber.

Además de los migrantes, el campamento tiene diez residentes permanentes. Siete son drogadictos que llaman a la heroína "la cura".

Algunos de los residentes del campamento son delincuentes mexicanos que han sido deportados desde los Estados Unidos. Uno se apoda El Lágrima y tiene varios tatuajes: las letras TJ, un símbolo de la mafia mexicana; una lágrima, en recuerdo de un compañero de pandilla muerto, y una telaraña cerca del ojo derecho.

Entre los residentes permanentes del campamento hay otros migrantes que están varados. Uno de ellos, también hondureño, lleva siete meses viviendo junto al río. Ha tratado de entrar a los Estados Unidos tres veces, y las tres lo apresaron. Ha caído en una depresión y se pasa la vida inhalando pegamento. Él cuenta que siempre que trató de cruzar lo hizo solo. Enrique escucha. Lo llaman El Hongo porque es taciturno y absorbe todo lo que pasa a su alrededor.

Enrique se aferra al campamento porque allí está a salvo. Quedarse con El Tiríndaro significa que los bandoleros de Los Osos, que asaltan a personas bajo un puente cercano y sobre el río, no se meten con él.

Los Osos, que alguna vez fueron un grupo de niños del barrio que jugaban junto al río, se convirtieron en una banda de cuarenta hombres que mueven drogas y personas a través del Río Grande. Se iniciaron como pateros. Luego se armaron con pistolas y cuchillos, y cualquiera que quisiera cruzar por este tramo del río tenía que pagarles peaje. Amenazaban de muerte a otros pateros que intentaban cruzar por allí con sus clientes.

Según Raymundo Ramos Vásquez, un activista de derechos humanos de Nuevo Laredo, las autopsias revelan que la mitad de los migrantes que aparecen "ahogados" estaban muertos antes de entrar al agua.

Durante los años noventa, otros contrabandistas socavaron el negocio de Los Osos al empezar a usar otros cruces a lo largo del río. Entonces Los Osos comenzaron a traficar fardos de marihuana. Estallaban tiroteos por disputas territoriales entre Los Osos y otras bandas locales: los Hommies, los Parque Morelos, Los Perros, Los Chiquillos Boys y los Cuatro Vientos.

El Tiríndaro perseveró en la ocupación menos peligrosa de patero. Cada semana les da el 10 por ciento de sus ganancias como contrabandista a los policías que patrullan el río. La policía se muestra indulgente con los que acampan allí.

Cuando los agentes llegan al río, le piden a Enrique sus papeles de identificación. Le revisan los bolsillos para ver si tiene drogas. Se quedan con el poco dinero que lleva encima. No obstante, Enrique se salva de los despojos más severos que afectan a otros migrantes. Leonicio Alejandro Hernández, de treinta y tres años, cuenta que cuatro policías municipales se le acercaron en la orilla del Río Grande y le dijeron: "Cobramos mil pesos [cien dólares] por cruzar el río".

Hernández se rehusó, y los agentes bajaron el precio. Hernández dice que uno de ellos gritó: "¡Si no nos das quinientos pesos, vas diez días preso!".

Hernández dice que otro le advirtió: "Si te tiras al río te mato".

Según Hernández, les pagó y se alejó nadando.

Octavio Lozano Gámez, el jefe de la policía municipal de Nuevo Laredo, reconoce que entre sus 720 elementos hay "una minoría pequeña que tiene este problema de robar a la gente".

Sin embargo, Lozano opina que ni siquiera los agentes corruptos elegirían asaltar a migrantes pobres. "Cualquier policía inteligente buscaría a alguien que tenga más dinero, cadenas de oro, relojes pulsera".

Como Enrique es tan joven, todos en el campamento cuidan de él. Cuando sale a la noche a lavar carros, alguien lo acompaña por el matorral hasta el camino. Cuando sale durante el día, siempre hay quien le grita "Cuídate". Le advierten que no use heroína. Le dicen qué partes de la ciudad están llenas de policías, a qué lugares no debe ir. Pero a Enrique lo asusta salir del campamento, y le dan marihuana para calmarlo.

El trabajo de lavacoches no anda bien. Una noche, no gana casi nada.

A las nueve y cuarto de la noche, Enrique recibe algo más de 2 pesos por ayudar a una mujer a retroceder con su camioneta. Cinco minutos más tarde, una mujer con vestido azul llega en un Pontiac Bonneville blanco.

"¿Le puedo lavar las ventanas?" Ella asiente con la cabeza y camina hacia el puesto de tacos. Con las manos abiertas sobre el trapo, Enrique frota el frente del automóvil y las ventanillas laterales con rápidos movimientos circulares crecientes. Camina alrededor del coche frotando y frotando, primero hacia la derecha, luego hacia la izquierda. Limpia por dentro, hasta el piso. Hay luna, pero la temperatura es de 90 grados. El sudor le gotea por la frente. Tiene que terminar antes de que estén listos los tacos de la mujer. Minutos después, ha terminado.

La mujer regresa, hurga buscando las llaves, entra en el carro y luego le da 3.50 pesos. "Gracias", dice Enrique.

Un hombre le da propina porque Enrique lo guía para salir

del estacionamiento en reversa. "Espero que esto te ayude, chamaco".

Enrique les da las gracias a todos.

Para las diez de la noche, ha acumulado sólo diez pesos, alrededor de un dólar. Se sienta sobre la boca de su balde lleno de agua para refrescarse. De allí en más, hasta las cuatro de la madrugada, persigue a todos los carros que entran. En ocho horas gana 20 pesos.

Los quince días para los que tiene tarjetas de comida pasan rápido. Ahora necesita usar parte del dinero que gana para comer. Cada peso que gasta en comida es un peso que deja de ahorrar para comprar las tarjetas telefónicas. Empieza a comer lo menos posible: galletas y refrescos.

A veces Enrique no come nada. Se siente débil. En ocasiones los pescadores de la zona le dan algún pescado. Los amigos del campamento comparten la comida que tienen. Le ofrecen huevos revueltos o un tazón de sopa de pollo. Uno le enseña a pescar con un hilo enroscado a una botella de champú. El hilo tiene un anzuelo y tres bujías atadas a un extremo para que se hunda. Enrique hace molinetes sobre su cabeza con las bujías y luego las lanza hacia el medio del Río Grande. El hilo zumba al desenroscarse de la botella. Pesca tres bagres.

Hasta El Tiríndaro es generoso: cuanto antes Enrique pueda comprar una tarjeta telefónica para llamar a su madre, más pronto va a necesitar de sus servicios. Cuando a Enrique le roban una de sus tarjetas de comida, El Tiríndaro le da la tarjeta aún vigente de un migrante que logró cruzar el río.

El Tiríndaro sabe que Enrique no aprendió a nadar, por eso lo hace subir a una cámara neumática y lo empuja de aquí para allá en el agua a fin de que pierda el miedo. Cuando baja el nivel del río, deja a la vista las ramas más bajas de los sauces

Un joven centroamericano atraviesa México en un tren de carga con rumbo a los Estados Unidos. Cada año, miles de niños viajan al norte encaramados en los techos y los costados de los trenes en busca de sus padres. Algunos dicen que necesitan saber si sus madres aún los aman.

La vista desde la cerca en la casa donde Enrique vivía con su abuela materna. Al otro lado del valle estaba su hermana y el teléfono con el que ocasionalmente hablaban con su madre. Al terminar las tensas conversaciones, Enrique decía: "Quiero estar con usted".

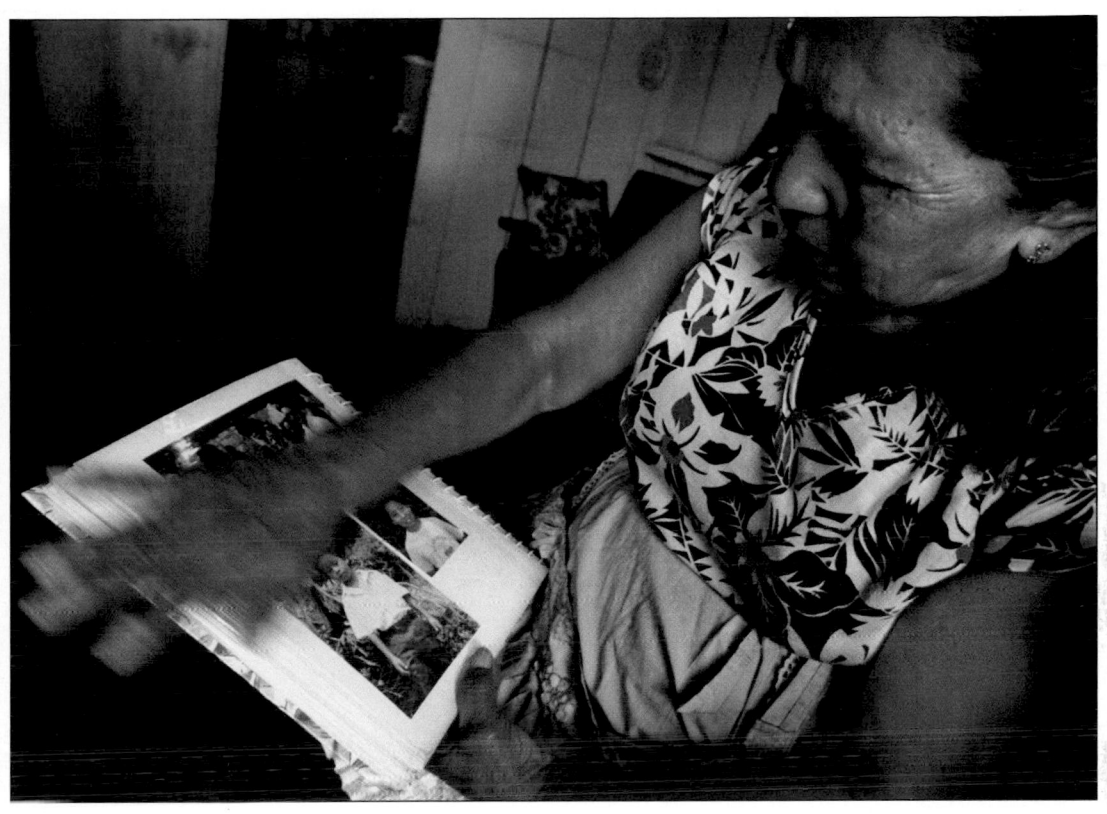

María Marcos mira fotos de su nieto Enrique. Cuando él empezó a rebelarse, ella le decía: "¿Es que no me quieres? Te voy a mandar a vivir a otro lado". "¡Hágalo pues!", respondía él. "Nadie me quiere".

Niños y buitres se disputan los desperdicios en el basural de Tegucigalpa.
Sin el dinero que llegaba desde los Estados Unidos, este podría haber sido
el destino de Enrique. Aun así, él comenzó a manifestar resentimiento y
rebeldía. "Veo a tantos niños con sus madres", le decía a su hermana.
"Eso quiero yo".

En su camino a los Estados Unidos, migrantes centroamericanos viajan por el sur de México en vagones de trcn.

Los migrantes se tumban para evitar que los golpeen las ramas de los árboles mientras el tren avanza por Chiapas en el sur de México. Enrique aprendió varias lecciones acerca del estado que los migrantes llaman "la bestia". Una de las lecciones: No confíes en ninguna autoridad, y nunca viajes solo.

Un migrante observa a otro que salta de vagón en vagón durante una
breve parada del tren en Mapastepec.

David Velásquez (izquierda), de trece años, y Roberto Gaytán, de diecisiete, esperan ser encarcelados luego de haber sido capturados en Tapachula, México. Los muchachos guatemaltecos se dirigían a Los Ángeles y Carolina del Norte.

Migrantes arrestados en una redada al amanecer en los talleres del ferrocarril de Tapachula están tras las rejas antes de su probable deportación. Los centroamericanos son enviados de regreso a la frontera con Guatemala en el "bus de lágrimas". Con hasta ocho recorridos diarios, los autobuses deportan a más de 100,000 pasajeros por año.

El hondureño Oscar Omar Valle vuelve a abordar el tren luego de una parada en Córdoba, México, donde buscó alimento. Al igual que Enrique, no está preparado para el frío que se avecina. Los migrantes saben que si no corren con suficiente velocidad al aferrarse a un vagón en movimiento, el tren puede jalarlos violentamente hacia adelante, hacer que se suelten y succionarlos hacia las ruedas.

Santo Antonio Gamay, que quiere llegar hasta Toronto, muestra fatiga y tensión tras quince horas de viajar en tren. Ha sido arrestado y deportado tres veces. En instantes saltará del tren para intentar huir de las autoridades.

En un tren de carga que se dirige al norte, los viajeros avanzan por el exuberante estado mexicano de Veracruz. Con las experiencias vividas en Chiapas, Enrique aprendió a temer lo peor de la gente, pero aquí lo asombró la bondad de las personas, que en muchas aldeas se agolpan junto a las vías con regalos.

Las manos de los migrantes se unen a las manos de los que les regalan comida cuando el tren pasa por Fortín de las Flores, Veracruz. Un estudio del Banco Mundial encontró que el 42.5 por ciento de los mexicanos vive con menos de dos dólares diarios. Aquí, en las zonas rurales, la gente que vive cerca de las vías suele ser la más pobre.

Enrique lava un carro en Nuevo Laredo, México. Necesitaba ganar cien pesos para llamar a Honduras y conseguir el número telefónico de su madre, que se le había perdido durante una paliza sufrida a manos de unos bandoleros en el tren.

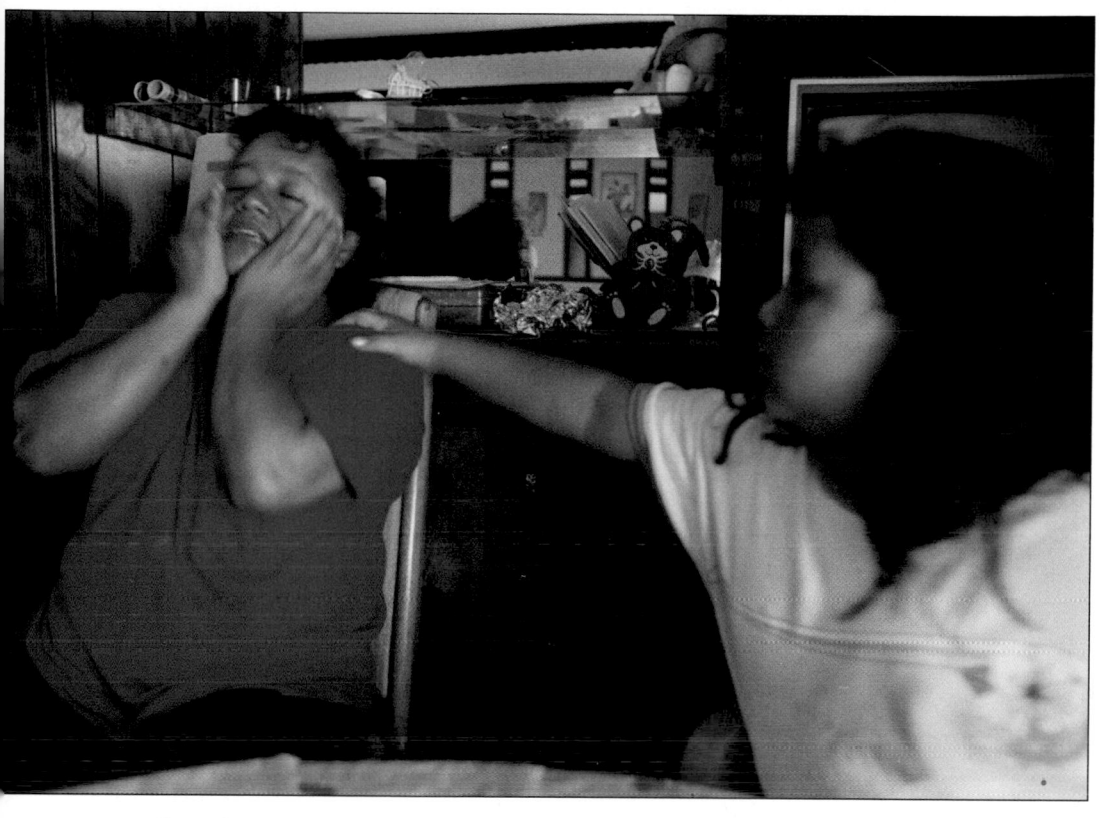

Lourdes rompe a llorar al hablar de su vida y de la separación de su hijo.
Su hija Diana, de nueve años de edad, trata de consolarla.

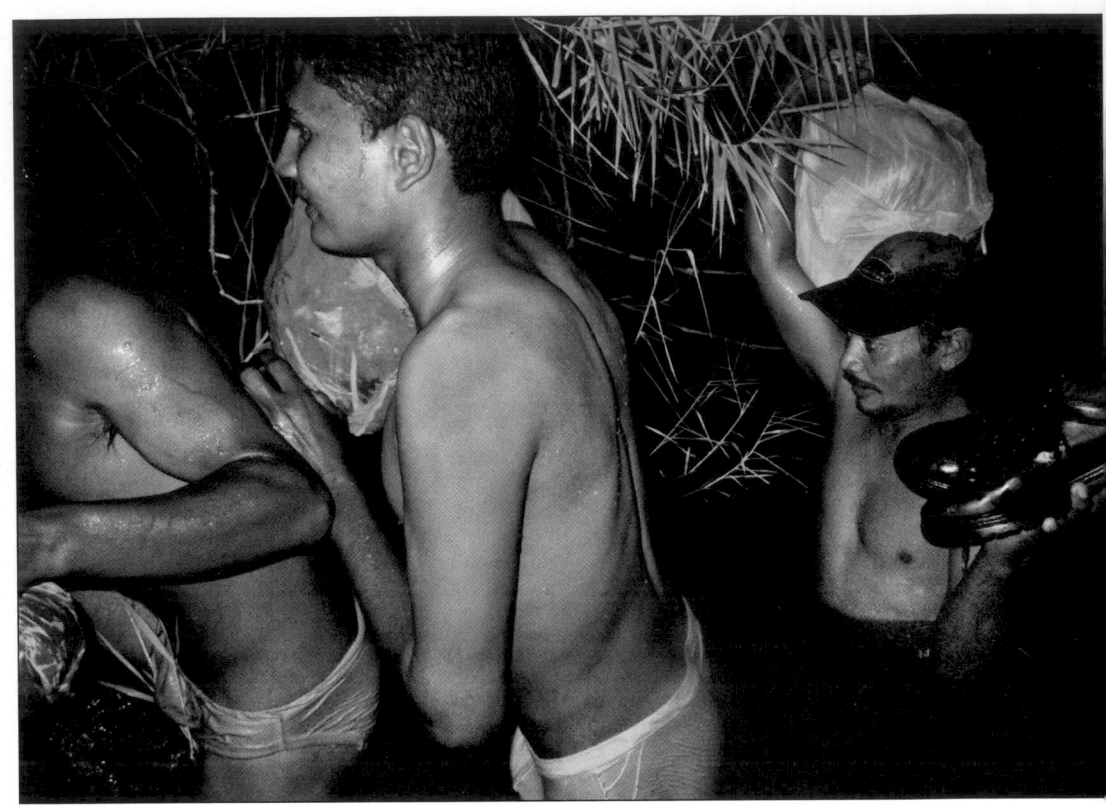

Tras vadear el río, hombres centroamericanos emergen del Río Grande en Texas. En las bolsas de plástico hay ropa seca. Antes de entrar al agua, Enrique rompió el pedacito de papel donde había apuntado el número telefónico de su madre y lo desparramó en la ribera. Esta vez ha memorizado el número.

que bordean la orilla, donde queda la ropa que se sacan los migrantes para vadear el río. De las ramas cuelgan bolsas de plástico, pantalones cortos y ropa interior como deshilachados adornos de Navidad. El Tiríndaro lleva a Enrique en la cámara neumática bordeando la orilla y de paso recoge la ropa. La lavan en el río para después venderla cerca del puesto de tacos, y ofrecen las cámaras neumáticas que encuentran a 15 pesos cada una en una tienda de llantas. El Tiríndaro deja que Enrique se quede con una camiseta que han encontrado.

Enrique se entera de que El Tiríndaro es parte de una red de contrabandistas. Tiene socios en tres guaridas del lado estadounidense del río, gente que esconde a los migrantes si los persiguen los agentes. Un hombre mayor y una mujer joven, ambos latinos, van al encuentro de El Tiríndaro y sus clientes una vez que cruzaron el río. Luego todos se dirigen en automóvil hacia el norte y El Tiríndaro rodea a pie los puestos de la Patrulla Fronteriza con sus clientes, alejándolos de los agentes. Al pasar el último retén, El Tiríndaro regresa a Nuevo Laredo, y la pareja y otros se ocupan de llevar a los clientes a destino. El precio es 1,200 dólares.

El Hongo escucha con atención las recomendaciones de sus compañeros de campamento: búscate una cámara neumática, llévate un galón de agua, aprende por dónde entrar al río y por dónde no entrar. Hablan de la pobreza que han sufrido; prefieren morir antes que volver. Enrique les cuenta que María Isabel, su novia, podría estar embarazada.

También les habla de su madre, y asegura que está muy deprimido. "Quiero estar con ella. Conocerla".

"Si hablas, es mejor", dice un amigo.

Pero las cosas empeoran. Enrique teme ser atacado por bandoleros fuera de su círculo de amistades. Oye hablar de atrocidades: cuchillos y escopetas apuntados al pecho, golpizas propinadas con ramas de árboles, personas a quienes les quitan los zapatos y el dinero.

Los migrantes se amontonan en la iglesia de San José como ganado apiñado en un corral para resguardarse del frío invernal. Comparten experiencias. Un nicaragüense de veintitrés años, Gonzalo Rodríguez Toledo, cuenta que dos hombres mayores se le acercaron junto al río cerca del campamento de Enrique. Le pusieron un cuchillo al pecho y lo asaltaron. A Óscar Vega Ortiz, de veintiséis años, le ocurrió que un hombre que andaba en mula se acercó a él y a otros cuatro migrantes cuando se preparaban para cruzar el río. El hombre lo encañonó con una escopeta: "El dinero o la vida", le dijo a Vega.

Manuel Gallegos se prepara para comer su última comida en la iglesia antes de regresar a su hogar en Ciudad de México. Esa mañana se había sacado casi toda la ropa y los zapatos para cruzar el río. Unos bandoleros lo vieron. Gallegos huyó corriendo, pero los bandoleros lo alcanzaron entre maldiciones y lo golpearon con el tronco de un árbol. Gallegos respira con dificultad. Se levanta la camisa. Tiene la espalda roja y en carne viva, varias costillas rotas. No va a intentar el cruce otra vez.

Enrique sabe que hay una pandilla que le quiere hacer daño. En la iglesia de San José, hay salvadoreños con las letras MS tatuadas en la frente, el emblema de la Mara Salvatrucha, que merodean como perros en busca de candidatos para el robo. A diferencia de los migrantes, los pandilleros usan zapatos deportivos Nike nuevos. "Te hago cruzar el río. Dame doscientos pesos", les dicen a los incautos; luego los llevan a la orilla del río y los asaltan. Después de robarles, les dicen a los migrantes que mejor no hablen de lo ocurrido o los van a buscar para violarlos.

El adicto al pegamento que vive en el campamento tiene un altercado con ellos y Enrique interviene. Un salvadoreño cubierto de tatuajes amenaza con apalear a Enrique. Sólo lo salva la intervención de un camarada migrante de la MS que era de su mismo barrio de Honduras.

Pero se le acaba la suerte con las autoridades. Una tarde vienen al campamento unos agentes de la migra. Le preguntan a Enrique de dónde viene.

"Soy de Oaxaca", responde Enrique hablando con el acento que aprendió cuando pasó por allí.

Los agentes cavilan. "¿Qué haces aquí?"

"Estoy pescando", contesta Enrique, tratando de mantener la calma.

"No puedes pescar aquí. Tienes que marcharte. Vete".

Enrique se va, pero igual acaba arrestado en el pueblo dos veces, las dos por merodear. ¿De dónde es que vienes?

"De Veracruz".

"Adentro", gritan los agentes, señalando el patrullero. Lo tratan de vago callejero y lo encierran con tres borrachos que cantan. El retrete está rebalsando, los borrachos han desparramado algo de su contenido en la pared y el hedor es insoportable. Las dos veces, Enrique se gana su libertad barriendo y limpiando.

Una noche, durante el trayecto de veinte cuadras de regreso al campamento, empieza a llover. Por lo general, El Tiríndaro no se queda a dormir en el campamento cuando llueve. Enrique teme que el campamento sea demasiado peligroso en ausencia de El Tiríndaro, así que se mete en una casa abandonada. Hay agujeros en el techo, pero encuentra unos pedazos de cartón y los acomoda en un lugar seco. Se saca los zapatos y los pone cerca de su cabeza, al igual que el balde. No tiene calcetines, ni manta ni almohada. Se envuelve la cara con la camiseta para calentarse con su aliento. Luego se tumba, se acurruca y cruza las manos por delante de su pecho.

Estallan los relámpagos y rugen los truenos. El viento ulula por los rincones de la casa. La lluvia cae sin interrupción. En la carretera, se oye el silbido de los frenos de los camiones que se detienen en la frontera antes de entrar a los Estados Unidos. Al otro lado del río, la Patrulla Fronteriza alumbra el agua con linternas en busca de migrantes que intentan cruzar.

Con los pies descalzos apoyados en la fría pared, Enrique duerme.

DÍA DE LA MADRE

Es el 14 de mayo del año 2000, un domingo en el que muchas iglesias de México celebran el Día de la Madre.

Por fin, Enrique ha conseguido ahorrar 50 pesos. Lleno de ansiedad, compra una tarjeta telefónica y se la da a un amigo de El Tiríndaro para que se la guarde. Así, si lo captura la policía no podrán robársela.

"Sólo necesito una más. Luego puedo llamarla", dice.

Cada vez que va a la parroquia de San José, Enrique piensa en su madre, especialmente hoy que es el Día de la Madre. Además del comedor, en el segundo piso de la parroquia hay dos cuartos pequeños donde hasta diez mujeres comparten cuatro camas. Ellas han dejado a sus hijos atrás en Centroamérica y México para ir a buscar trabajo en el Norte, y aquí han encontrado un lugar donde dormir. Muchas madres solteras hacen una pausa en algún lugar de las 2,000 millas de frontera entre México y los Estados Unidos antes de acometer el último tramo del viaje. Cualquiera de ellas podría ser su madre once años atrás.

Las mujeres tratan de hacer caso omiso de la fiesta del Día de la Madre que se celebra abajo, en la que ciento cincuenta mujeres de Nuevo Laredo ríen, gritan y silban mientras miran a sus hijos bailar con almohadas bajo la camisa para simular que están "embarazados". Arriba, las mujeres sollozan. Igual que la madre de Enrique, esas mujeres sienten tristeza, culpa y esperanza. Una de ellas tiene una hija de ocho años que le rogó que no se fuera. La niña le pidió a su madre sólo una cosa para su cumpleaños: una muñeca que llore. Otra mujer tiene una pesadilla recurrente: allá en su país, alguien mata a su hija y su hijo huye llorando. Todos los días le pide a Dios: "No dejes que muera en este viaje. Si yo me muero, ellos vivirán en la calle".

Lourdes Izaguirre, la tía de Gabi, llega al Río Grande extenuada, preocupada y llorando. Ha tardado tres meses en llegar hasta aquí. No puede llamar a casa; su familia no tiene teléfono.

Ha dejado atrás a Byron y Melissa, de cinco y diez años respectivamente, además de una hermanita de diez años y un hermanito de once, a quienes ella criaba porque su madre está enferma. Marcha al norte para conseguir trabajo en los Estados Unidos.

"Tratamos de ayudarnos para no volvernos locas", dice Águeda Navarro, de treinta y cuatro años, quien hace unas semanas dejó atrás a sus hijos de catorce y cuatro años.

Otra madre, Belinda Cáceres, de veintinueve años, reza por que sus hijos de doce, nueve y dos años tengan suficiente comida y no se enfermen en su ausencia.

Las madres tienen los mismos miedos. ¿Se olvidarán de ellas sus hijos? ¿Los volverán a ver?

Izaguirre cuenta que en su país ganaba 30 dólares por semana haciendo camisas de la marca Tommy Hilfiger. Eso no alcanzaba para alimentar a sus dos hijos cada noche, aun cuando su ex marido ayudaba con las cuentas de la luz y el agua.

Su hijo Byron fue a una fiesta de cumpleaños y vio una piñata. El niño preguntó por qué no podía tener una fiesta él también. Melissa, su hija, necesitaba libros y útiles escolares. Preguntaba por qué no podía tenerlos. Izaguirre les dijo que iría a los Estados Unidos y mandaría dinero para piñatas y libros. Melissa se ofreció a dejar la escuela y trabajar para que su madre no tuviera que irse.

"Voy a trabajar para que ustedes puedan estudiar", les dijo Izaguirre. "Nunca los olvidaré". Ahora la asusta pensar que algo les pase a sus hijos y ella esté demasiado lejos para consolarlos o ayudarlos. Peor aún, teme que la separación sea demasiado larga y sus hijos le den la gélida acogida que ha visto sufrir a otras madres. "Uno pierde el amor de su hijo", dice.

Se echa a llorar. "Me siento mal por haber hecho esto. No valía la pena. Prefiero morirme de hambre con mis hijos. Pero he llegado hasta aquí. No puedo regresarme". Izaguirre hipotecó su propiedad y pidió dinero prestado a un vecino para el viaje. Su voz se vuelve firme otra vez: "No puedo volver con las manos vacías".

"Me preocupa morirme en el camino. Yo sé que no está bien ir a otro país. Creo que a Dios no le gustaría. Pero espero que comprenda".

Muchas de las mujeres que están aquí se convirtieron en madres solteras porque no querían soportar los aspectos más difíciles de sus relaciones con hombres: las borracheras, las palizas, las amantes. Una vez solas, la mayoría encontró difícil mantener a sus hijos. En Tegucigalpa, el sacerdote Ovidio Nery Rodríguez explica: "Se van para no prostituirse, para alimentar a sus hijos".

Aunque muchas madres esperan que la separación sea corta, normalmente se van por seis a ocho años, explica Analuisa Espinoza, una trabajadora social del Distrito Escolar Unificado de Los Ángeles que se especializa en inmigrantes. Para entonces, son como extraños. Cuando van a buscar a los niños que trae un contrabandista, algunas madres abrazan al niño equivocado.

Enrique se pregunta: ¿qué aspecto tendrá ahora su madre?

Le dice a un amigo: "Está bien que una madre se vaya por un tiempo, pero sólo por dos o cuatro años, no más". Enrique recuerda las promesas de volver para Navidad que le hacía su madre y que nunca cumplió. Recuerda cómo anhelaba estar con ella cada vez que su abuela lo regañaba. "Me he sentido solo toda la vida". Sin embargo, una cosa es cierta: ella siempre le dijo que lo amaba. "No sé cómo será verla otra vez. Ella va a estar contenta. Yo también. Quiero decirle cuánto la amo. Le voy a decir que la necesito".

Al otro lado del Río Grande, Lourdes, la madre de Enrique, piensa en su hijo en el Día de la Madre. Ya está al tanto de que él se ha marchado. Pero en sus llamadas a Honduras, nunca puede averiguar adónde fue. Trata de convencerse de que se marchó a vivir con un amigo, pero se acuerda de la última conversación telefónica que tuvieron. Él le dijo: "Pronto estaré allí. Antes de que te des cuenta, voy a tocar a tu puerta". Día tras día, ella espera su llamada. Noche tras noche no logra dormir más de tres horas. Mira la televisión: migrantes ahogados en el Río Grande, muertos en el desierto, baleados por rancheros.

La desaparición de Enrique le despierta un mal recuerdo: Santos, el ex novio de Lourdes y padre de Diana, trató de regresar a los Estados Unidos después de haber sido deportado a Honduras. Nunca llegó. Lourdes está convencida de que murió en México o se ahogó en el Río Grande.

Al apartamento de Lourdes llega un pariente de otra persona que vive allí. Yace en el sofá, recuperándose de un viaje traumático por México. El contrabandista cargó a ciento cincuenta migrantes en la cisterna de un camión que habitualmente transportaba gasolina. El hombre le cuenta a Lourdes que, para cuando el camión se detuvo, varios hombres habían muerto asfixiados. Les colgaba la lengua fuera.

Lourdes se imagina lo peor y la aterra pensar que quizá no vuelva a ver a Enrique. No hay nada que pueda hacer. Le pide a Dios que lo cuide, que lo guíe.

Por la tarde del Día de la Madre, tres policías municipales visitan el campamento. Enrique no trata de escapar, pero está nervioso. Los policías hacen caso omiso de él. En vez, se llevan a uno de sus amigos.

Enrique no tiene dinero para comida, ni siquiera para galletas. Se da una dosis de pegamento que lo adormece, lo transporta a otro mundo, le calma el hambre y lo ayuda a olvidarse de su familia. Se tumba sobre un colchón y habla con los árboles. Llora. Habla de su madre. "Quiero estar cerca de mi madre. Quiero estar cerca de ella", repite una y otra vez hasta que se le pasa el ofuscamiento mental.

Un amigo pesca seis bagres diminutos. Enciende un fuego con basura. Oscurece. Corta el pescado con la tapa de una lata de aluminio.

Enrique ronda cerca de él: "Sabés, Hernán, no he comido en todo el día". Hernán limpia el pescado. Enrique espera de pie, en silencio.

UN REVÉS

Es el 15 de mayo, y el trabajo de lavacoches anduvo bien esta noche. Enrique ganó 60 pesos. A medianoche, corre a comprar su segunda tarjeta telefónica. Pone sólo 30 pesos en la tarjeta, apostando a que su segunda llamada será corta. Si su antiguo patrón encuentra a los tíos Carlos y Rosa Amalia y consigue el número de su madre, entonces no gastará muchos minutos en llamar a su jefe una vez más para que pueda pasarle el número.

Enrique guarda los 30 pesos restantes para comprar comida.

Él y sus amigos celebran. Enrique bebe y fuma un poco de marihuana. Quiere un tatuaje. "Un recuerdo de mi viaje", dice.

El Tiríndaro se ofrece a hacerle el tatuaje gratis. Lleva a Enrique a una casa de dos dormitorios cerca del río, una guarida de Los Osos donde El Tiríndaro va a dormir cuando llueve. Dos drogadictos que viven allí usan la casa para fabricar cocaína en roca. Sentados en los sillones de la sala hay cuatro adolescentes más adinerados de Nuevo Laredo fumando la cocaína en roca que acaban de comprar.

El Tiríndaro se inyecta para serenar el pulso.

Enrique quiere tinta negra, pero El Tiríndaro sólo tiene verde. Enrique saca pecho y pide que le inscriban dos nombres tan juntos que parezcan una sola palabra. Durante tres horas, El Tiríndaro escarba la piel de Enrique. Aparecen las palabras en letras góticas: *EnriqueLourdes*.

Su madre lo va a regañar, piensa alegremente.

Al día siguiente, se levanta de su colchón sucio justo antes del mediodía. Pide prestada pasta de dientes, se acuclilla al lado del río, moja el cepillo en el agua turbia y se lava los dientes rotos. Todavía le duelen de la paliza que le dieron en el techo del tren hace unas semanas. También le duele la cabeza, le late todo el tiempo. En el lado izquierdo de la frente tiene una laceración rosada de una pulgada de largo en forma de cruz. Todavía no ve bien con el ojo izquierdo, y el párpado está caído. Sus brazos y sus piernas están moteados de hematomas y hace días que no se cambia la ropa. Se cepilla con cuidado, metódicamente, luego se lleva agua a la boca en el hueco de la mano y hace gárgaras. Se lava la cara, se salpica el cabello con agua. Guarda el cepillo de dientes en su porción del resorte de colchón.

Tiene hambre. Pasan algunas horas. Tiene más hambre. Por fin ya no puede soportarlo más. Le pide la primera tarjeta telefónica al amigo que se la estaba guardando, y la vende para comprar comida.

Lo que es peor, está tan desesperado que la malvende a 40 pesos. Guarda algunos pesos para el día siguiente y usa todo el dinero para comprar galletas, la forma más barata de llenarse el estómago.

Ahora ya no tiene dos tarjetas telefónicas sino una que vale sólo 30 pesos. Se arrepiente de haberse dejado vencer por el hambre. Si tan sólo pudiera ganar 20 pesos más. Entonces podría llamar a su antiguo patrón y esperar que su tío o su tía le regresen la llamada por su propia cuenta, así no necesitaría una segunda tarjeta.

Pero le han robado el balde. Sin el balde, está perdido: lo usaba para sentarse, para cortar comida, para lavarse los pies y para ganarse la vida.

Cuando piensa en claudicar, trata de darse ánimo: "Sé que mi día llegará. Sé que no tengo que desesperarme". Después de comer las galletas, se tumba en el colchón y mira al cielo sin decir palabra. Su amigo se da cuenta de que está deprimido. Desde que llegó al río, Enrique ha visto pasar a otros treinta hombres y niños que durmieron en el campamento, pagaron por un contrabandista y luego cruzaron el río hacia los Estados Unidos.

El amigo trata de alegrarlo. Lo exhorta a no desesperar. Le dice que no queda más que ir al centro a mendigar corriendo el riesgo de un encuentro con la policía. Lo harán juntos.

Van a la avenida Guerrero, un lugar lleno de turistas que cruzan la frontera para hacer compras, beber, bailar y alternar con prostitutas. Los mexicanos pobres van allí en tropel a mendigar. Niños de cinco años tiran de los codos de los turistas y les piden que compren paquetitos de chicle. Mujeres ancianas se sientan en las aceras y extienden sus manos curtidas para que les den unas monedas. La avenida Guerrero está llena de policías. Para Enrique, un centroamericano indocumentado, es terreno peligroso.

Pero está desesperado. Su amigo se apoya en su brazo, arrastra un pie y se hace el rengo. Se acercan a todos los turistas que ven. "¿Quiere que le muestre dónde me pegó el tren?". Despacio, se remanga el pantalón.

La gente se espanta. "¡No, no! ¡Ten aquí!" Le dan un peso y se escabullen.

Enrique y su amigo se amedrentan rápidamente. Antes de que la policía los pueda pillar se retiran al río con sólo lo suficiente para comprar más galletas.

Un amigo del campamento le presta un balde. Enrique camina penosamente hasta el lavadero de carros frente al puesto de tacos. Se sienta sobre el balde. Con cuidado, se sube la camiseta. Allí, en un arco justo sobre su ombligo está el tatuaje, dolorosamente fresco aún.

EnriqueLourdes. Ahora las palabras se burlan de él. Por primera vez está listo para volver a casa. Pero se traga las lágrimas y se baja la camiseta. Se rehúsa a darse por vencido.

EL MOMENTO

Enrique considera cruzar el Río Grande por su cuenta, pero sus amigos le advierten que no lo haga. Le dicen que la travesía es peligrosa desde el momento en que uno entra al río. Hace un mes, uno de los habitantes del campamento vio pasar flotando el cadáver de un hombre. Estaba hinchado. Sus amigos le dicen que en ocasiones los migrantes mueren ahogados por un remolino. Otras veces, el remolino hace que se estrellen la cabeza contra las rocas. Igualmente pueden hundirse a causa de un calambre en las piernas. Sucede también que los helicópteros del INS vuelan muy bajo, levantan olas y hacen zozobrar a las cámaras neumáticas con pasajero y todo. A los helicópteros los llaman mosquitos: bajan para morder.

Los migrantes del lavadero de carros le hablan de los trenes. Todos los días salen de ocho a diez trenes con rumbo al norte. Los guardias se ubican en una plataforma más alta que los vagones de carga, buscan migrantes y los sacan del tren antes de cruzar el puente. Apenas llegan al lado estadounidense, los migrantes que han conseguido permanecer a bordo tienen que burlar otra inspección.

Luego, en la Milla 12, el primer retén del INS al norte de Laredo, los trenes se detienen en un lugar rodeado por una cerca.

Es imposible huir. Los agentes registran los vagones con un telescopio infrarrojo que detecta el calor humano. Y después vienen los perros. El INS los usa en el segundo retén que está en Cotulla, unas 80 millas más al norte. Los trenes transportan coches nuevos marca Ford y Chrysler. A los migrantes les gusta esconderse entre los carros o dentro de ellos, y los perros los olfatean.

Hay una ovejera belga que fue importada de Europa por su notable habilidad de olfatear sudor y saliva humanos, aun desde fuera de un vagón cerrado con las ventanas tapadas. Se llama Franca. Recibe órdenes en alemán.

Los migrantes se embadurnan con ajo para despistarla. Tirando de la correa, la perra empieza a correr al lado del tren contra el viento hasta que detecta algo. Comienza a dar saltos cuando sospecha que hay alguien, y rara vez se equivoca. Los agentes abren los furgones de dos pisos. "¡10-4! ¡Aquí hay gente!", anuncian. Los agentes premian a la perra con elogios y la dejan jugar con un juguete de goma.

Enrique decide que cruzar Texas a pie no es una opción. Sus compañeros de campamento le dicen que, sin un guía, es fácil perderse y andar en círculos en la monotonía de los matorrales. El trayecto hasta San Antonio significa caminar siete u ocho días por el desierto con temperaturas de hasta 120 grados, serpientes de cascabel, lacerantes espinas de cactus, agua viscosa llena de saliva de vaca, tarántulas del tamaño de un platillo y cerdos salvajes con colmillos. Deshidratados y en estado de delirio, algunos migrantes se suicidan. Sus cuerpos correosos cuelgan de cinturones que se enroscaron al cuello y ataron a cualquier cosa alta y firme. Las jarras de agua vacías yacen a sus pies.

Algunos mueren baleados por rancheros cuando intentan

mendigar o robar comida o bebida. Pocas semanas después de que Enrique llegara a Nuevo Laredo, el migrante mexicano Eusebio Haro Espinosa, de veintitrés años, se acercó a un ranchero en Bracketville, Texas, a 40 millas de la frontera, y le pidió agua. El ranchero, Samuel Blackwood, de setenta y cinco años, le disparó en una pierna con un Magnum .357. No llamó a un médico. Espinosa murió desangrado.

El disgusto de los rancheros de Texas con los migrantes que invaden su propiedad ha ido en aumento. "Hay dos tipos de *mojados*", dice Jake Smith, un camionero jubilado que vive en una casa remolque en el destartalado Rancho Martínez cerca de Cotulla, Texas. "Hay *mojados* buenos y hay *mojados* malos". Cuando hay migrantes cerca, los perros ladran. Smith se sienta en el porche delantero de su casa con una pistola en el regazo.

Smith dice que los malos migrantes traen drogas, irrumpen en tu casa y roban cosas. Aun los buenos, los que vienen a buscar trabajo honrado, dejan los portones abiertos y el ganado escapa o entran por la fuerza para buscar agua y comida, dice Smith, un hombre rudo de cabello blanco que cada tanto se hace limpiar el ojo de vidrio por un veterinario de ganado de la zona.

Joe Crisp, un ranchero de los alrededores, ha instalado tres cerrojos en cada ventana de su casa. Los migrantes han entrado por la fuerza en ocho oscasiones. Una vez hicieron un agujero en la pared para entrar. Otra, irrumpieron por el techo. Estas intrusiones son tan comunes que los agentes de la Patrulla Fronteriza aconsejan a los rancheros que dejen agua y comida fuera, junto a la puerta. Todos los rancheros de la zona donde viven Crisp y Smith han oído hablar de un incidente ocurrido dos años atrás, en el que un ranchero se negó a permitir que un migrante usara su teléfono. El hombre ató al ranchero a una silla y le robó la camioneta *pick-up*.

Algunos de los compañeros de campamento de Enrique dicen que fueron capturados por un ranchero que los encañonó con una pistola, les dijo que se quedaran quietos y luego llamó a los agentes de inmigración estadounidenses con un teléfono celular. El INS captura a muchos migrantes que tratan de ingresar: 108,973 fueron capturados cerca de Laredo en el año 2000, el año en que Enrique está tratando de entrar.

Al llegar al otro lado, Enrique tendrá que burlar a los tenaces y bien entrenados agentes de la Patrulla Fronteriza.

Charles Grout es un rastreador capaz de detectar la huella de una pisada desde una camioneta Ford Bronco en movimiento. Su compañero, Manuel Sauceda, puede calcular qué tiempo tiene la huella con un margen de error de pocas horas.

Ambos son agentes del Servicio de Inmigración y Naturalización con sede en Cotulla, a mitad de camino en el trayecto de siete u ocho días que se debe recorrer a pie desde el Río Grande a la altura de Nuevo Laredo hasta San Antonio. Su función es arrestar a los migrantes que entran a Texas en forma ilegal.

Los aumentos de sueldo para Grout y Sauceda se basan en parte en el número de migrantes que capturan. Trabajan juntos en el desierto y a lo largo de las ferrovías, tomando turnos en los que uno rastrea a pie mientras el otro se adelanta con la Bronco, a veces durante días.

Un jueves del mes de septiembre del año 2000, Sauceda encuentra huellas cerca de un abrevadero para ganado al suroeste de Encinal. Sabe que los migrantes beben de esa agua aunque huele a huevo podrido y está cubierta con una película de espuma verde. Sauceda rodea las huellas y se acerca.

Si el viento no ha soplado sobre las huellas y los contornos están intactos, son recientes. Si sobre las huellas no hay rastros del paso de animales como ciempiés, caracoles, pájaros o víboras, son frescas. Si hay envoltorios de comida cerca, y si los envoltorios no están cubiertos de hormigas, eso significa que las huellas son muy nuevas.

Con el sudor corriéndole por el rostro, Sauceda rodea el abrevadero y rastrea pistas entre los montones de estiércol de vaca. Se pone de frente al sol y busca sombras diminutas.

Luego encuentra más huellas. Son de esa misma mañana. Sauceda examina las marcas: una huella es cuadriculada, otra tiene líneas finas y una tercera tiene la forma de una bota puntiaguda. "Aquí veo por lo menos cuatro", dice. Sonríe. Como un sabueso, se inclina y aprieta el paso.

Los cambios en la oficina de Cotulla muestran cuánto más difícil se ha vuelto burlar a agentes como Grout y Sauceda.

En 1994, Cotulla tenía veinte agentes. Ahora, solamente en Cotulla, Enrique se enfrenta con setenta agentes. En total, el INS ha contratado 5,600 agentes adicionales desde 1993 para aumentar la presencia de sus fuerzas a lo largo de la frontera sur de los Estados Unidos.

Además, los agentes disponen de un creciente arsenal de tecnología: helicópteros, gafas para ver de noche, termografía infrarroja que detecta el calor humano y sensores sísmicos que perciben las pisadas en los senderos que usan los inmigrantes. Un agente del INS tiene como única función mover los sensores para despistar a los contrabandistas que tratan de establecer dónde están ubicados.

Más temprano ese mismo día, el sensor 53 dio la alerta y los agentes capturaron a once mexicanos que llevaban cuatro días caminando por el desierto.

Grout y Sauceda son particularmente tenaces, en parte porque eso significa salvar vidas. Sauceda dice que aproximadamente cada dos semanas llama a una ambulancia para un migrante que ha sido mordido por una serpiente de cascabel, o atropellado por un tren, o se ha deshidratado tanto en el desierto texano que está a punto de desfallecer.

Sauceda sigue las huellas en el abrevadero. Llega a un sendero, se sube a su Bronco y conduce, abriendo y cerrando portones con las llaves que tiene en un anillo cargado con docenas de llaves que los rancheros dan a los agentes.

La temperatura asciende a 100 grados, fresco comparado con el calor de 112 a 118 grados de la semana anterior, que derritió parcialmente el asfalto de la autopista Interestatal 35. Sobre el tablero de instrumentos de la Bronco hay un aviso preventivo para casos de incendio de pasturas: NO OPERE FUERA DEL CAMINO EN ZONAS DE PASTO Y MATORRAL RESECOS. Sauceda no hace caso de la advertencia.

Para las dos de la tarde, Grout y Sauceda han perdido y vuelto a hallar el rastro varias veces. Los rastreadores registran cada árbol grande y cada lugar donde hay agua. Llegan hasta una cerca de alambre de púas. Las marcas en la tierra muestran que su presa se ha arrastrado bajo el alambrado. Grout recupera el rastro del otro lado. "Aquí están, son los mismos. Grandes como una casa", dice.

Los fugitivos van camino a Encinal. Si llegan al pueblo, será prácticamente imposible encontrarlos, en cuyo caso el medio día que los agentes pasaron entre cactus y bajo un calor abrasador habrá sido una pérdida de tiempo.

Chorreando sudor, Sauceda trota siguiendo las pisadas. Grout se adelanta manejando hasta las afueras del pueblo. Repara en un camino de tierra de apariencia extraña. Todo el lado derecho ha sido barrido para borrar huellas. El camino conduce a una casa destartalada.

Grout estaciona. Allí, en la tierra al lado del camino están las pisadas: cuadriculado, líneas finas, la punta de una bota…

"¡Los tengo!", dice, hablando con un *walkie-talkie*.

"¿Dónde?", pregunta Sauceda.

"En el mismo lugar de la vez pasada".

Grout da tres pasos hacia la casa. De atrás de un árbol se abalanza sobre él un rottweiler. Grout agarra su Beretta .40. Una cadena detiene al perro a pocos pies de distancia del agente.

Con cuidado, Grout avanza otros siete pasos, luego abre de golpe la puerta de un cobertizo amarillo. Apretujados allí dentro hay cinco migrantes sorprendidos. Grout les pone esposas.

Ya de vuelta en la Bronco, examina sus zapatos. Cuadriculado, líneas finas, bota puntiaguda. Sonríe.

Muchos migrantes se alegran de que los encuentren. Isaías Guerra, oriundo de Veracruz, México, se veía aliviado cuando Grout lo encontró. Guerra había pasado dos días perdido a la intemperie. Sobrevivió comiendo cactus. El primer día lo siguieron cinco coyotes. Los animales se acercaron tanto que Guerra golpeó a dos de ellos con un palo para forzarlos a retroceder. Esa noche, durmió en un árbol. Al día siguiente, un montículo a 12 pies de distancia que a primera vista parecía estiércol empezó a moverse. Era una serpiente de cascabel, enroscada, gruesa como su brazo y lista para atacar. Guerra descubrió tres víboras más. Al atardecer vio de cerca un gato montés. Reculó sin hacer ruido. Guerra se subió gustosamente a la parte de atrás de la camioneta de Grout, apodada "la jaula".

Los migrantes deportados por los Estados Unidos suelen regresar a la iglesia de San José. Enrique ve a algunos de ellos.

Una tarde llega a la iglesia un hombre alto con mirada apagada e inexpresiva. Lleva cinco días sin comer. La camisa marrón le cuelga en jirones sobre el torso, rasgada por los cactus. En los brazos tiene tajos sangrantes que le hicieron cardos y espinas. Está bañado en lodo. Enormes ampollas amarillentas le cubren las plantas de ambos pies, los dedos están hinchados como salchichas y las uñas se le han puesto negras. A duras penas camina tambaleándose sobre los talones. Ha recorrido 70 millas en los pasados seis días, matando cinco serpientes de cascabel en el camino. El hombre implora por un vaso de agua y una ducha.

Todo lo que Enrique oye hace que sienta terror de las víboras y los escorpiones. En el desierto de Texas, las víboras salen a cazar de noche, cuando está más fresco. Ésas son las horas en que los migrantes se mueven. Andan a tientas en la oscuridad, temerosos de encender una linterna. Otros, en cambio, echan mano de supersticiones: ve con una mujer embarazada y las serpientes que pases estarán dormidas. Ponte tres granos de pimienta bajo la lengua para tener buena suerte. Hay serpientes de coral, serpientes cabeza de cobre, mocasines de agua y serpientes de añil, esta última tan larga y veloz que puede matar a una cascabel. Este año se han reproducido en abundancia, y la sequía las ha vuelto más agresivas.

Muchas veces, al quedarse dormido Enrique tiene la misma pesadilla. Una víbora le ha mordido la boca. No puede pedir auxilio.

El Hongo escucha. Por fin decide que no va a ir solo. "¿Por qué me tengo que morir haciendo esto?", se pregunta. De alguna manera, llamará a su madre y le pedirá que contrate un contrabandista.

Se dice que hay nueve bandas de coyotes operando en

Nuevo Laredo. Cada banda tiene por lo menos cincuenta contrabandistas. Pero Enrique sabe que no puede confiar en cualquiera. Allá en Honduras casi todos los contrabandistas son de fiar; tienen que cuidar su reputación para conseguir clientes. Los de aquí pueden asaltar, violar o abandonar a sus clientes con impunidad. Algunos los llevan derecho a los bandoleros del río y se quedan con una parte del botín. Según una monja de la parroquia de San José, sólo uno de cada diez contrabandistas es de fiar. Muchos migrantes de la iglesia regresan con cuentos de horror acerca de contrabandistas.

Enrique ha estado mucho tiempo con El Tiríndaro. Lo ha visto llevar a varios hombres y muchachos al otro lado del río, siempre de noche, normalmente de a uno o dos, remando furiosamente en sus cámaras neumáticas. Acaban desapareciendo en los Estados Unidos. Enrique nota que, cuando El Tiríndaro los lleva, nunca los capturan y los mandan de vuelta. Según su colega patero Juan Barajas Soto, El Tiríndaro ha estudiado tanto los movimientos de la Patrulla Fronteriza que sabe qué hace cada agente cada ocho horas durante el cambio de turno.

Enrique toma una decisión: cuando llame a su madre, le va a pedir que contrate a El Tiríndaro. "Él no me va a abandonar, lo sé".

El 18 de mayo, al despertar, se encuentra con que alguien le ha robado el zapato derecho. Los zapatos son casi tan importantes como la comida y el número telefónico de su madre. Enrique recuerda cada par de zapatos que lo ha ayudado a venir al norte. Fueron siete sólo en este viaje. Zapatos azules, zapatos blancos, botas de trabajo de piel, zapatos deportivos Nike. Los ha comprado, los ha pedido prestados o los ha canjeado por algo. Todos acabaron destrozados o fueron robados. Pero nunca uno solo.

Enrique repara en un zapato deportivo que flota cerca de la orilla del río. Lo agarra. Es para el pie izquierdo. Ahora tiene dos zapatos para el pie izquierdo. Con el cubo en la mano, camina con dificultad otra vez hasta el puesto de tacos, mendigando en el camino. La gente le da uno o dos pesos. Lava algunos coches y empieza a llover. Increíblemente, ha reunido 20 pesos en total.

Eso le alcanza para cambiar su tarjeta de 30 pesos por una de 50 pesos.

Usará esta última para llamar a su ex jefe del taller de llantas. Si él encuentra a sus tíos, si ellos saben el número de su madre, si su tío o su tía lo llaman de vuelta…

LA AYUDA DEL PADRE LEO

Es el 19 de mayo. Hay sólo una manera de que el plan funcione. Es sabido que el padre Leonardo López Guajardo de la parroquia de San José deja que los migrantes llamen desde la iglesia si tienen tarjetas telefónicas. Todos los días oficia de asistente telefónico. Arrastrando sus chinelas, camina hasta la puerta más o menos cada quince minutos para avisar a alguien que ha recibido una llamada. Enrique tendrá que confiar en que el cura lo encuentre si su tío o su tía le regresan la llamada. El muchacho ya ha percibido lo que la gente de Nuevo Laredo sabe: cuando se trata de migrantes, el corazón del padre Leo es más grande que sus colectas.

El sacerdote usa muy poco su oficina. Casi todas las tardes y noches se sienta junto a la puerta detrás de un pequeño escritorio de madera en una salita que también sirve de despensa. El cuarto tiene estantes atiborrados de latas y cajas de comida donados para ayudar a alimentar a los migrantes. En el piso hay una pila de frutas y verduras pasadas. Las moscas zumban alrededor. Hiede a tomates y cebollas podridos. De los vegetales en descomposición se escurre un líquido que se ha encharcado en el piso. Aquí el padre atiende uno por uno a los migrantes. Apunta su información, les da una tarjeta de comida, o arregla para ir a buscar el dinero que les han girado parientes de los Estados Unidos.

En Nuevo Laredo, el padre Leo no es un sacerdote típico. Cuando era niño, aun su madre dudaba de que estuviera hecho para el sacerdocio. También lo dudaban sus maestros del seminario, que lo encontraban demasiado revoltoso e impaciente con la pompa y los procedimientos. Demoraron su ordenación y tardó once años en graduarse.

Otros curas del pueblo usan bonitos relojes, anillos y se dan aires de importancia. El padre Leo es tan desaliñado que a veces los visitantes lo confunden con uno de los migrantes pobres y sucios que están fuera. Su ropa siempre está arrugada. Usa días enteros los mismos pantalones sucios y manchados por acarrear cajas de vegetales maduros. Sus pantalones favoritos tienen las botamangas deshilachadas y están un poquito rasgados atrás. Se olvida de cerrarse la bragueta. Los hombres de la congregación tratan de ayudar. Le señalan la bragueta. "Ah, ah. Sí, sí, sí", dice el cura subiéndose rápidamente el cierre.

Una noche, el padre Leo sale a decir misa. Su camisa de frisa está al revés y mal abotonada. El otro cura de la iglesia se ve exasperado. "¿Dónde está tu cinturón?", pregunta. Leo camina desmañadamente de vuelta a su habitación para intentar vestirse una vez más. Sólo se lo ve prolijo cuando va a visitar a su familia; su madre lo manda de regreso a Nuevo Laredo perfumado, con camisa y pantalón nuevos y planchados.

Los curas del pueblo tienen debilidad por el último modelo de Grand Marquis. El padre Leo va a todos lados en una desvencijada bicicleta azul. La gente lo llama "el Papa en la bici". Anda en ella cuando hace frío, cuando hace calor y cuando llueve. Si va a otras iglesias a decir misa, lleva su vestidura blanca larga hasta el piso en una bolsita que cuelga del manubrio. Por las noches, Enrique lo ve llegar de vuelta a la iglesia en su bicicleta cargada a más no poder con donativos de pan.

Durante la misa, no lee mucho de la Biblia. Transmite su mensaje con chistes, o extrayendo una lección de una película o una canción popular. No se para frente al altar. Con su vestidura blanca y sus gastados zapatos deportivos, el cura recorre los pisos rosados de los pasillos de la iglesia. Mientras camina, se seca con una toalla blanca el sudor que fluye copiosamente de su cabeza calva. Con el micrófono en la mano derecha y la toalla en la mano izquierda, predica.

Como casi todos los miembros de la congregación, la secretaria Alma Delia Jiménez Rentería dice que ha aprendido más con lo que el cura practica que con lo que predica. En 1997, cuando hacía poco que trabajaba en la iglesia, vino de visita Horacio Garza, el futuro alcalde de la ciudad. Un migrante maloliente que tenía los pies muy hinchados también necesitaba hablar con el cura. Alma le pidió al migrante que esperara, y le hizo señal de entrar al futuro alcalde. El cura la detuvo. "No, que espere el alcalde. Deja que me vea primero el que más me necesita". Dice Alma: "No es un padre que te dice lo que tienes que hacer. Te lo muestra con sus actos, con su ejemplo. No reza con el rosario o con la Biblia. Ama a Dios haciendo el bien a su prójimo. Así te enseña cómo amar a Dios".

El cura se impacienta por hacer las cosas y hace demasiadas cosas al mismo tiempo. Rara vez se sienta a comer, arreglándose con un trozo de chocolate en una mano y un pedazo de pan en la otra. Saca un poco de arroz o frijoles de los baldes de comida que hay en la despensa, o come de una lata que toma de los estantes.

No puede sentarse ni estarse quieto. Con frecuencia, durante una confesión, se distrae con lo próximo que tiene que hacer por los migrantes. "Disculpe. Ahorita vuelvo", les dice a los feligreses, normalmente justo cuando éstos empezaban a hablar de cosas más íntimas.

Es rigurosamente educado, aun formal, pero puede ser torpe y hasta parco con la gente. Cuando alguien da dinero a la iglesia, él responde con un simple "Ah, bien". Cuando camina por la calle, va tan distraído que a veces pasa al lado de un miembro de la congregación y no lo saluda. Hizo falta que vinieran dos monjas en 1998 para poner un poco de orden y reglas en las actividades del cura.

El padre Leo es humilde y vive modestamente. Dona su salario a la iglesia para ayudar a pagar los sueldos del personal. Cuando alguien le regaló una bonita camioneta, la vendió para pagar las cuentas de servicios públicos de la iglesia. Su coche, el cual usa rara vez para ahorrar en gasolina y ayudar al medio ambiente, es un Mazda diminuto que costó 400 dólares. La puerta del acompañante no se abre desde fuera, el tablero vinílico está hecho trizas y hay un enorme agujero en el asiento delantero.

La idea que lo guía es algo que le inculcaron sus mentores del seminario: "Estamos con los pobres o no estamos con ellos. Dios nos enseña que debemos ayudar más a los pobres. Cualquier otra interpretación es inaceptable". Para el padre Leo, la gente más necesitada de Nuevo Laredo son los migrantes.

Pasan días enteros sin comer, meses sin apoyar la cabeza sobre una almohada, están indefensos frente a una embestida de abusos. Él prometió restaurar un poco de su dignidad y su valor. "Él vio que esta gente es la más vulnerable, la menos querida por la población local. Entonces se entregó a ellos", afirma Pedro Leyva, un voluntario de la iglesia.

El cura les dice a sus feligreses que ellos también alguna vez fueron migrantes. San José era un migrante. La Biblia fue escrita por migrantes. Darle la espalda a un migrante, asegura, es como volverse contra uno mismo. No alcanza con que una persona sea espiritual. Debe actuar. "Algunas personas leen la Biblia y se quedan dormidos", explica el padre Leo. "Para mí fue una sacudida. Lo peor que puede hacer un cristiano es ir por la vida dormido".

La gente supo que el cura era especial desde el día que llegó. Un autobús y una caravana de coches –sesenta personas– viajaron con el padre Leo desde su antigua iglesia en Anáhuac hasta Nuevo Laredo para despedirse de él entre lágrimas. El cura tocó a cada puerta del vecindario. "Buenas tardes. Me llamo Leonardo, soy el nuevo cura. Estoy aquí para servirle". En un país donde la Iglesia es conservadora, el padre Leo anunció en un artículo en el periódico poco después de llegar: "Dios no murió por hacer milagros, sino por defender a los pobres y oponerse a los intereses de los poderosos".

El padre Leo cedió su apartamento de dos dormitorios adyacente a la iglesia para que las mujeres migrantes tuviesen un lugar donde dormir. Se instaló en un cuarto diminuto cerca de la despensa en el que entran una cama angosta y una cómoda. Su baño es el baño público de la iglesia.

Para que los migrantes estén más presentables, el cura trae un peluquero a la iglesia. Un médico los atiende gratis. Si necesitan sangre, el padre Leo es el primero en donarla.

Para vestir a los migrantes elude a la aduana mexicana, que inspecciona los automóviles y confisca la ropa usada que entra al país en lo que el padre Leo cree que es un intento de proteger a los fabricantes de ropa mexicanos. La gente que cruza el puesto de control de la frontera a pie o en bicicleta tiene menos probabilidades de ser registrada. Dos veces por semana al atardecer, el padre Leo echa mano de un gran saco de lona negro y pedalea su bicicleta por el puente que cruza el Río Grande hacia Laredo, Texas. Allí compra ropa usada por 20 centavos la libra. Se carga a la espalda la bolsa llena de ropa con un asa en cada hombro y balancea otro saco sobre el manubrio. En la oscuridad creciente, pedalea de regreso.

Si la provisión de ropa de la iglesia está baja, o si falta alguna talla, el cura dona la poca ropa y zapatos que posee. A veces se saca los zapatos que lleva puestos y se los da a un migrante. "Padre, no tengo camisa", dicen los migrantes. Él corre a su ropero y saca una. Normalmente es una de las camisas, pantalones o pares de zapatos que los miembros de los ocho grupos de estudio de la iglesia le han regalado en su cumpleaños para que le alcancen por un año. "Se la das, la admira y luego la regala", dice Pedro Leyva.

Para alimentar a los migrantes, que suelen ser más de cien por noche, recoge comida tres veces por semana en tiendas de Nuevo Laredo. Los lunes y los miércoles va con la furgoneta de la iglesia a Laredo. En un orfanato católico se lleva las cajas sobrantes de melones, naranjas y pan. Luego se va a una casa ubicada en una calle sin salida. El esposo de Rosalinda Zapata trabaja en el supermercado H.E.B. Sus pasillos están llenos de cajas de galletas, salsa y papitas que han vencido recientemente. El padre Leo vuelve a México con la comida.

Al cruzar el largo puente sobre el Río Grande, empieza a rezar. En el lado mexicano del puente, a uno de cada diez automóviles se le enciende una luz roja y a ése lo apartan para una inspección. "Dios, por favor dame una luz verde. *Por favor.* Te prometo que me portaré bien". Le dice a Dios que no quiere andar llevando contrabando pero que es la única manera de ayudar a los migrantes. La luz se enciende en verde. El cura sonríe y aprieta el acelerador. De vuelta en la iglesia, se jacta del botín. "¡Excelente! ¡Qué bueno fue el arriesgue!" Está jubiloso como un niño que se salió con la suya. Se lo ve más contento que nunca cuando la despensa está llena y hay mucho para dar.

El padre Leo es el abogado más tenaz de los migrantes en Nuevo Laredo. Todos los años en el mes de septiembre, encabeza una procesión silenciosa de personas que colocan una cruz en una cerca sobre el Río Grande por cada migrante muerto recientemente tratando de cruzar a los Estados Unidos. El padre encuentra amigos que puedan identificar los cuerpos de los migrantes que se ahogan en el río, así pueden avisar a las familias y mandar el cuerpo a casa.

En noviembre, después de decir misa en el cementerio por el Día de los Muertos, conduce a una multitud hasta una fosa común que hay en un rincón del cementerio. Eleva una plegaria para los migrantes muertos que están enterrados allí: "Dios, éste es un lugar triste. Queremos recordar a los migrantes que han pasado por aquí".

Para erigirse en campeón de los migrantes, ha ido en contra del deseo inicial de muchos de sus feligreses y enfrentado amenazas de las autoridades, algo parecido a lo que le ocurrió al cura Salamón Lemus Lemus en Veracruz, que vio su congregación reducida a la mitad cuando uno de cada dos feligreses se apartaron de la iglesia en protesta porque dejaba que los migrantes usaran la parroquia como dormitorio. Al principio, la mitad de los miembros de la congregación del padre Leo se oponían a su misión de ayudar a los migrantes, cuenta Patricia Alemán Peña, una voluntaria de la iglesia. Algunos pensaban que el cura estaba loco por atraer al vecindario a personas que veían como vagos y delincuentes, y se oponían a cualquier forma de ayuda a los migrantes. "Éste era un barrio bueno hasta que usted trajo a *su* gente", se quejaban.

Otros le decían que les diera un taco, pero por el amor de Dios no permitiera que los ilegales entrasen en la iglesia. ¿Qué si entre los migrantes hubiera algún criminal peligroso huyendo de las autoridades de su propio país? ¿Por qué no dejar que una iglesia con más recursos se ocupe de esta tarea? Otros preguntaban: ¿Por qué nuestras contribuciones deben destinarse a ayudar a extraños, a construir un comedor para alimentarlos? Mientras tanto la iglesia, una de las más pobres de la ciudad, se estaba viniendo abajo. Las bancas se veían desvencijadas, estaban tan atrasados las cuentas que una vez casi les cortan la electricidad, y el padre no había instalado aire acondicionado a pesar de las temperaturas de hasta 120 grados del verano. Una encuesta entre los feligreses mostró que mucha gente no iba a la iglesia debido a los migrantes. Sólo el 10 por ciento de los residentes del vecindario acude a la parroquia de San José. En otros barrios, el 25 por ciento va a misa.

Los vecinos encararon al cura. Los migrantes merodean, beben y fuman cerca de la iglesia. "¡Les dan ganas de hacer pis y allí van!", dice una mujer que vive al lado de la iglesia y se queja de que orinan frente a su portón. Otra vecina explica que un migrante abrazó y trató de besar a una de sus hijas. Los migrantes duermen cerca de la iglesia, se pelean y defecan en su portal. Ella tiene que fregar la acera con cloro para sacar el mal olor.

Muchos curas y el obispo admiran y apoyan al padre Leo. Otros se le oponen. Estos últimos dicen que los curas deben ocuparse de las misas, las bodas y los bautismos. La función social de ayudar a los pobres y a los migrantes pertenece a los políticos. Algunos lo tildan de payaso, se ríen de su apariencia y dicen que su humildad es una pose.

Una vez, el director local de la migra amenazó con meterlo preso varios años por contrabando si no impedía que los migrantes entraran a su iglesia. Leo prometió portarse bien, luego hizo caso omiso de la advertencia.

Ahora, tres cuartos de los feligreses de su iglesia aprueban su trabajo. "Debiéramos agradecer que nosotros no tenemos que pasar por esto, pero quizá con un poco de pan, una sonrisa, puedes aligerarles la carga", opina Patricia Alemán Peña. Sin la ayuda de la iglesia, dice, los migrantes estarían aún más desesperados y el impacto en la ciudad sería peor. Como muchos otros miembros de la iglesia, se ofrece como voluntaria para ayudar a cocinar una cena para los migrantes todos los días. "No hay nadie como este hombre. Es demasiado humilde. Demasiado humilde", dice, refiriéndose al cura. "El padre Leo me ha enseñado a dar al prójimo sin esperar nada a cambio".

Entrada la tarde, Enrique consigue hablar con su antiguo jefe por el teléfono de la iglesia y hacerle su pedido. Dos horas después, el padre grita el nombre de Enrique. Como siempre, la voz corre por el patio como un reguero de pólvora: un tal Enrique tiene una llamada telefónica.

"¿Estás bien?", pregunta el tío Carlos.

"Sí, estoy bien. Quiero llamar a mi mamá. Perdí el número".

De algún modo, el jefe había omitido decirles esto. ¿Tienen el número con ellos? La tía Rosa Amalia hurga en su bolsa. Encuentra el número. El tío Carlos lo lee, dígito por dígito, en el teléfono.

Diez números. Cuidadosamente, Enrique los escribe uno tras otro en un trocito de papel. Justo cuando el tío Carlos termina, se corta la comunicación. El tío Carlos llama otra vez, pero Enrique ya se fue. No puede esperar.

Cuando hable con su madre, quiere estar solo; podría llorar. Corre hasta un teléfono público alejado para llamarla. Cobro revertido.

Está nervioso. Quizá ella comparta su vivienda con migrantes que no son parientes y ellos hayan bloqueado las llamadas de cobro revertido. O ella podría negarse a pagar. Han pasado once años. Ella ni lo conoce. Lourdes le había advertido con severidad que no fuera al norte, pero él la ha desobedecido. Cada una de las pocas veces que hablaron la madre lo exhortó a que estudiara. Al fin y al cabo era para eso que ella se había ido, para mandar dinero para la escuela. Pero él ha dejado la escuela.

Con el corazón en la boca, se para al borde de un parque pequeño que hay a dos cuadras del campamento. Junto al pasto hay un teléfono de Telmex en un poste.

Son las siete de la tarde y es peligroso. La policía patrulla el parque. Enrique, el muchacho menudo con dos zapatos izquierdos, saca el trocito de papel de sus pantalones vaqueros. Están rotos y gastados; está demasiado andrajoso para andar en este barrio. Toma el auricular. Su camiseta es de color blanco brillante, seguro que va a llamar la atención.

Despacio y con cuidado, desdobla su valiosa posesión: el número de teléfono de ella. Escucha maravillado cuando atiende su madre. Ella acepta los cargos.

"¿Mami?"

Del otro lado, a Lourdes le empiezan a temblar las manos. Luego los brazos y las rodillas. "Hola, m'hijo. ¿Dónde estás?"

"Estoy en Nuevo Laredo. ¿Usted dónde está?"

"Estaba tan preocupada…". A Lourdes se le quiebra la voz, pero contiene las lágrimas para no hacerlo llorar a él. "Carolina del Norte". Ella le explica adónde es eso. A Enrique se le calma el mal presentimiento. "¿Cómo vas a venir? Consigue un coyote". Suena preocupada. Ella conoce a un buen contrabandista en Piedras Negras.

"No, no", dice él. "Tengo a alguien aquí". Enrique confía en El Tiríndaro, pero cuesta 1,200 dólares.

Ella reunirá el dinero. "Tené cuidado", le dice.

La conversación es incómoda. Su madre es una desconocida. Seguramente esto resulta caro; Enrique sabe que las llamadas por cobrar desde Honduras a los Estados Unidos cuestan varios dólares por minuto.

Pero puedo sentir su amor. Cuelga el auricular y suspira.

Del otro lado, su madre por fin rompe a llorar.

Un río oscuro, quizá una nueva vida

A la una de la madrugada del 21 de mayo del año 2000, Enrique espera al borde del agua.

"Si te atrapan, no te conozco", dice El Tiríndaro con severidad.

Enrique asiente con la cabeza. Lo mismo hacen otros dos migrantes, un hermano y una hermana mexicanos que esperan con él. Se desvisten hasta quedar en ropa interior.

Enrique ha visto que algunos contrabandistas hacen que los migrantes crucen asidos de una cuerda larga. Otros forman una cadena humana enlazando los brazos. La estrategia de El Tiríndaro es más riesgosa. Él usa una voluminosa cámara neumática negra que los agentes de la patrulla fronteriza pueden detectar fácilmente.

Del otro lado del Río Grande se eleva un poste de 50 pies de altura equipado con cámaras de video de la Patrulla Fronteriza de los Estados Unidos. A la luz del día, Enrique contó cuatro camionetas todoterreno cerca del poste, cada una con agentes dentro. Ahora, en la oscuridad, no ve ninguna.

Le deja la decisión al El Tiríndaro, que se ha pasado horas en este lugar estudiando todo lo que se mueve del otro lado.

Enrique despedaza un trocito de papel y lo desparrama por la orilla. Es el número de teléfono de su mamá. Lo ha memorizado. Así los agentes no podrán usarlo para localizarla y deportarla. En total, Enrique lleva cuatro meses tratando de encontrar a su madre.

El Tiríndaro sostiene una cámara neumática. Los mexicanos se suben. Impulsándose con las piernas, los lleva hasta una isla que hay a mitad del cauce. Vuelve por Enrique con la cámara neumática.

La estabiliza en el agua.

Con cuidado, Enrique se trepa a bordo. Ha ocurrido que hasta tres migrantes se ahogaran en un mismo día en este tramo del río. El Río Bravo, como se lo conoce aquí, está crecido por la lluvia y es un torrente de agua que fluye hacia el golfo de México. Dos noches atrás, el río mató a un muchachito que Enrique conocía, un migrante alto y delgado que tenía labio leporino. Lo hundió un remolino. Aún no estamos a mitad de año. Cincuenta y cuatro personas han sido halladas muertas en el río en Nuevo Laredo o cerca de allí. Enrique no sabe nadar, y está asustado.

El Tiríndaro pone sobre el regazo de Enrique una bolsa plástica de residuos que contiene ropa seca para los cuatro. Luego El Tiríndaro mueve las piernas y empieza a empujar. Una corriente rauda se apodera de la cámara neumática y la empuja hacia el río. El viento se lleva la gorra de Enrique. La llovizna le empapa el rostro. El muchacho mete una mano en el agua. Está fría. Va escudriñado la superficie turbia en busca de las víboras verdes que a veces se deslizan entre las olas.

De repente ve un destello blanco: una de las camionetas todoterreno avanza lentamente por el sendero que hay sobre el río, probablemente llevando un perro en el portaequipajes.

Silencio. Nadie vocifera "retrocedan" por un megáfono.

La cámara neumática avanza entre sacudidas, saltos y chapoteos. Enrique se aferra a la válvula. El cielo está nublado y el río está oscuro. En la distancia, unas lucecitas bailan en la superficie.

Por fin avista la isla cubierta de cañas y sauces. Se agarra de una rama, pero ésta se desprende. Con ambas manos sujeta una rama más grande, y la cámara neumática embarranca en el lodo y el pasto. Han cruzado el canal sur. Del otro lado de la isla fluye el canal norte, aún más aterrador porque está más cerca de los Estados Unidos.

El Tiríndaro recorre la isla y otea el agua. La camioneta todoterreno blanca reaparece a menos de 100 yardas de distancia. Se mueve despacio por el sendero de tierra que está en lo alto de la ribera.

Los faros del techo de la camioneta alumbran el agua con haces rojos y azules intermitentes, creando un resplandor sicodélico. Los agentes se vuelven para apuntar la luz directamente a la isla.

Enrique y los mexicanos se tumban de bruces sobre el suelo. Si los agentes los ven y los esperan al acecho, para Enrique eso podría significar la ruina. Está más cerca que nunca de su madre. Las autoridades deportarían a los mexicanos al otro lado del río, pero a Enrique lo mandarían de regreso a Honduras.

Peor aún, quizá acabaría esperando meses en una cárcel

de Texas hasta que el gobierno de Estados Unidos terminara de procesar los papeles necesarios para deportarlo. Probablemente sería la cárcel juvenil de Liberty, Texas, 46 millas al noreste de Houston, donde esperan ser deportados muchos de los menores capturados en Texas que intentan entrar clandestinamente y sin acompañantes a los Estados Unidos.

Los niños migrantes llegan a la cárcel con grilletes. Los hacen desnudarse para registrarlos y les dicen que se agachen y tosan, una maniobra para determinar si llevan algún artículo de contrabando en ciertas cavidades de su cuerpo. Atraviesan en fila ocho puertas metálicas hasta llegar al pabellón E, donde hay niños migrantes de hasta sólo doce años de edad. A veces los alojan en el mismo pabellón con acusados de violación y otros convictos de delitos mayores.

Los niños del pabellón E pasan la mayor parte de su tiempo en celdas sin ventanas que miden 7.5×10 pies. Los niños migrantes dicen que la prisión, manejada por la empresa Corrections Corporation of America, no les da suficiente de comer. Sin dinero para comprar en el economato de la prisión, pasan hambre y adelgazan. Ven la luz natural una hora por día, cuando les permiten salir a un área al aire libre que tiene una cerca coronada con espirales de alambre de púas.

Les dan poca información respecto de cuándo los van a llevar ante un juez de inmigración o deportarlos. Los guardias de la prisión entienden poco español, y la mayoría no lo habla.

Encerrados por días y meses enteros, los niños se desesperan. Corren en círculos alrededor de sus diminutas celdas. Leen una y otra vez las instrucciones de la etiqueta del champú. Algunos temen enloquecer en la cárcel. Empiezan a hablar solos. Un niño cae en una depresión tan profunda que pasa días sin comer y golpea la pared de cemento con los nudillos hasta que están en carne viva. Un pequeño número de niños intenta ahorcarse.

Con suerte, Enrique pasaría no más de dos o tres meses encerrado antes de ser enviado de regreso a Honduras. Eso significaría volver a empezar por novena vez. Todos se quedan inmóviles durante media hora. Los grillos cantan y el agua se precipita entre las rocas. Por fin los agentes parecen darse por vencidos. El Tiríndaro espera y observa. Se asegura, luego vuelve.

Enrique susurra: "Lleva a los otros primero". El Tiríndaro carga a los mexicanos en la cámara neumática, que queda casi completamente hundida por el peso. Avanzan por el agua con pesada lentitud.

Minutos después, El Tiríndaro regresa. "Ven aquí", le dice a Enrique. "Súbete". También tiene otras instrucciones: no hagas crujir la bolsa de ropa, no pises ramas, no bracees ni patees en el agua; eso hace ruido.

El Tiríndaro se desliza al río detrás de la cámara neumática y mueve las piernas bajo la superficie. Sólo tardan uno o dos minutos. Por fin llegan a un remanso, y Enrique agarra otra rama. Recalan en el lodo blando y resbaladizo de la orilla.

En calzoncillos, Enrique pone los pies por primera vez en suelo estadounidense.

ATERIDO

Mientras esconde la cámara neumática, El Tiríndaro avista a la Patrulla Fronteriza. Él y los tres migrantes se precipitan por la orilla del Río Grande hasta un riachuelo tributario llamado Zacate Creek. Entren, dice El Tiríndaro.

Enrique entra al riachuelo. El agua está fría. Dobla las rodillas y se mete hasta la barbilla. Sus dientes rotos castañetean tan fuerte que le duelen; se pone una mano sobre la boca para pararlos. Permanecen en el Zacate Creek en silencio durante una hora y media. Cerca de allí hay un caño de tres pies de ancho del que chorrea agua hacia el río. Está conectado a una planta de tratamiento de aguas residuales ubicada en las afueras de Laredo, Texas. Enrique lo huele.

El Tiríndaro se adelanta caminando y explora. Cuando da la orden, Enrique y los otros salen del agua. Enrique está aterido. Se cae al suelo, casi congelado. "Vístanse rápido", dice El Tiríndaro.

Enrique se saca los calzoncillos mojados y se deshace de ellos. Eran la última posesión que le quedaba de su país. Se pone pantalones vaqueros secos, una camisa seca y sus dos zapatos izquierdos.

El Tiríndaro ofrece a todos un trozo de pan y un refresco. Escondidos en una mata de arbustos, los demás comen y beben. Enrique está demasiado nervioso. Estar en las afueras de Laredo significa que hay viviendas en las proximidades. Si los perros ladran, la Patrulla Fronteriza sospechará que hay intrusos.

"Ésta es la parte difícil", dice El Tiríndaro. Se echa a correr. Enrique se lanza detrás de él y los mexicanos los siguen. Trepan un terraplén empinado, recorren un sendero de tierra, pasan por unos arbustos de mezquite y detrás de unos tamarindos hasta llegar a un gran tanque redondo y chato. Es parte de la planta de aguas residuales.

Más allá hay un espacio abierto. El Tiríndaro mira nerviosamente a la derecha y a la izquierda. Nada. "Síganme", dice.

Ahora corre más rápido. A Enrique se le desentumecen las

piernas en una oleada de miedo. Bordean una cerca a la carrera, luego toman un sendero angosto en lo alto de un precipicio que hay sobre el riachuelo. Disparan barranca abajo por otro terraplén hasta el canal seco que está aguas arriba del Zacate Creek. Cruzan el canal corriendo por un puente para peatones, trepan la otra pendiente del terraplén y salen a una calle residencial de dos carriles.

Pasan dos automóviles. Sin aliento, los cuatro se precipitan a esconderse en los arbustos. Media cuadra más allá, los faros de un automóvil se prenden y se apagan.

NUBES DE ALGODÓN

Es una camioneta Chevrolet Blazer roja con vidrios polarizados. "Vamos", dice El Tiríndaro.

Cuando se acercan, se oye el chasquido de las cerraduras al destrabarse. Enrique y los otros entran desordenadamente en la camioneta. En el asiento delantero hay un hombre latino al volante y una mujer, que son parte de la red de contrabando de El Tiríndaro. Enrique los ha visto antes del otro lado del río.

Son las cuatro de la madrugada y Enrique está extenuado. Se echa sobre unas almohadas en el portaequipajes. Son como nubes de algodón y siente un enorme alivio. Sonríe y se dice: "Ahora que estoy en este carro, nadie me puede sacar". Se enciende el motor y el conductor pasa para atrás un paquete de cervezas. Le pide a Enrique que las ponga en una heladera. El conductor destapa una cerveza.

Por un momento, Enrique se preocupa: "¿Qué si el conductor bebe demasiado?". La Blazer pone rumbo a Dallas.

La Patrulla Fronteriza está atenta a las camionetas Blazer, a otras camionetas todoterreno y a las furgonetas. Algunos contrabandistas prefieren las furgonetas sin ventanas. Quitan los asientos traseros y apilan a los migrantes como leña, uno arriba del otro. Cuando los faros apuntan para arriba eso indica que hay gente en el portaequipaje abrumando el vehículo, dice Alexander D. Hernandez, un supervisor de Cotulla, Texas. Cuando zigzaguean quiere decir que la carga es pesada y los hace bandearse. Si los agentes reparan en estas señales, detienen el automóvil e iluminan sus linternas a los ojos de los pasajeros. Si los pasajeros no desvían la mirada sino que parecen congelados en sus asientos, es probable que sean inmigrantes ilegales.

Enrique duerme hasta que El Tiríndaro lo sacude. Han salido de Laredo y están media milla al sur de un retén de la Patrulla Fronteriza. "¡Levántate!", dice El Tiríndaro. Enrique se da cuenta de que ha estado bebiendo. Faltan cinco cervezas. La Blazer se detiene. Siguiendo a El Tiríndaro, Enrique y los dos mexicanos trepan una cerca de alambre y caminan hacia el este, alejándose de la autopista. Luego ponen rumbo al norte, paralelo a la vía. Enrique puede ver el retén en la distancia.

Todos los automóviles deben parar. "¿Ciudadanos estadounidenses?", preguntan los agentes. Con frecuencia piden documentos.

Enrique y su grupo caminan otros diez minutos, luego tuercen hacia el oeste, de regreso a la autopista. Se agazapan junto a un cartel. Sobre sus cabezas, las estrellas se están desvaneciendo y Enrique ve las primeras luces del alba.

La Blazer se acerca. Enrique vuelve a hundirse en las almohadas. Piensa: he vencido el mayor obstáculo. Súbitamente tiene una sensación de plenitud. Nunca se ha sentido tan feliz. Mira al techo y cae en un sueño profundo y dichoso.

La Blazer se detiene 400 millas más tarde, en una estación de servicio en las afueras de Dallas. Enrique despierta. El Tiríndaro ya no está. Se fue sin despedirse. Por conversaciones que tuvo con él en México, Enrique sabe que El Tiríndaro gana 100 dólares por cliente. La madre de Enrique, Lourdes, ha prometido pagar 1,200 dólares. El conductor es el jefe; él se queda con la mayor parte del dinero. El patero va en camino de regreso a México.

Además de gasolina, el chofer compra más cerveza, y la Blazer entra en Dallas cerca del mediodía. Estados Unidos se ve hermoso. Los edificios son enormes. Las autopistas tienen rampas de intercambio de dos y tres niveles. No se parecen en nada a las calles de tierra de Tegucigalpa. Todo está limpio.

El conductor deja a los mexicanos y lleva a Enrique a una casa grande. Dentro hay bolsas llenas con ropa de estilo estadounidense de varias tallas para vestir a los clientes de modo que no capten la atención. Llaman por teléfono a su madre.

LOURDES

A sus treinta y cinco años de edad, Lourdes se ha encariñado con Carolina del Norte. La gente es educada. Hay mucho trabajo para los inmigrantes y parece seguro. Puede dejar su coche y su casa sin cerrar con llave. Su hija Diana aprende rápido el inglés, algo que no había ocurrido cuando vivían rodeados de hispanohablantes en California.

Lourdes siempre está pensando en los dos hijos que dejó en Honduras. Cuando pasa por tiendas que venden las cosas que les gustan, piensa en Enrique y Belky. Si conoce a un niño de la edad de Enrique piensa: "Así debe de estar mi muchachito".

Un pequeño album gris guarda tesoros y recuerdos dolorosos: fotografías de Belky, su hija, en Honduras. A los siete años, Belky viste su traje de primera comunión y largos guantes blancos; a los nueve, lleva una falda amarilla de porrista; a los quince, luce un vestido de tafeta rosada con mangas de encaje y zapatos blancos de satén para su *quinceañera*. Belky está inclinada sobre un pastel de dos pisos bañado en crema y coronado con un ángel rosado. Lourdes gastó 700 dólares para que la fiesta fuera especial. Le prometió a Belky que trataría de regresar a Honduras para el gran acontecimiento. "Yo quería ir, quería ir...", dice Lourdes. A los dieciocho años, Belky viste una toga azul y un birrete para su graduación de la escuela secundaria.

También hay fotos de Enrique: a los ocho años cubierto con una camiseta sin mangas y con cuatro cerditos a sus pies; a los trece, en la *quinceañaera* de Belky, el serio hermanito menor. La que más le gusta es la foto en la que lleva puesta la camisa rosada. Es la única en la que está sonriendo.

Muchas veces se ha preocupado desde lejos por su hijo. En 1999, una hermana de Honduras le reveló la verdad sobre Enrique. "Se está metiendo en problemas. Está cambiado", explicó la hermana. "Está fumando marihuana". La noticia hizo que Lourdes se enfermara. Estuvo una semana con el estómago hecho un nudo. Ahora está más preocupada que nunca.

Lourdes no ha dormido. Durante toda la noche después de que Enrique la llamó por última vez desde un teléfono público del otro lado del Río Grande, ha tenido visiones de su hijo muerto, flotando en el agua, su cuerpo mojado e hinchado. Le dijo a su novio: "Lo que más me asusta es no volver a verlo".

Se ha pasado parte de la noche en la cocina rezando frente a una vela alta adornada con la imagen de san Judas Tadeo. Este santo se ocupa de las situaciones difíciles, las cuestiones de vida o muerte. Lourdes encendió la vela días atrás, cuando Enrique la llamó por primera vez desde Nuevo Laredo. Siempre que pasa cerca de la vela, Lourdes reza: "Dios te ha dado el privilegio de ayudar a la humanidad en los casos más desesperados. ¡Oh, ven en mi ayuda para que yo pueda alabar la misericordia de Dios! Seré tu sirviente fiel por el resto de mi vida hasta que pueda agradecerte en el cielo".

Ahora una mujer contrabandista está al teléfono. La mujer dice: "Tenemos a tu hijo en Texas, pero 1,200 dólares no alcanzan. Queremos 1,700".

Lourdes sospecha. Quizá Enrique está muerto y los contrabandistas tratan de cobrar igual. "Póngalo en la línea".

Salió a comprar comida, dice la contrabandista.

Lourdes no se arredra.

Está dormido, dice la contrabandista.

¿Cómo puede hacer ambas cosas al mismo tiempo? Lourdes exige hablar con él.

Por fin, la contrabandista le pasa el teléfono a Enrique.

"¿Sos tú?", pregunta ansiosamente la madre.

"Sí, mami, soy yo".

La madre todavía no está convencida. No reconoce su voz. Sólo la ha escuchado media docena de veces en once años.

"¿Sos tú?", pregunta de nuevo. Y en dos ocasiones más. Trata de pensar en algo, cualquier pregunta que sólo Enrique pueda contestar. Le viene a la mente lo que Enrique le había dicho sobre sus zapatos cuando llamó desde el teléfono público.

"¿Qué zapatos tenés?"

"Dos zapatos izquierdos", dice Enrique.

El miedo que sentía su madre se desvanece como una ola que regresa al mar. *Es* Enrique. Siente la más pura felicidad.

LA ESPERA

Lourdes echa mano de 500 dólares que ha ahorrado, le pide prestados otros 1,200 a su novio y gira el dinero a Dallas.

En la casa donde está la ropa, los contrabandistas esperan. Enrique se pone pantalones limpios, una camisa y un par de zapatos nuevos de los que había en las bolsas. Los contrabandistas lo llevan a un restaurante donde come pollo bañado en salsa de crema. Limpio y saciado en el país adoptivo de su madre, está contento.

Van a Western Union. Pero no hay dinero a nombre de su madre, ni siquiera un mensaje. ¿Cómo puede ella hacerle esto?

En el peor de los casos, piensa Enrique, puede salir corriendo. Huir. Pero los contrabandistas llaman otra vez.

Lourdes dice que ha girado el dinero a través de una inmigrante que vive con ella, porque la mujer tiene un descuento con Western Union. El dinero tiene que estar allí bajo el nombre de la mujer. Allí está.

Enrique no tiene tiempo para festejos. Los contrabandistas lo llevan a una estación de servicio donde se encuentran con otro hombre de la banda. Este último pone a Enrique con un grupo de cuatro migrantes que van a Orlando, Florida. Pasan la noche en Houston y al mediodía Enrique sale de Texas en una furgoneta verde.

Cinco días más tarde, el novio de Lourdes se ausenta del trabajo para ir en automóvil a Orlando, donde Enrique está con otros inmigrantes esperando que él llegue. El novio es buen mozo, con hombros anchos, sienes entrecanas y bigote. Enrique lo reconoce porque lo vio en una filmación que el tío Carlos trajo de vuelta cuando vino de visita.

"¿Sos el hijo de Lourdes?", pregunta el novio.

Enrique asiente con la cabeza.

"Vamos". En el carro hablan poco, y Enrique se queda dormido.

Para las ocho de la mañana del 28 de mayo, Enrique ya está en Carolina del Norte. Se despierta con el clic-clic, clic-clic que hacen las llantas al pasar por las juntas del asfalto. "¿Estamos perdidos?", pregunta. "¿Está seguro de que no nos hemos perdido? ¿Sabe adónde vamos?"

"Ya mero llegamos".

Avanzan rápido entre olmos y pinos, pasando carteles y campos de cultivo, lirios amarillos y lilas color violeta. La carretera está recién pavimentada. Cruzan un puente y atraviesan pasturas para ganado con grandes rollos de heno. A ambos lados hay barrios elegantes. Luego ven las vías del ferrocarril. Por fin, al final de un camino de grava aparecen unas casas-remolque. Una es de color beige. Construida en los años cincuenta, la casa tiene toldos de metal blanco y está rodeada de árboles altos y verdes.

A las diez de la mañana, después de 122 días, 12,000 millas recorridas, y nueve intentos de llegar hasta su madre, Enrique, once años mayor que cuando ella lo dejó, se baja de un salto del asiento trasero del coche, sube los cinco gastados escalones de madera de secoya y abre de un golpe la puerta blanca de la casa-remolque.

A su izquierda, más allá de una sala diminuta con vigas de madera oscura, hay una niña con cabello negro hasta los hombros y flequillo rizado. Está desayunando sentada a la mesa de la cocina. Él se acuerda de ella por una foto. Se llama Diana. Ya tiene nueve años.

Enrique se inclina y besa a la niña en la mejilla.

"¿Sos mi hermano?"

Él asiente con la cabeza. "¿Dónde está mi madre? ¿Dónde está mi mamá?"

Con un gesto la niña le señala el extremo de la casa, más allá de la cocina.

Enrique corre. Sus pies zigzaguean por dos corredores angostos con paneles marrones. Abre una puerta. Dentro, la habitación está abarrotada, oscura. En una cama de dos plazas, bajo una ventana con cortinas de encaje, su madre duerme. De un salto está a su lado en el lecho. La abraza. Luego la besa.

"Estás aquí, m'hijo".

"Estoy aquí".

UN GIRO INESPERADO

La *Odisea*, el poema épico sobre el viaje de regreso a casa de un héroe después de la guerra, culmina con paz y reunión. *Las uvas de la ira*, la novela clásica de la Gran Depresión y la migración de los campesinos de Oklahoma a California, concluye con muerte y un destello de vida renovada.

La travesía de Enrique no es una obra de ficción, y su conclusión es más compleja y menos dramática. Pero termina con un giro inesperado digno de O. Henry.

Los niños como Enrique sueñan con encontrar a sus madres y vivir felices para siempre. Durante semanas, y hasta meses, los niños y sus madres se aferran a nociones románticas de lo que deben sentir el uno por el otro.

Luego la realidad se interpone. Los niños se muestran resentidos porque fueron abandonados. Se acuerdan de las promesas incumplidas de regresar que les hicieron sus madres y las acusan de haberles mentido. Se quejan de que éstas se esfuerzan demasiado por darles la atención que les ha faltado. En casos extremos, los hijos encuentran amor y estima en otros lugares; ellas se quedan embarazadas, se casan jóvenes se unen a pandillas.

Algunos se sorprenden al encontrar una nueva familia completa en los Estados Unidos: un padrastro, hermanastros y hermanastras. Se avivan los celos. Los hermanastros tratan a los recién llegados de *mojados* y amenazan con llamar a las autoridades de inmigración de los Estados Unidos para ganar poder sobre sus nuevos hermanos.

Por su lado, las madres exigen respeto en vista del sacrificio que han hecho: dejar a los hijos por el bien de los éstos. Algunas han sufrido la soledad y han trabajado duro para mantenerse, para pagar las deudas a los contrabandistas y ahorrar dinero para mandar a casa. Cuando sus hijos les dicen: "Me abandonaste", como respuesta ellas sacan a relucir las altas pilas de recibos de transferencias monetarias.

Las madres piensan que sus hijos son desagradecidos y les disgusta que muestren independencia, esa misma independencia que los ayudó a sobrevivir al viaje al Norte. Con el tiempo, las madres y los hijos descubren que apenas se conocen.

Al principio, ni Enrique ni Lourdes lloran. Él la besa de nuevo. Ella lo estrecha con fuerza. Él ha vivido esto en sueños mil veces. Resulta tal como pensó que iba a ser.

Se pasan el día hablando. Él le cuenta de su viaje: la golpiza en el techo del tren, cómo saltó para salvarse, el hambre, la sed, el miedo. Ha perdido 28 libras y ahora pesa 107 libras. Ella cocina arroz, frijoles y cerdo frito. Él se sienta a la mesa y come. El niño que Lourdes vio por última vez cuando estaba en el jardín de infantes ahora es más alto que ella. Tiene su nariz, su cara redonda, sus ojos, su cabello rizado. Lourdes tiene tres hijos, pero Enrique es especial. Es su único hijo varón.

"Mire, mami, mire lo que tengo aquí". Enrique se sube la camisa. Ella ve el tatuaje.

EnriqueLourdes está escrito en medio de su torso.

Su madre da un respingo. Los tatuajes son para delincuentes, para gente que está en la cárcel, censura. "Tengo que decírtelo, hijo, esto no me gusta". Hace una pausa. "Pero por lo menos, si tenías que hacerte un tatuaje, te acordaste de mí".

"Siempre me acordé de usted".

Él le habla de Honduras, de cómo robó las joyas de su tía para pagar deudas de droga, cómo vendió los zapatos y la ropa que ella mandaba para comprar pegamento, cómo quería alejarse de las drogas, cómo anhelaba estar con ella. Por fin, Lourdes llora.

Pregunta a Enrique por Belky, la hija que está en Honduras, sobre su madre y las muertes de dos de sus hermanos. Luego se calla. Se siente demasiado culpable para seguir preguntando.

La casa-remolque está inundada de sentimientos de culpa. Allí viven ocho personas. Varios de ellos han dejado atrás a sus hijos. Todo lo que conservan de ellos son fotografías. El novio de Lourdes tiene dos hijos en Honduras. No los ha visto en cinco años.

Uno de los primos del novio dejó atrás a su mujer y a un hijo de dos meses. No los ha visto en dos años.

Otra prima y su esposo dejaron a una niña de cuatro años. El esposo no conoce a la niña; su mujer estaba embarazada cuando él se fue. Ella llama cada dos semanas y promete regresar a Honduras en un año si para entonces no ha podido traer a su hija al norte. "Lo más importante es el amor, no perder eso", dice. Los tres retratos de la niña con coletas y camisa rosada son un recordatorio constante en un rincón junto al televisor.

A Enrique le cae bien la gente que vive en la casa-remolque, especialmente el novio de su mamá: él bien podría ser un mejor padre que el suyo propio, que lo abandonó diez años atrás para formar una nueva familia.

En Honduras, la abuela de Enrique va a la casa de enfrente para hablar con la novia de Enrique, María Isabel.

Tiene novedades. Enrique lo logró.

María Isabel se lamenta. "¡No va a regresar!" Se encierra en su habitación y llora dos horas seguidas.

Durante los meses siguientes, María Isabel se pasa horas enteras sentada en silencio sobre la roca que hay enfrente de la casa de su tía Gloria. Por la noche, la tía Gloria la oye sollozar.

La hija de Gloria trata de consolar a María Isabel. Por lo menos ahora sabe que Enrique está vivo, le dice. "Alégrate. Él está allá. Te va a mandar dinero. Si él se hubiera quedado se habrían muerto de hambre los dos". Pero María Isabel, normalmente risueña, está seria y triste.

Belky también está deprimida. Deja de hablar. Llora por las mañanas antes de enfrentar el día. Anhela estar con su madre. Se pregunta si acaso no debería haber corrido el riesgo de irse con su hermano. Ahora tanto Enrique como Diana están con su madre. "Soy la única que queda aquí", le dice a su tía Rosa Amalia.

Tres días después de llegar Enrique, el novio de Lourdes lo ayuda a conseguir trabajo como pintor. Gana 7 dólares por hora. Una semana después lo promueven a lijador y pasa a ganar 9.50 dólares por hora. Con su primer cheque, se ofrece a pagar 50 dólares de la cuenta de comida. Le compra un regalo a Diana: un par de sandalias rosadas que costaron 5.97 dólares. Les manda dinero a Belky y a su novia en Honduras.

Lourdes se jacta con sus amigas: "Éste es mi hijo. ¡Mírenlo! Está muy grande. Es un milagro que esté aquí".

Cada vez que sale, ella lo abraza. Cuando la madre regresa del trabajo, se sientan juntos en el sillón a mirar su telenovela favorita, la mano de ella apoyada en el brazo de él. Todos los domingos van juntos a comprar comida para toda la semana. Lourdes cocina para Enrique, y él empieza a recuperar peso.

Sin embargo, con el tiempo se dan cuenta de que son dos desconocidos. Ninguno sabe lo que le gusta y lo que no le gusta al otro. En una tienda de comestibles, Lourdes escoge botellas de Coca-Cola. Enrique dice que él no toma Coca, sólo Sprite.

Él planea trabajar y ganar dinero. Ella quiere que estudie, que sea profesional.

Al principio él es callado y tímido. Pero eso empieza a cambiar. Se va a un salón de *pool* sin pedir permiso. Ella se enoja. Ocasionalmente, Enrique dice palabrotas. Lourdes le pide que no lo haga.

"¡No, mami!", protesta él. "A mí nadie me va a cambiar".

"¡Pues vas a tener que cambiar! Si no, vamos a tener problemas. Yo quiero que mi hijo haga lo que yo digo".

"Usted no puede decirme lo que tengo que hacer".

El conflicto culmina unas semanas después de la llegada de Enrique, cuando una llamada de cobro revertido de María Isabel es rechazada porque algunos de los migrantes de la casa-remolque no sabían quién era.

Hicieron bien, dice Lourdes, no podemos pagar llamadas por cobrar de cualquiera.

Enrique se encoleriza y empieza a empacar su cosas. "¿Quién es usted para mí? ¡Ni siquiera la conozco!", dice Enrique.

Lourdes está enfurecida. Lo toma del brazo y se lo lleva a la privacidad de su habitación. "¡Me vas a respetar!", grita. "¡Soy tu madre!" Lourdes le echa la culpa a la abuela María. Ella malcrió al niño y dejó que hiciera lo que le daba la gana. Lourdes está decidida a imponerle disciplina a su hijo. Se le acerca por detrás y le da varias nalgadas.

"¡No tiene derecho a pegarme! ¡Usted no me crió!" Enrique le dice que sólo su abuela María tiene derecho a eso porque ella lo crió. Lourdes no está de acuerdo. "Yo mandé dinero. Yo te mantuve. ¡Eso es criarte!"

Enrique se encierra en el baño y solloza. Arroja al aire todo lo que encuentra: pasta de dientes, champú, un frasco de perfume. Diana corre a la habitación llorando. Enrique se va tempestuosamente. El novio de Lourdes y su primo tratan de calmarla. Recorren las calles buscando al muchacho.

Enrique se esconde detrás de una pequeña iglesia bautista a dos millas de distancia. Duerme en el cementerio que hay detrás de la iglesia, entre las lápidas.

Lourdes pasa casi toda la noche en vela. ¿Cómo será su futuro con Enrique?

No obstante, a la tarde del día siguiente se impone el amor que sienten el uno por el otro. Enrique vuelve a casa y se disculpa con su madre. Le dice que la quiere. La consuela con una mentira inofensiva. Asegura que pasó la noche durmiendo a salvo en su carro.

Se abrazan y se besan. Esa noche, miran juntos la telenovela en el sillón de la sala. Cuando están sentados juntos, Lourdes siente el amor de su hijo.

Enrique y su madre se han reconciliado por fin. Lo que es más, posiblemente que se les una María Isabel.

Un día, Enrique llama a Honduras. Como ya sospechaban antes de que se fuera, María Isabel está embarazada. El 2 de noviembre del año 2000 da a luz a una niña.

Ella y Enrique la bautizan Katerin Jasmín. La niña se parece a él. Tiene su boca, su nariz, sus ojos. Una tía exhorta a María Isabel a que se vaya sola a los Estados Unidos. La tía promete cuidar de la bebita.

"Si tengo la oportunidad, me voy", dice María Isabel. "Voy a dejar a la niña".

Enrique está de acuerdo. "Vamos a tener que dejar a la niña".

SIETE

La niña que quedó atrás

Enrique sabe que no odia a su madre. Pero cada día que pasa su resentimiento va en aumento. Transcurridos algunos meses de que está con ella, ya no puede contenerlo. Le dice a Lourdes que ella no quería a sus hijos lo suficiente como para quedarse con ellos en Honduras. ¿Acaso pensaba que mandar dinero podía reemplazar el tenerla a su lado? ¿O que alcanzaba para aliviar la soledad que él sentía cuando lo pasaban de un pariente a otro? "El dinero no resuelve nada", afirma.

Recrimina a Lourdes por haberlo dejado con su padre sabiendo que era un irresponsable. ¿Por qué no lo dejó con la familia de ella, que cuidó de su hermana Belky? ¿Por qué no mandó suficiente dinero, forzándolo a vender especias desde los diez años? ¿Por qué le enviaba tanto más a Belky para cubrir la matrícula de la escuela privada a la que la mandaba su tía?

"A Belky siempre le diste más". Si él estaba desvalido, no tenía nadie que lo ayudara. "¿Cómo podía pedirle algo?", le pregunta. "A veces pasaba un año sin hablar con usted".

Le dice que él quería estudiar, pero no deseaba mendigarle el dinero necesario a su madre. "Belky va a ser una profesional. Míreme a mí".

Enrique le dice a Lourdes que su mayor equivocación fue quedarse embarazada al año de haber llegado a los Estados Unidos. "No debiera haberse quedado embarazada hasta saber que los hijos que ya tenía estaban bien".

¿Por qué siempre prometía volver para Navidad y nunca aparecía? Una vez que supo que él tenía el problema de inhalar pegamento, ¿cómo pudo seguir tan lejos? "Usted me dejó, me abandonó. Se olvidó de mí".

No han ganado nada con la larga separación, le dice. "La gente viene aquí para prosperar. Usted no tiene nada aquí. ¿Qué ha conseguido?" Si ella se hubiera quedado en Honduras, a él le habría ido mejor. "Yo no sería así si tuviera padre y madre".

Una verdadera madre no es la que te lleva en el vientre, le dice a Lourdes. Es la que te cría y te cuida. "Mi madre es mi abuela María". Enrique le advierte a Lourdes que ella no tiene derecho a darle consejos. "Hace mucho que usted perdió el derecho a decirme lo que tengo que hacer".

Entonces, Enrique le asesta a su madre el golpe más doloroso. Le dice a Lourdes que planea dejarla y regresar a Honduras en dos años. "No voy a hacer lo mismo que usted, eso de quedarme aquí toda la vida".

Lourdes esperaba que Enrique la iba a amar como el niño de cinco años que se aferraba a ella en Honduras. Por la noche llora hasta quedarse dormida. Ha sido una buena persona, una buena madre. ¿Por qué Dios la castiga así?

Lourdes tiene que hacerle entender a Enrique que está terriblemente equivocado. "¿Y el dinero que te mandé?", le dice. "¡Tengo testigos!" Siempre que él pedía algo específico, como un televisor o una pelota de fútbol, ella se lo hacía llegar. Belky recibió más dinero porque su tía la presionaba para que mandara dinero para la matrícula escolar. Lourdes vivió en la pobreza extrema y en circunstancias humillantes para enviar la mayor cantidad de dinero posible a sus hijos. Por primera vez, le cuenta a Enrique de las dificultades que también ella vivió durante los años de la separación: "Me he matado tratando de ayudarles a ustedes".

Ella no es como otras madres que conoce, esas que se van de Honduras y se olvidan de sus hijos, no llaman nunca, no escriben nunca. Un niño cuya una madre es así puede guardarle rencor, aun odiarla. Yo llamaba. Yo escribía.

Échale la culpa a tu padre, dice Lourdes. Él prometió cuidarte mientras yo no estuviera, pero te abandonó. La familia de tu padre tenía la misma responsabilidad de proveer por vos. En cambio, dice airadamente, tu abuela te mandó a vender especias en el mercado y allí aprendiste de drogas.

"Sos quien sos porque no quisiste estudiar", dice Lourdes. "No es mi culpa. Yo quería que estudiaras. Vos preferiste dedicarte a las drogas". Una noche, durante la cena, Lourdes le dice a su hijo que si ella hubiera mandado más dinero, él lo habría despilfarrado en drogas. Él vendió la cama que ella le había regalado para tener dinero para drogas. En silencio, Enrique se levanta de la mesa sin haber tocado la comida.

Él debería agradecerle que ella le haya dado la vida, dice Lourdes. Eso solo le da el derecho a darle consejos y disciplinarlo.

Lourdes recuerda cómo su propia madre no podía darles suficiente alimento a sus hijos, cómo ella también a veces odiaba a su madre. Cuando tenía ocho años, Lourdes empezó a buscar trabajitos. Una vecina le daba ropa para lavar en el río dos veces por semana. Cuando tenía nueve años, su madre las despachó a ella y a su hermana Rosa Amalia, que entonces tenía diez años, a vivir con un antiguo vecino trabajando como criadas. Por falta de dinero, Lourdes dejó la escuela primaria. A los catorce años, su madre la mandó a vivir al sur de Honduras con su hermano mayor, Marco. "Mi madre es sagrada para mí. Yo le agradezco lo poco que hizo por nosotros", afirma Lourdes.

También dice que Enrique alberga un "resentimiento tonto". Ella no se olvidó de él. ¿Por qué no puede hacer que entre en razón? Es un mocoso desagradecido. Sombríamente, Lourdes le vaticina a su hijo: "Dios te va a castigar". Algún día, le dice, tu hija te va a tratar como vos me tratás a mí.

Enrique toma más y más cerveza. Los consejos de Lourdes suelen desencadenar peleas. No manejes borracho. Controlá tus vicios. Sé más frugal. No podés gastar 1,000 dólares como si se tratara de 10 dólares.

"Mirá, hijo", empieza a decir Lourdes.

Enrique le interrumpe. "¡Todo lo que usted hace es machacar y machacar! ¡Se la pasa metiéndose en asuntos que no le importan!". Ella lo trata como si él fuera aún el niño que ella dejó. ¿Acaso él no se las arregló solo cuando estaba creciendo? ¿Acaso no se trepó a trenes de carga por todo México?

"¡Cállese! ¡Déjeme en paz!", grita Enrique. Los amigos están preocupados. Perciben odio en la voz de Enrique.

Enrique se deleita contradiciendo a su madre, haciéndola enojar aun si sabe que ella tiene razón. Habla como si ella no estuviera presente. Deja su ropa y sus zapatos desparramados por la sala, latas vacías de cerveza en el césped delantero. Le dice que va a salir, luego se niega a explicarle adónde va.

Enrique hace que Lourdes se llene de furia… y de culpa.

Ella le cocina la cena, le prepara las viandas, le lava la ropa en el lavadero automático. Ella v a a pagar las cuotas del auto de Enrique y el seguro. Le presta 20 dólares aquí y allá, más si lo necesita. Lourdes se pregunta repetidas veces: ¿habría sido él diferente si ella no lo hubiera dejado?

Para Enrique, el alcohol es un escape de las peleas. Deprimidos por estar lejos de su tierra, casi todos los hombres de su cuadrilla de pintores beben mucho. A diferencia de lo que ocurre en Honduras, en los Estados Unidos la cerveza es barata. Algunos toman Budweiser mientras trabajan, sorbiendo de latas que esconden en un balde de pintura vacío cuando pasa el capataz. Al final del día, la mayoría pasa por una tienda para comprar un paquete de doce latas de cerveza.

En casa, cuatro de los hombres beben. Uno de ellos puede bajarse doce cervezas en el tiempo que le toma a Enrique llevarlo de vuelta a casa en automóvil. Por las noches durante los días de semana, Enrique se acaba diez cervezas, con frecuencia en compañía de amigos delante de la casa. Se va a dormir a medianoche o a la una de la madrugada y se levanta a las seis de la mañana para ir a trabajar. Los sábados empieza a beber a las cuatro de la tarde. Juntos, Enrique y un compañero de casa pueden bajarse hasta cuarenta y ocho cervezas. A veces beben hasta el amanecer. Se marchan a trabajar sin haber dormido.

Enrique está rompiendo la promesa que hizo de abandonar sus adicciones una vez que cruzara a los Estados Unidos. Pero si no está entonado se siente raro, como molesto dentro de su piel.

Por lo menos no está inhalando pegamento.

Ir de copas le permite salir de la casa-remolque; en ella viven nueve personas, y Enrique tiene que dormir en el sillón de la sala.

Así puede alejarse de Lourdes.

Por las noches de jueves a domingo va a un bar local, un edificio de estuco gris que tiene las ventanas tapiadas con tablas de madera aglomerada y un estacionamiento de grava. Dentro, bajo un cielorraso bajo y oscuro, hay cuatro mesas de *pool*, una barra larga y una máquina de discos que toca música latina.

Enrique frecuenta una discoteca que cobra siete dólares la entrada. Hay barras de hierro en la puerta. En el interior, las paredes están pintadas de negro. Junto a la pista de baile, un pinchadiscos pasa música norteña y ranchera. Focos verdes y rojos irradian luz sobre los presentes. Ocho mujeres trabajan como "ficheras"–mujeres latinas que se sientan a hablar con los hombres que están dispuestos a comprarles cervezas de diez dólares–. Seis cervezas compran dos horas de compañía, cinco dólares compran un baile. Algunas ficheras proveen sexo a cambio de más dinero.

Enrique y sus amigos gastan mucho en un cabaré. Hay mujeres que bailan sobre una plataforma. Los hombres les ponen billetes de un dólar en el bikini. Por 20 los invitan a una habitación más pequeña donde una bailarina roza con sus senos el rostro de los hombres. Una "danza del regazo" cuesta más. Enrique usualmente gasta 150 dólares en cada visita. Una noche invita a sus amigos a este cabaré, que cobra 15 dólares la entrada, y paga todo. Dilapida 300 dólares.

Cuando tiene dinero para tragos y marihuana, Enrique está tranquilo y callado. De no ser así, se pone irritable. A veces no tiene suficiente para pagarle a Lourdes su parte de las cuentas. No le envía a su hija todo el dinero que podría enviarle.

Lourdes trata de aprovechar la ignorancia de Enrique acerca

de los Estados Unidos para asustarlo. "Si seguís así", le advierte, "te voy a hacer encerrar". Le dice que allí los padres pueden hacer eso, aunque los hijos no hayan cometido ningún delito. Muy pronto Enrique se da cuenta de que Lourdes le ha mentido.

Cuatro meses después de haber llegado a los Estados Unidos, le reducen las horas de trabajo. Enrique decide acompañar a otro pintor de su cuadrilla a buscar empleo temporal en Carolina del Sur, Georgia y Virginia.

Aun cuando está de viaje, viviendo en moteles, Enrique se atiene a un ritual. Todos los domingos telefonea a su novia María Isabel en Honduras.

Ella espera su llamado en la casa de una prima de Lourdes. Cuando María Isabel contesta al teléfono, está tan anegada de emoción que no puede hablar. Enrique habla durante una o dos horas. María Isabel llora y llora.

"María Isabel, decí algo, cualquier cosa", le implora Enrique. "Te echo de menos, te quiero, no me olvides", dice ella.

Enrique le manda 100 dólares o más por mes. Jura que volverá a Honduras en dos años.

Al cabo de un tiempo María Isabel le cuenta de los problemas que también ella tiene. La familia de Enrique la critica constantemente. "No les hagas caso", le dice él. No es tan fácil, responde ella. María Isabel vive al lado de la casa de la abuela, la hermana y las tres tías de Enrique. Cuando tenía ocho meses de embarazo, uno de los tíos de Enrique insinuó que el bebé no era de Enrique.

Lourdes se prepara para el regreso de Enrique y la primera Navidad que van a pasar juntos desde que se han reencontrado. Con los años la Navidad se ha convertido en una fiesta que espera con aprensión. Año tras año, ella les prometió a Enrique y a Belky que los vería para Navidad. Siempre los desilusionó. Cada Navidad lloraba y su corazón se endurecía un poco más. Deseaba que la Navidad no llegara nunca.

Este año anda escasa de fondos porque tuvo que pagar al contrabandista de Enrique. Arma un pequeño árbol navideño de plástico. Lo atiborra de adornos.

"Qué árbol más feo", dice Enrique. "¡Le puso usted tantas cosas que parece una piñata!" En Honduras su tía tenía un árbol de verdad y armaba un nacimiento con heno dentro de su casa. Había fuegos de artificio. Toda la familia se reunía a medianoche para una comida especial.

En Nochebuena Lourdes se va a dormir temprano. Enrique sale de copas con amigos. Vuelve a casa tarde y borracho. A la mañana siguiente, Lourdes le da a su hijo una camisa. Enrique no tiene un regalo para su madre.

La víspera de Año Nuevo es mejor. Lourdes nunca ha celebrado el Año Nuevo en los Estados Unidos. Le trae demasiados recuerdos de Honduras, de cuando se salía de una fiesta a medianoche y corría a casa para abrazar a su madre.

Este año, ella va a una fiesta con Enrique. A la medianoche, besa a su hijo, y él responde estrechándola fuerte contra sí. "Feliz Año Nuevo. Te quiero", le dice a su madre. Por primera vez en los trece años que lleva viviendo en los Estados Unidos, Lourdes no llora en la víspera de Año Nuevo.

HONDURAS

Las críticas de la familia de Enrique hacia María Isabel van en aumento. Los nietos de Gloria juegan en la casa de al lado. Cuando vuelven, repiten todo lo que han oído decir a la familia de Enrique acerca de María Isabel.

Dicen que Jasmín está sucia y mal cuidada. A la niña le gusta hacer casitas con el lodo que hay detrás de la casa de Gloria. María Isabel le cambia la ropa varias veces por día. Pero en la embarullada casa de Gloria, donde la puerta trasera que da al patio enlodado queda abierta, sus esfuerzos son fútiles.

La hermana de Enrique cuenta que Jasmín anda descalza, mal vestida, despeinada. Está pálida, delgada y suele tener tos. ¿Por qué dejó de amamantar a la niña después de seis meses?, pregunta la familia de Enrique. Si él manda dinero, ¿por qué María Isabel no lleva a Jasmín a un buen médico privado en lugar de llevarla a la clínica pública?

María Isabel cocina, limpia y hace compras y mandados para la tienda de Gloria. Lleva al nieto de ésta al jardín de infancia. Ayuda a cuidar a los cuatro niños que hay en la casa mientras la mujer atiende clientes en su pequeña tienda de comestibles.

Belky comprende el dilema de María Isabel. Ella también ha vivido como invitada en casa ajena, sintiendo la presión de hacerse útil.

Sin embargo, preocupada por Jasmín, Belky no le da tregua a María Isabel: "¿Por qué la niña está toda sucia? Debés cuidarla mejor".

Unas veces María Isabel no contesta, otras, se encoleriza. "Yo sí cuido de mi niña". No tienen derecho a criticarla. Una de las tías de Enrique tiene un hijo que es igual de delgado que Jasmín. ¿Tiene que explicarles a ellos por qué se le acabó la leche? María Isabel piensa: si las mujeres de la casa de al lado se preocupan tanto por los intereses de Enrique, ¿por qué algunas de ellas lo trataban como un perro cuando él vivía allí?

Las mujeres de al lado tienen otro reproche: María Isabel está malgastando el dinero ganado con esfuerzo, de 100 a 150 dólares por mes, que Enrique envía diligentemente para su hija.

María Isabel lo gasta casi todo en Jasmín. También le da 15 dólares por mes a Gloria. Llena el refrigerador de la mujer con fruta, leche y pollo, y les da un dinerillo a sus hijas. Le manda 10 dólares a su madre que vive al otro lado de la ciudad para ayudarla a comprar sus remedios para el asma.

A juicio de las mujeres de la casa de al lado, María Isabel está gastando en su familia el dinero que le corresponde por derecho a la hija de Enrique. Ellas saben exactamente cuánto recibe. El dinero de María Isabel llega en un giro conjunto que Enrique y su madre le envían a un pariente de Lourdes.

Mirian, la tía de Enrique vigila a María Isabel cuando va de compras, con quién va, cuántas bolsas traen al regresar.

Mirian, que es peluquera, se entera de que María Isabel ha comprado tintura de cabello para ella y las hijas de Gloria. Mirian está pálida de rabia, porque está tan necesitada que apenas puede comprar ropa usada para sus tres hijos. Cuando va de visita a la casa de Gloria, ve que se ha derramado en el piso una lata de la leche en polvo de Jasmín. Los nietos de Gloria están corriendo por todos lados llevando puñados de polvo blanco.

Otro día, Mirian regaña a María Isabel por haber pagado 150 dólares por una cómoda para guardar la ropa de Jasmín. "Fue una tontería comprar un mueble tan caro". Mi primo te podría haber conseguido una mejor por un tercio del dinero, le dice Mirian.

María Isabel hierve de ira. No dice nada.

Está agradecida por lo que manda Enrique. Aun así, casi todo el dinero se va en pañales, ropa y remedios para su hija. Solamente la leche en polvo cuesta 20 dólares por mes.

María Isabel se ha pasado casi toda la vida sin tener ropa bonita. ¿Acaso no puede comprarse un vestido, o derrochar 2.50 dólares para teñirse el cabello? No es capaz de vivir con su tía Gloria, que sufre apremios económicos, sin ayudar.

Mirian, que es madre soltera, está desesperada por dinero. Desde el nacimiento de su tercer hijo ha limpiado la casa de una hermana a cambio de 35 dólares al mes y comida. A medida que cada uno de su hijos empieza a asistir a la escuela primaria, los costos de Mirian van en aumento. Los niños necesitan libros, útiles escolares y 1.50 dólares por día para comer en la escuela.

"¡Enrique no me manda ni un centavo!", gime Mirian. Lo único que le mandó fueron 20 dólares para su cumpleaños. Ella recuerda que le cambió los pañales a Enrique cuando era bebé, y que más adelante lo protegió y cocinó para él cuando era un adolescente adicto al pegamento que vivía en la casa de su abuela. Ahora que ella está gravemente necesitada, todo el dinero de Enrique se lo queda la muchacha de la otra casa.

Mirian le dice a su familia que ella no está espiando a María Isabel. Sólo está protegiendo a la pequeña hija de Enrique al exigir que María Isabel sea mejor madre. Mirian les pregunta a sus hermanas con tono airado: ¿Acaso Enrique sabe que María Isabel le manda dinero a su madre al otro lado de la ciudad?

Cuando Jasmín cumple ocho meses, Mirian le envía una carta a Enrique. A tu hija no la están cuidando bien, escribe. María Isabel está malgastando tu dinero. He visto algunas de las prendas de ropa que le enviaste a Jasmín desparramadas por el polvo detrás de la casa de Gloria. Enrique recuerda que, cuando visitaba la casa de Gloria, los niños estaban sucios. Le pide a Mirian que no pierda de vista a Jasmín.

Por teléfono, también regaña a María Isabel. "¡Si no cuidás bien de esa niña, me voy a Honduras y te la quito!"

Por un momento, María Isabel se queda callada. Luego, su voz se vuelve tensa. "Nadie me quita a mi hija".

Gloria está harta de los comentarios maliciosos sobre María Isabel, de cómo escrutan cada cosa que hace, de cómo la familia de Enrique trata de controlarla. "Ya dejen de molestar a María Isabel. Me están volviendo loca. Basta de criticarla", les regaña a las mujeres de la otra casa.

Allan, el nieto de Gloria, juega brusco con Jasmín, que es más pequeña. La alza por la cintura y la arroja al suelo. La muerde y le jala el cabello. Cuando Jasmín tiene nueve meses, Allan la pone en la carretilla verde de Gloria. Desde el portal de la casa de su abuela, Belky vocifera. "¡Allan, dejá en paz a la niña!" Allan ya está empujando la carretilla. La carretilla se da vuelta.

Jasmín rueda al suelo. Rompe a llorar. María Isabel salió a hacer un mandado. "¡Gloria! ¡Allan ha tirado a la niña de la carretilla!", chilla Belky.

Gloria estalla. Se echa a gritar al otro lado de la calle que separa las casas. "¡Vos pensás que el cipote es un asesino! Todo lo que hacen ustedes es echar mierda. ¡Meten la nariz en todo!" Maldice. Les grita que se ocupen de sus propios asuntos.

Luego le ofrece a Jasmín. "¡Aquí está! ¡Tomala! Criala vos. Que Enrique te mande el dinero a vos. Si es por los dólares que hacés todas estas acusaciones, entonces guardate tus malditos dólares".

Pasan meses sin que las familias se hablen o crucen la calle. Pero los nietos de Gloria sí lo hacen. Ellos oyen a las mujeres de la otra casa decir que creen que María Isabel tiene un amante. Aseguran que cuando va a hacer los mandados para Gloria, en realidad se va a ver a un novio. María Isabel está furibunda; ellas están ensuciando una de las pocas cosas que tiene: su honor. Cada vez que María Isabel sale a hacer un mandado, una de las tías de Enrique sale afuera y le pregunta desde el otro lado de la calle: "¿Adónde vas?".

Jasmín pronto va a cumplir un año.

Lourdes y Enrique giran 400 dólares e instrucciones: quieren un fiesta de cumpleaños conjunta para Jasmín y la hija de un año de Mirian. Lourdes piensa que así habrá una película de todos juntos para mandar al norte.

María Isabel siente que la están forzando a hacer el festejo de su hija con mujeres que la han difamado diciendo que es mala madre. Casi no ha puesto un pie en la casa de ellas desde el nacimiento de Jasmín.

El día del cumpleaños de Jasmín, María Isabel la viste con el trajecito rojo y los zapatos blancos que Enrique y Lourdes han enviado para la fiesta. Manda a Jasmín a la otra casa y ella se queda en la suya, llorando.

Finalmente Gloria le dice a María Isabel que debe ir a la otra casa un rato, para aparecer en la filmación que van a enviar a Enrique. Jasmín y los otros niños ya han tomado turnos para golpear la piñata. María Isabel llega cuando Jasmín está soplando las velitas de su pastel de Winnie-the-Pooh. La muchacha sostiene a Jasmín sobre su cadera y le ajusta nerviosamente el sombrero de cumpleaños. *Happy birthday to you!*, cantan los niños en inglés. María Isabel no canta. Se seca las lágrimas. Media hora después de haber llegado, se refugia en la casa de Gloria.

Enrique tiene un período corto de poco trabajo; deja de enviar dinero. María Isabel consigue ocuparse lijando sillas en una pequeña fábrica de muebles que le paga 35 dólares por semana.

ESTADOS UNIDOS

Un año después de la llegada de Enrique, el novio de Lourdes hace traer a su hijo de catorce años a los Estados Unidos con un contrabandista. El niño tenía ocho años cuando su padre se fue de Honduras; a esa edad, ya empezó a beber y a meterse en riñas. Su padre tiene la esperanza de que podrá encarrilarlo al traerlo a los Estados Unidos. En cambio, tiene más problemas. Los maestros lo llaman constantemente para hablar de la conducta del muchacho. Transcurridos seis meses, deja la escuela.

Enrique piensa que el muchacho es agresivo y pendenciero por culpa de su padre. Cuando era niño, nunca tuvo un padre que lo protegiera. "Si su padre hubiera estado con él, no sería así", dice Enrique. "No estaría en problemas". Enrique y él comparten una habitación y beben juntos. Lourdes teme que el muchacho está reforzando el sentimiento de abandono de su hijo.

Enrique bebe más y más. Tiene los ojos enrojecidos de fumar marihuana. Después del trabajo come, se da una ducha y sale a jugar al *pool* y beber hasta entrada la noche.

Enrique llama a María Isabel con menos frecuencia: primero cada dos semanas, luego una vez por mes. Le dice que quiere traerla a los Estados Unidos en un año.

Pero no ha ahorrado nada de dinero para un contrabandista.

Han pasado 22 meses desde que se fue de Honduras, y Enrique nunca ha vuelto a su punto más bajo: inhalar pegamento. Ahora, unos días antes de Navidad, la cerveza y la marihuana no alcanzan.

Al terminar la jornada de trabajo vierte un poco de solvente de pintura en una lata vacía de Pepsi. Se lo lleva a casa.

La noche siguiente hace lo mismo. El solvente no le da un viaje tan bueno como el pegamento hondureño, pero está a mano.

Durante las fiestas, su familia y los otros que comparten la casa-remolque se mudan a un dúplex más moderno de tres dormitorios. Tiene una cocina grande y una sala con tres sillones cubiertos con fundas floreadas de color lila. Hay espacio suficiente para colgar un cuadro de la Virgen de Guadalupe, un bajorrelieve en madera del mapa de Honduras y una pequeña bandera estadounidense. Aun así la casa está abarrotada de gente. Hay pocos lugares en los que Enrique puede esconder su creciente adicción.

Dos veces en un período de dos semanas, Lourdes ha visto a su hijo llevándose un pañuelo oloroso a la nariz. Lourdes nunca pisa el dormitorio de Enrique. Una mañana, preocupada porque él no se ha levantado para ir a trabajar, entra. Huele algo raro. Como pintura.

"¿Qué estás usando?"

"¡Nada! ¡Nada!"

Ella le pregunta por el olor, y él le grita. Lourdes percibe que el hijo oculta algo.

Enrique se queda varios días encerrado en su habitación escuchando música reggaetón. Hace dos semanas que está inhalando solvente. Una noche decide salir. Cruza la sala hacia la puerta delantera.

Lleva algo escondido bajo el brazo. "¿Qué llevás ahí? Mostrame", le dice Lourdes desde el sillón de la sala.

"No es asunto suyo".

Enrique trata de pasar al lado de su madre para salir, pero Lourdes se incorpora de un salto y lo aferra de la camisa. Huele solvente de pintura. Ella ha estado averiguando con sus amigos. Ahora sabe lo que significa ese olor.

Enrique se sacude para soltarse.

Lourdes le espeta lo que le viene a la mente. No le importa que su novio y tres de sus parientes estén en la sala escuchando.

"Estás perdido, arruinado. ¡Un drogadicto! ¿Para qué viniste? ¿Para terminar de arruinarte?"

Enrique maldice.

"Sos una vergüenza. ¡Arréglate ya! ¡Bien quisiera yo que Dios te llevara en lugar de tener que verte así!" Si seguís inhalando solvente tendrás que irte de esta casa, dice Lourdes. Ella ha de pensar en su hija.

Enrique no le contesta. Sale por el camino de grava haciendo derrapar las llantas.

Lourdes está abatida. Le preocupa que acabe muerto por manejar con imprudencia. Por primera vez en su vida, siente que quiere morir. Quizá, si ella no estuviera, Enrique se daría cuenta cabalmente de lo que es no tener una madre, piensa.

Esa noche, Enrique se percata de que su cuerpo no tolera el solvente. Cada vez que inhala le duele mucho el lado izquierdo de la cabeza, donde lo golpearon más ferozmente en el techo del tren. Su párpado izquierdo, que todavía está un poco caído a causa de la golpiza, palpita y tiene espasmos. Siente un dolor lancinante cuando voltea la cabeza.

Deja de inhalar.

No lo hace porque su madre lo desee. Lo hace por sí mismo. Se concentra en su antiguo vicio, la bebida.

Una noche a las dos de la madrugada la policía lo pilla manejando a 55 millas por hora en una zona de velocidad máxima de 35 millas por hora. Le hacen una multa por exceso de velocidad y por llevar un envase abierto de cerveza en su automóvil. Los comprobantes de pago de su placa están vencidos. La policía lo somete a una prueba de aliento. Le confiscan el automóvil y lo llevan a la cárcel, donde pasa la noche. Lourdes manda a su novio a pagar la fianza. La policía revoca la licencia de conducir de Enrique por una semana.

Muchos de los hombres de la cuadrilla de pintores de Enrique manejan borrachos. En Carolina del Norte, el número de conductores hispanos acusados de manejar en estado de ebriedad es cuatro veces mayor que el de los no hispanos. Los compañeros de trabajo de Enrique le dicen que no se preocupe. Todo lo que quiere el gobierno es que pagues mucho dinero y le digas a un juez que estás arrepentido. Los problemas serios empiezan cuando te arrestan por tercera vez, le explican.

Entre lo que cuesta el abogado y lo que le debe pagar al gobierno, Enrique gasta 1,000 dólares. Le asegura a un juez que está muy arrepentido.

HONDURAS

Las cosas se han puesto tensas en la casa de Gloria.

María Isabel fue a vivir allí porque estaba menos hacinada que la choza de su madre. Ahora hay doce personas apiñadas en la vivienda de dos dormitorios de Gloria. María Isabel comparte una habitación con otras cinco personas.

La tienda de Gloria se ha ido a pique. El único que tiene empleo en la casa es su esposo, que gana 125 dólares por mes. El sueldo de María Isabel más lo que manda Enrique no alcanza para mantener dos familias: la de Gloria y la de la madre de María Isabel.

Tiene que alejarse de la hermana y las tías de Enrique. Lentamente, ha empezado a odiarlas. "Ya no aguanto más", le dice a Gloria.

María Isabel regresará a la primitiva choza de su madre. Ésta y su hermana menor la ayudarán a cuidar mejor de Jasmín, que ahora tiene un año y medio. Arregla para que Enrique le mande el dinero de la niña directamente a ella en lugar de hacerlo a través de su familia. No le da a los parientes de Enrique una dirección donde puedan localizarla.

Eva, la madre de María Isabel, vive en una choza situada en la ladera de la montaña en el barrio de Los Tubos, ocho manzanas así llamadas por las tuberías expuestas que transportan hasta Tegucigalpa el agua de los depósitos ubicados en la cima de la montaña.

En lo alto de la montaña, la más elevada de Tegucigalpa, envuelta en jirones de nube durante el día y bañada de luz anaranjada durante la noche, se alza una estatua gris de Jesús, que tiene los brazos extendidos hacia los residentes de la ciudad más abajo.

La calle que lleva a la casa de Eva es tan empinada que muchos automóviles no pueden subirla. Luego hay que tomar un camino de tierra lleno de surcos seguido de una senda angosta de lodo y arcilla que serpentea hacia arriba. María Isabel debe usar las raíces de un gomero grande como escalera para subir hasta la diminuta choza de su madre, que está adosada a la ladera. Dentro duermen nueve personas. Ha habido una mejora desde que María Isabel se fue hace seis años. Un pariente construyó una casita de bloques de cemento al lado; en ella hay un baño que puede usar la familia de María Isabel.

La mayoría de los niños de Los Tubos no van a la escuela secundaria porque para llegar a la más cercana hay que pagar un boleto de autobús. Los hombres trabajan de albañiles, las mujeres hacen la limpieza en barrios ricos.

Sin embargo, por ser una de las colonias más antiguas de la

ciudad, está un pequeño escalón más arriba que el vecindario donde viven Gloria y la familia de Enrique. El agua, que fluía por los grifos cada dos semanas en la casa de Gloria, está disponible aquí día por medio. Se han hecho mejoras a muchas chozas de madera, convirtiéndolas en casitas de ladrillo o bloques de cemento, algunas de hasta dos o tres pisos. En esas casas las ventanas tienen cristales en vez de postigos de madera. Casi todo el mundo tiene un refrigerador.

La mayoría de los residentes de Los Tubos llevan largo tiempo viviendo allí, pero la familia de María Isabel es relativamente recién llegada. Ellos compraron un terreno en 1980, cuando se empezó a edificar más y más alto en la ladera. Arriba de la choza de María Isabel prácticamente sólo hay verdes pendientes escarpadas y frondosas donde el terreno es demasiado empinado aun para una casa diminuta.

La familia de María Isabel, una de las más pobres de Los Tubos, come dos veces por día. No tienen refrigerador. Cocinan sobre dos calentadores pequeños. Lo único que los ha salvado del desastre es el dinero que la hermana mayor de María Isabel manda desde Houston.

Aun así, María Isabel vive mejor que antes.

Seis días por semana sale a las once de la mañana para dirigirse a su trabajo en una tienda de ropa para niños en el Mall Multiplaza del centro de la ciudad.

Las vendedoras se acercan a la trastienda y le piden a María Isabel cierto modelo y talla de zapatos. Ella los busca y pasa la caja por una pequeña abertura en la pared. El iluminado centro comercial, donde va de compras la gente acomodada de Tegucigalpa, tiene pisos de mármol beige, plantas de interior en macetas, aire acondicionado y elevadores de cristal.

Llega de regreso a su casa a las diez de la noche. Gana 120 dólares por mes.

Jasmín aumenta de peso. La madre de María Isabel y su hermana menor cuidan de la niña mientras María Isabel trabaja.

Jasmín juega con sus seis muñecas y las baña fuera en una batea de concreto que la familia usa para almacenar agua. Les cepilla el cabello. Después entra corriendo. "Ya bañé al bebé", le anuncia a su abuela, una mujer curtida y musculosa de cabello entrecano.

La niña persigue a las gallinas batarazas de la mujer, que disparan espantadas por el piso de la cocina. Se divierte disfrazándose con una vecinita de cinco años o juegan al "agua de limón" dando giros tomadas de las manos.

Cuando Jasmín tiene hambre, Eva le hace huevos revueltos con frijoles. La cambia siempre que se ensucia. Por la tarde, Jasmín le pide dinero a su abuela. "¡Quiero pisto!"

Eva le da unas monedas. Jasmín baja gateando una escalera empinada hasta una bodega que hay abajo. Espía entre los barrotes de la puerta y señala: "¡Ésos! ¡Quiero ésos!". La dueña de la tienda le da una bolsita de chicharrones picantes. Jasmín trepa nuevamente la empinada cuesta.

A María Isabel la niña le recuerda cada vez más a su padre. Igual que Enrique, se para con las rodillas juntas, la pelvis hacia delante y las posaderas hacia dentro. Posee una voz ronca y profunda. Tiene el mismo temperamento de Enrique y Lourdes: es enojadiza, una luchadora terca que no se deja amilanar.

Cuando Jasmín cumple los dos años, María Isabel empieza a llevarla a hablar con su padre por teléfono. A Jasmín le encanta ir con su madre al Axdi-Cell Internet del centro los domingos, desde donde la llamada cuesta menos. María Isabel se sabe el número de memoria.

Se sienta delante de la computadora gris y la pequeña se para entre sus piernas. "Mami, páseme el teléfono", exige Jasmín, estirando el brazo para tomar el auricular de la computadora. "Lo quiero, Enrique", dice la niña. Luego: "¿Cuándo viene?".

Jasmín regresa a la casa de su abuela y anuncia con orgullo: "Hablé con mi papá Enrique".

Muchas veces lo que le cuenta Jasmín a su padre es lo que María Isabel le insta a decir. A juicio de la abuela, eso no tiene importancia: "No se conocen, pero son de la misma sangre".

Con frecuencia, Eva le muestra a Jasmín las ocho fotografías que Enrique ha enviado de sí mismo.

La niña sabe que su padre le manda cosas. Cuando Rosa Amalia, la tía de Enrique, le pregunta dónde consiguió los hermosos aretes de oro y esmeraldas que lleva puestos, Jasmín los toca. "¡Me los dio mi papi Enrique!", y agrega: "¡Él me quiere mucho!".

Eva le dice a Jasmín que algún día ella irá a ver a su papá en avión. Jasmín deduce que su padre también se fue en avión. Varias veces al día, cuando oye el sonido de un avión en el cielo, deja lo que está haciendo y corre afuera. Mira hacia arriba con los ojos brillantes. Alza los brazos y los agita frenéticamente. "¡Adiós, papi Enrique!", exclama.

ESTADOS UNIDOS

Enrique lleva casi dos años y medio viviendo con su madre. Una noche, Lourdes y su novio están mirando una telenovela en el televisor de la sala. Enrique y un amigo juegan a los naipes en la cocina, al final del pasillo. El muchacho está tenso. La compañía para la que trabaja obliga a todos a pintar demasiado rápido.

Enrique y su amigo arrojan los naipes con fuerza sobre la mesa de la cocina. Cada vez que se descartan, gritan.

Lourdes entra en la cocina. Se ve disgustada. "¿Qué hacen?", pregunta.

"Si no quiere ruido, debe usted vivir sola".

"Sos un ignorante", responde ella.

A Enrique le gusta hacer ruido para provocar a su madre. Durante la cena, eructa ruidosamente y no se disculpa. Golpea su cuchara contra la mesa de la cocina. Escucha música a todo volumen. Grita. Le parece increíblemente gracioso hacerla enojar.

Lourdes regresa frente al televisor. Enrique y su amigo golpean los naipes contra la mesa más y más fuerte. Lourdes irrumpe en la cocina. Su novio sabe que está por armarse el jaleo. Muy pronto la sigue.

"¡Silencio!", ordena Lourdes.

Enrique contesta mal.

"Vos debés respetarme. No olvides que soy tu madre. Yo te di la vida".

"Yo no la quiero a usted como madre. Yo quiero a mi abuela".

"Yo te traje al mundo".

"Eso no es culpa mía".

Lourdes aferra a Enrique por los hombros de la camisa; él empuja su silla hacia atrás y se incorpora violentamente. La madre le abofetea fuerte en la boca. Enrique le sostiene las dos manos cerca del cuello para impedirle que siga golpeándolo. Lourdes interpreta que él está tratando de agarrarle la garganta. "¡Soltame!", chilla.

El novio de Lourdes los separa. Luego, se lleva al muchacho afuera. Enrique está llorando.

Para el día siguiente, todo ha vuelto a la normalidad. En otro tiempo Enrique se habría disculpado. Esta vez no hay palabras de arrepentimiento.

Con los demás, Enrique es abiertamente afectuoso, especialmente con Diana. Le da dinero, la lleva en coche a la tienda, juega al caballito, le acaricia la mejilla. Le enseña a bailar. Juegan a hacer rimas juntos. A diferencia de Diana, que a veces es egoísta, Enrique es generoso. "Tengo un secreto para vos. Te quiero", le dice a su hermana.

Al cumplir el tercer año en los Estados Unidos, Enrique decide cambiar. Ya no puede seguir hundido en el pasado. Tiene que vivir en el presente y para el futuro. No está lastimando a Lourdes tanto como se está lastimando a sí mismo.

Bebe mucho alcohol y eso le causa un dolor de estómago constante. Está cansado de ir a trabajar después de pasar toda la noche fuera bebiendo. Quiere verse mejor para cuando María Isabel venga a los Estados Unidos.

Sobre todo, tiene que ser más responsable por el bien de Jasmín. No puede permitir que ella crezca con la misma preocupación por el dinero que tuvo él. Quiere que ella estudie. Ya no puede dilapidar cientos de dólares en una noche de parranda, o miles en líos con la policía. Eso ha sido un enorme despilfarro de dinero.

Si no cambia, repetirá el error de su madre. El tiempo va a pasar rápido. Jasmín crecerá sin él. Debe ahorrar 50,000 dólares lo antes posible para comprar una casa y poner en marcha un negocio en Honduras.

Enrique comienza a trabajar siete días por semana. Poco a poco va disminuyendo su consumo de cerveza y marihuana. Antes salía tres o más veces por semana; ahora sale sólo una o dos veces por mes a jugar al *pool*. Bebe algunas cervezas, luego cambia a Pepsi. Cuando los amigos lo llaman a su teléfono celular para invitarlo a parrandear, él les dice que ya no está interesado.

Deja de dar portazos y oír música a todo volumen. Si eructa, se disculpa. Cena con Lourdes. Los sábados por la noche miran juntos el programa de variedades *Sábado gigante*, como lo hacían cuando él estaba recién llegado.

Les dice a sus amigos que va a dejar completamente la cerveza y la marihuana cuando María Isabel esté a su lado. Tiene la esperanza de poder traerla el próximo año, casarse.

Se rapa el cabello y pierde peso. Le gustaría poder borrar las secuelas de la paliza que le dieron en el tren: las cicatrices en su frente y en sus rodillas, el bulto que tiene bajo la piel en el ojo izquierdo, el dolor que siente en los dientes cada vez que come algo frío o caliente. Quizá pueda hacer que le coloquen coronas en los tres dientes rotos.

HONDURAS

Mirian, la hermana de Lourdes, está en dificultades. No tiene trabajo.

Su hermana Ana Lucía le ofrece 50 dólares por cuidar de su hijo menor. El dinero no alcanza. Es sólo gracias a otra hermana que mantienen el hambre a raya: todos los sábados, Rosa Amalia trae leche, queso, manteca, arroz, azúcar, frijoles y vegetales para la abuela de Enrique.

Mirian ya no puede comprar cartulina para los proyectos escolares de sus hijos. Muchas mañanas no tiene dinero para la comida del mediodía. Esos días los niños se quedan en casa. A veces faltan a la escuela tres días seguidos. Cada uno de sus hijos tiene un solo par de zapatos comprado con un plan de pagos.

Debe tanto dinero en la tienda de comestibles de la cuadra que le han suprimido el crédito. Le preocupa que sus hijos están consumiendo demasiado de la comida que su hermana trae para la abuela de Enrique. Cuando Mirian camina por la calle con sus hijos, ellos le imploran que les compre un refresco o un cono de helado. Ella no puede.

"No aguanto más esta situación", le dice Mirian a Belky. Quiere irse a los Estados Unidos. Se irá sólo por el tiempo necesario para arreglar la casa de su madre y agregar un cuarto para poner su peluquería. Se marchará por unos años, y regresará antes de que sus hijos la extrañen demasiado. Ellos no se van a sentir abandonados.

Lourdes se alarma al saber que Mirian quiere emprender el viaje al norte por su cuenta. De ninguna manera, le dice. Su novio ahora paga la renta, y hace poco ella ha conseguido un empleo mejor en una fábrica. Lourdes y su novio se las arreglarán para reunir el dinero necesario para un contrabandista.

Una mañana, tres años después de que Enrique se marchó de Honduras, Mirian se despide de sus tres hijos.

"Me voy a los Estados Unidos. Ustedes se van a quedar con su abuela". Les dice que va a trabajar para mandar dinero, ropa y juguetes. Llora. Su hija mayor de nueve años, Michelle, también llora. Junior, que tiene siete años, le pregunta cuándo va a volver. Ella no sabe.

"Pero ¿vas a regresar?", insiste el niño.

"Sí".

Mirian desciende del mismo portal del que había partido Lourdes catorce años antes.

Su hija más pequeña tiene dos años y medio. Todavía amamanta. Acostumbrada a dormir con su madre, esa noche la niña llora por Mirian. Belky se la lleva a su cama.

Por primera vez, Belky comprende la decisión que tomó su madre de dejarla cuando era una niña. Ella ha observado el trance en el que se encontraba Mirian. La ha visto debatirse con la decisión desgarradora de marcharse. Está de acuerdo con la decisión de su tía.

Mientras tanto, la vida de María Isabel ha mejorado mucho últimamente. Se muda el pariente que vivía en la casa de bloques de cemento que hay al lado. María Isabel y su familia se van a vivir allí por un tiempo. Derriban la vieja choza de madera, y el hermano de María Isabel empieza a edificar una casa de bloques para ellos.

Pero la casa del pariente no representa una gran mejoría. El techo de hojalata está sostenido con grandes piedras. Una sábana rasgada ofrece privacidad en el baño, que no tiene puerta. En ocasiones aparece un ratón trepando por las paredes grises.

Aun así, la casa tiene dos dormitorios pequeños. Ahora María Isabel comparte una cama de dos plazas solamente con su madre, su hermana y Jasmín. En el corredor, que hace las veces de sala y cocina, Eva celebra los logros de su familia. Con orgullo, cuelga cuatro diplomas de escuela primaria que han obtenido sus hijos, incluyendo el de María Isabel.

La relación de la muchacha y Enrique se está desmoronando. Antes él mandaba dinero todos los meses. Pero en el año y medio que María Isabel lleva viviendo con su madre, Enrique sólo ha girado dinero cuatro veces, normalmente entre 150 y 180 dólares.

Enrique tiene apremios económicos. Harto del hacinamiento que hay en el apartamento de su madre y de sus peleas constantes, anhelando tener un poco de privacidad, se ha mudado a una habitación alquilada en una casa-remolque. Su parte del alquiler y los servicios ascienden a 280 dólares. Las cuotas de su camioneta usada y el seguro le cuestan 580 dólares por mes, más otros 200 dólares de gasolina. Su teléfono celular cuesta 50 dólares por mes, y le da a su madre 200 dólares todos los meses para pagar el almuerzo y la cena, que come todas los días en casa de ella. Los gastos fijos consumen más de la mitad de los 2,400 a 2,600 dólares que gana por mes. Ha tenido que pagar dos multas que le hizo la policía. A veces, cuando el trabajo está lento, Lourdes tiene que prestarle dinero para la cuota de la camioneta.

María Isabel no sabe nada de esto. Se pregunta si Enrique le manda menos dinero porque se lo está gastando en otra mujer. Enrique jura que no hay ninguna otra.

Gloria le advierte a María Isabel: sé que adorás a Enrique, pero no te hagas vieja esperándolo. Si no manda por vos o si no regresa pronto a Honduras, encontrá a otra persona antes de perder tu belleza.

María Isabel ha oído decir que Enrique bebe demasiada cerveza. "Es difícil mantenerse alejado de las drogas…", afirma. Antes, cuando Enrique le decía que estaba sobrio, ella podía sonsacarle la verdad en persona. Ahora que está lejos, sólo tiene su palabra.

Cuando Enrique recién se había marchado, ella estaba desesperada por estar con él. Con el tiempo, se ha adaptado a su ausencia. Dice que no ha salido con nadie más. Cuando la vecina de la casa de ladrillo que está más arriba avisa que Enrique está en la línea, María Isabel va corriendo. Pero ahora llora menos cuando llega al teléfono. Ha madurado, ha cambiado. Ahora su vida gira en torno a su hija.

"Le quiero, pero no como antes".

Igualmente preocupante: Enrique llama con menos frecuencia. Desde que se ha ido a vivir a la choza de su madre, Enrique ha llamado cinco veces a la casa del vecino.

María Isabel siente que le están haciendo un desaire. Le parece que las llamadas van pero no vienen. Ella también deja de telefonear a Enrique. Ambos están emperrados en su orgullo. Él no ha contratado un contrabandista porque ella no se lo ha pedido. Ella no ha dicho que va a venir porque él no ha contratado un contrabandista. Se están distanciando.

María Isabel se ha cansado de pasarse toda la mañana del domingo, su único día libre, en el locutorio del centro para llamar a Enrique. El gerente tipea en una de las computadoras grises; 3 dólares compran quince minutos.

"Hola, mi bella muchacha", dice Enrique seductoramente.

"Hola, ¿cómo estás?"

Enrique pregunta por Jasmín. "Te quiero. ¿Tenés otro novio allí?" "No", responde María Isabel. Enrique quiere que María Isabel sea más afectuosa por teléfono. María Isabel sabe que él quiere que le diga que lo ama. Pero ella no puede; siempre ha sido muy tímida. Se siente inhibida en el locutorio.

Cuando hacía poco tiempo que se había mudado a la casa de Eva, María Isabel llamaba a Enrique cada dos semanas. Ahora pasan dos meses sin que se hablen. María Isabel lo atribuye a un problema de horarios. O racionaliza: "Lo voy a llamar cuando él me llame".

Enrique ya no habla de regresar a Honduras. Le dice a María Isabel que le gustan las comodidades de la vida en los Estados Unidos. Insinúa cada vez más que quiere que ella venga pronto al norte. Pero cuanto más fuerte es su vínculo con Jasmín, más se resiste María Isabel a dejarla.

ESTADOS UNIDOS

Transcurridas algunas semanas, Mirian llega a los Estados Unidos y se instala con Lourdes. Compra papeles de identificación falsos y consigue rápidamente empleo en un restaurante haciendo galletas dulces. Gana 245 dólares netos por semana.

Le dice a Lourdes que se quedará tres años, no más. No se compra muebles. No se permite acostumbrarse a las comodidades de la vida en los Estados Unidos, como el agua caliente. Toma duchas frías. Se recuerda constantemente las cosas que no le gustan de los Estados Unidos. Los niños viven encerrados dentro de casa. Diana se pasa las tardes y las noches hablando con amigos por Internet o mirando televisión. En Honduras, los hijos de Mirian juegan fuera y sólo vienen a casa cuando tienen hambre.

Los agentes de migraciones de los Estados Unidos hacen redadas en las tiendas Wal-Mart de todo el país en busca de inmigrantes ilegales. Mirian teme que la deporten. No le gusta la forma en que las personas de Carolina del Norte la miran a veces. Como si fuera menos, diferente. En sus días libres se queda en casa.

En Honduras, la familia de Enrique lleva a los niños de Mirian al aeropuerto todos los domingos, desde donde llaman a su madre por un servicio telefónico de Internet.

"Estudien mucho. No se peleen. Sean buenos con su abuela", les pide Mirian. Junior le dice que muchas veces siente ganas de llorar. Le explica que no puede dormir bien por las noches. Listo y conversador, también le cuenta a Mirian de sus excelentes calificaciones. Luego le pide que le mande una bicicleta.

Mirian les dice que va a enviar zapatos deportivos Nike y

muñecos de Spiderman, Hulk, Batman y Barbie. "He comprado unas cosas preciosas para mandarles".

La hija menor de Mirian se asusta cuando escucha la voz de su madre en el teléfono. El primer mes, aleja el teléfono. Oye a sus primos tratar de "tía" a Mirian. Cuando por fin habla con su madre, la empieza a llamar "tía".

"No soy tu tía, soy tu madre", corrige Mirian.

"No, usted es mi tía", insiste la niña.

Enrique comparte la casa-remolque con dos parejas mexicanas que tienen cuatro niños. Los pequeños le recuerdan constantemente a Jasmín.

En su habitación, Enrique pega dos retratos de su hija en el espejo del armario; en uno lleva puesto un vestido blanco y azul, en el otro un vestido rojo y blanco. Hay dos fotografías más de ella en un estante junto a su cama.

A él no le gustaba la escuela. Se preocupa: ¿le pasará a ella lo mismo?

Enrique adora los dulces; cada vez que se compra algunos para él, piensa en comprar también para Jasmín. Casi todos los días ve algo que a ella le gustaría. Se dice que le compraría esas cosas si ella estuviera con él. A sus amigos les habla todo el tiempo de la niña.

Sus momentos más felices son cuando llegan fotografías. O cuando María Isabel pone a Jasmín en la línea. "Te quiero, papi", dice. Enrique sabe que María Isabel le enseña a Jasmín a decirle cosas bonitas. No le importa. Algún día la niña va a entender cómo son las cosas.

"Yo soy tu papá. ¿Querés a tu papá?", pregunta Enrique.

"Sí, te quiero".

La niña le pide que mande cosas. "¡Papi, quiero una piñata! ¡Una que tenga caramelos!"

"Creo que me va a querer mucho cuando me vea", dice él.

Enrique se imagina cómo va a ser su vida cuando estén juntos. En la casa de Lourdes todos comen a horas distintas, cuando sea que lleguen de trabajar. En su familia van a cenar todos juntos.

HONDURAS

Para cuando cumple los tres años, Jasmín no se separa de su madre. Por las noches duermen en la misma cama. Por la mañana, antes de prepararse para ir a trabajar, María Isabel baña a su hija con baldes de agua. Le peina el cabello en dos trenzas.

Cuando María Isabel sale a trabajar, Jasmín llora. "¡Mami! ¡Mami!", grita.

Descalza, la niña trastabilla cuesta abajo persiguiendo a su madre. La abuela corre tras ella y la alcanza.

"Ya vuelvo", le dice María Isabel desde abajo, alejándose.

Por la noche, cuando llega trepando la cuesta, Jasmín corre hacia ella. Se sienta en su regazo con los brazos rodeándole el cuello. Se frotan las narices. Juegan a las "tortillitas". María Isabel le pide a Jasmín que cuente hasta diez. Con cada número, la madre alza a la niña por el aire y luego la baja. "¡Ay, te estás poniendo muy pesada!" Jasmín agarra a su mamá del cabello, luego de las orejas. Da grititos de alegría.

"¿Qué has hecho hoy?", pregunta María Isabel. "¿Dormiste la siesta?" Con voz dulce y aguda Jasmín contesta cada pregunta de su madre.

Cuando María Isabel tiene el día libre, Jasmín está siempre a su lado. Toma a su hija de la mano. Van al centro o a visitar a Gloria. La lleva a caminar por la acera del Pizza Hut, atiborrada de carromatos llenos de papas, plátanos y aguacates. Allí es donde tiempo atrás Lourdes iba con una cajita a vender chicle y caramelos con Enrique a su lado.

María Isabel lleva a Jasmín en brazos a la plaza central de la ciudad, donde los niños mendigan con las manos tendidas. La lleva a la catedral, hasta el altar dorado. Reza. Pide que Jasmín no se vaya a enfermar, que Enrique se mantenga alejado de las drogas. Luego lleva a Jasmín a tomar un helado.

Este domingo María Isabel prepara a Jasmín para la fiesta de cumpleaños de una amiga. La viste con un conjunto blanco y rosado y los aretes, la pulsera y la medallita de Jesús que le mandó su padre.

Cuando van caminando por el corazón de Tegucigalpa, Jasmín habla sin parar. En la fiesta, que se hace en la choza de chapa acanalada de la prima de Isabel, Jasmín come pollo, trata de inflar un globo rojo y pide prestada una bicicleta rosada con rueditas estabilizadoras. Pero después de un ratito trepa al regazo de su madre. María Isabel la hace brincar sobre sus rodillas, y Jasmín le acaricia el cabello y le susurra al oído. María Isabel le arregla las trenzas. La acuna en sus brazos. Jasmín le da un suave beso. Encuentra una rama de buganvilla con flores rojas y se la trae a su madre.

Cuando a Jasmín le toca el turno de golpear con un palo de madera la piñata rosada en forma de perro, María Isabel la alienta. "¡Fuerte! ¡Pegale fuerte!"

María Isabel le consigue una porción de pastel, luego se pone en fila para esperar su bolsita de sorpresas. Le enseña cómo hacer sonar un silbato, que es uno de los regalitos.

Al atardecer regresan a casa en autobús. Jasmín va en brazos de su mamá. Las luces juguetean en las colinas de Tegucigalpa. María Isabel desviste a la pequeña y le pone su camisón blanco. Jasmín vuelca el contenido de su bolsita de sorpresas en el suelo, ansiosa por ver lo que hay dentro: hay dos horquillas para el pelo en forma de mariposa. María Isabel se las pone a su hija, y la niña baila al ritmo de la música del televisor de la familia, moviendo las caderas con los brazos en el aire.

A las siete y media de la tarde, María Isabel se mete en la cama con su hija. Jasmín sostiene un biberón lleno de leche con la mano izquierda. Con la mano derecha frota el abdomen de su madre. Es un ritual. No puede quedarse dormida sin acariciar el abdomen de su madre. Despacio, a medida que succiona la leche, la mano que sostiene el biberón se va aflojando. Le aletean los ojos. María Isabel la pone de costado y le frota la espalda hasta que se queda dormida.

Ya no puede concebir dejar a su hija. Debe decírselo a Enrique.

En último caso, podría dejar a Jasmín cuando la niña tuviera la edad suficiente como para comprender lo que está ocurriendo. Le dice a su familia: "Debería tener cinco años o más para que yo la dejara. Entonces al menos podría intentar explicarle". Ni un día antes, afirma convencida. Es la misma edad que tenía Enrique cuando su madre lo dejó.

Algunas de sus amistades le dicen que sería una tontería no seguir a Enrique a los Estados Unidos. Ahora es joven y puede conseguir trabajo, pero en Honduras a las mujeres de más de veinticinco o veintiocho años no las consideran para muchos empleos, algo que dejan bien en claro los avisos clasificados de los periódicos.

La fábrica S.J. Mariol sólo emplea mujeres de dieciocho a veinticinco años, dice la jefa de recursos humanos Leydi Karina López. En un gran edificio de ladrillo en Tegucigalpa, hay hileras de mujeres jóvenes sentadas frente a máquinas de coser confeccionando furiosamente guardapolvos de médico para su exportación a los Estados Unidos. Una mujer cose un triángulo de tela en la base del cuello. Lo hace 2,520 veces por día, cuarenta y cuatro horas por semana, por 110 dólares al mes.

"Vemos que el trabajo requiere de mucha energía y dedicación. A los treinta años podrían tener problemas de espalda, o de la vista, o artritis. Queremos evitar eso", explica la directora de recursos humanos. Sin alta productividad, dice, el trabajo se iría a lugares donde se pagan salarios más bajos, como China.

La tienda de ropa para niños donde trabaja María Isabel no contrata mujeres de más de veintitrés años. Argentina Valeriano, una vecina de María Isabel a quien llaman "Norma", dice que las mujeres de más edad tienen tres opciones: lavar y planchar ropa, limpiar casas o hacer tortillas caseras. Con esos trabajos pueden ganar entre 50 y 90 dólares por mes. Una familia necesita por lo menos 350 dólares por mes, dice la trabajadora social Francis Jeanett Gómez Irias, del Instituto Hondureño de la Niñez y la Familia.

En 1998 el huracán Mitch llevó a la quiebra a muchas empresas hondureñas. El desempleo y el subempleo combinados afectan al 43 por ciento de los hondureños. Los puestos públicos van para gente de ciertas familias o que tienen buenas conexiones, afirma Norma. La mayoría de los vecinos de María Isabel, incluyendo a veinticinco en su misma cuadra, no tienen trabajo. Sólo sobreviven porque alguien de la familia se fue al norte y gira dinero. Según Norma, los hijos de madres solteras son los que más sufren.

María Isabel no sería la primera de su familia en irse a los Estados Unidos dejando atrás a sus hijos. La hermana de Eva, Tina, dejó a cuatro hijos en Honduras y se fue a Los Ángeles a comienzos de la década de los ochenta. La hermana mayor de

María Isabel, Olga, se fue a Houston en 1990. Dejó a José y a Dennis Alexander, de un año y medio y tres años respectivamente, con su madre, Eva. Durante ocho años, Olga le mandó de 50 a 100 dólares por mes a Eva para ayudarla a criar a los pequeños. En 1998 Laura, la otra hermana de Eva, dejó atrás a dos niños.

Con el tiempo las tres mujeres pudieron traer a sus hijos a los Estados Unidos, algunas por vía legal, otras con contrabandistas.

Cuando ve parejas que andan con sus pequeños por la calle, María Isabel se siente triste. Si se fuera a los Estados Unidos, ¿acaso Jasmín podría tener a ambos padres a su lado en menos tiempo? Sabe que la niña necesita a su padre.

A Jasmín se le ha dado por llamar "papi" a su tío Miguel, que tiene veintisiete años y es el único hombre que hay en la casa de Eva. Con Enrique, a Jasmín hay que inducirla a hablar. Con Miguel, las palabras cariñosas le surgen naturalmente.

Una tarde, Jasmín regresa de una fiesta de cumpleaños. Va corriendo hacia Miguel con la bolsita llena de dulces que le dieron en la fiesta. "¡Papi!", dice Jasmín, dándole caramelos. "Papi, tenga". Jasmín no suele compartir sus dulces; con Miguel es generosa. Le pasa el parte completo del día: que golpeó la piñata, que comió arroz y pastel, que bebió refrescos, que la gente tomó fotografías. Jasmín corre y salta a la cama de Miguel. Él la persigue y le hace cosquillas en las costillas.

Muchas tardes, cuando María Isabel está en el trabajo, Jasmín se le escabulle a su abuela y se va al lado, donde Miguel está edificando la nueva casa de la familia. Sube la escalerilla hasta el segundo piso. Allí hace de asistente de Miguel. Mientras coloca cerámicos de piso, el tío le señala la esponja; Jasmín la trae. Le señala la espátula. Ella se la trae también. "Pasame el martillo", le dice con su voz bondadosa.

Al atardecer, cuando Miguel baja la colina para ir a jugar al fútbol, le dice: "Me voy, Jasmín". Ella contesta rápidamente. "¡Vamos, papi!"

Enrique sospecha que su hija ha empezado a identificar a otro hombre como su padre. Ese año, al acercarse la Navidad, le promete ir a visitarla.

María Isabel ve aún más razones para quedarse en Honduras con su hija. Una campaña gubernamental de un año de duración ha enfatizado los peligros del viaje. Los diarios publican una sucesión de relatos acerca de personas heridas o muertas en la travesía hacia el norte.

Irma, la hermana de María Isabel, trató de ir a los Estados Unidos, pero se le acabó el dinero en México y tuvo que regresar. Lo mismo le ocurrió a uno de sus hermanos. María Isabel le pregunta a una de sus hermanas acerca del viaje, y ésta le dice que pasó hambre. María Isabel le pregunta si la violaron. La hermana no contesta.

¿Y si no lograra llegar? ¿Qué sería de su hija?

En los Estados Unidos tendrá que vivir como indocumentada, siempre temerosa de que la capturen y la deporten. Hay racismo; la van a tratar como si fuera inferior. Su madre hace hincapié en el hecho de que Estados Unidos es un país frío donde los vecinos casi no se conocen.

María Isabel no quiere perderse todos los momentos importantes de la vida de Jasmín. Piensa en todo lo que se ha perdido Enrique hasta ahora. Pronto Jasmín tendrá su primer día de clases en el jardín de infancia.

María Isabel ha oído hablar de cómo las madres que se van pierden el amor de sus hijos.

Rosa Amalia, que crió a Belky, la hermana de Enrique, ha visto los efectos de estas separaciones. Ella le aconseja a María

Isabel esperar hasta que Jasmín sea un poco más grande, así Enrique podría enviar por ambas.

María Isabel urde un plan para quedarse. Si no tiene más hijos y trabaja duro, es posible que pueda darle una buena educación a su hija. "No es imposible. Si tengo sólo una hija, puedo darle lo que necesita", afirma.

A Gloria le dice: "Sin Jasmín no me voy".

Belky ha estado viéndose con un novio nuevo en secreto, Yovani. Transcurrido un tiempo, Yovani habla con Rosa Amalia, para "pedir la llegada", permiso para cortejarla. Ésta accede luego de hacerle jurar castidad a Yovani. Rosa Amalia quiere que Belky deje de vivir en el limbo, siempre obsesionada por reunirse con su madre. Espera que Belky termine sus estudios de administración de empresas y forme su propia familia en Honduras.

Belky empieza a pensar que, si no ve a su madre pronto, ya no la verá nunca. "Quiero darle un abrazo. Muchos abrazos. Sólo quiero estar a su lado, aunque sea por poco tiempo", dice.

Una noche, cuando están sentados fuera de la choza de bloques de cemento, Yovani le propone matrimonio. No es buen mozo. Vive con su madre, que es tamalera, en una diminuta choza de madera. Pero es bondadoso, bebe poco y le compra regalitos. La trata como a una reina. Belky lo ama, le pide a su madre unos cuantos miles de dólares para construir una casita en un terreno al lado de la casa de la abuela, el que estaba reservado para la casa que Lourdes iba a construir al regresar. Cuando Belky se case, su madre no estará allí. Su tío y su tía serán quienes la entreguen.

ESTADOS UNIDOS

Lourdes trabaja en una cuadrilla de limpieza, luego en la línea de montaje de una fábrica. La vida no es fácil con tanta gente amontonada en el departamento, especialmente porque los hombres no ayudan. Cuando llega a su casa encuentra el bote de la basura lleno, los pisos sucios, y debe cocinar y limpiar para todos.

Aunque los hombres llegan a casa a horas distintas, Lourdes espera a cada uno y le sirve la cena. En su día libre lleva la ropa sucia de los hombres –seis canastos– al lavadero automático. El domingo gasta 300 dólares en provisiones que alcanzan para alimentar al clan una semana. Repartir los 800 dólares del alquiler entre siete personas permite que Lourdes mande dinero a su madre y a su hija. A Lourdes le parece que todos los parientes de Honduras que están en apuros económicos piensan que pueden pedirle ayuda.

Una noche, Enrique y un amigo empiezan a hablar de las pandillas en Honduras. Lourdes opina que Honduras es un país espantoso y sin ley. A Enrique lo enfadan ese tipo de comentarios, especialmente si la que habla es Lourdes. Es su país, dice. "Mami, no sé por qué usted odia tanto a su país".

"No voy a volver nunca", asegura ella.

La discusión degenera en otra gran pelea. Por tercera vez desde su llegada, Enrique acusa a Lourdes de haberlo abandonado en Honduras. Le dice que su verdadera madre es su abuela María. Enrique ha colgado un cuadro de la Última Cena sobre la cabecera de su cama. Le recuerda a su abuela, que tenía varios cuadros como ése en su choza. Enrique echa de menos los frijoles y los fideos que ella le cocinaba. Echa de menos ir a la iglesia con ella cuando era niño.

Lourdes cree que lo que dice Enrique esconde un temor: si él se vuelve a Centroamérica, su madre no lo seguirá. Vivirán separados otra vez.

El novio de Lourdes trata de hallar la manera de aliviar la tristeza que ve en ella.

"Mire, amor, tome la distancia". No vale la pena discutir y pelear con Enrique, le dice. Es una pelea que no va a ganar. Los dos son igual de tercos. A ninguno de los dos le gusta que lo contradigan o que le digan que está equivocado. Tiene que controlar su enojo cuando Enrique trata de provocarla.

Si Enrique dice algo que a Lourdes no le gusta, ésta no se da por aludida. Todavía le prepara la cena, pero ya no le sirve su plato de comida. Deja de lavarle la ropa. Ya no salen a cenar los sábados por la noche como antes, ni van de compras los domingos.

Al llegar el nuevo año, Lourdes, su novio y los parientes deciden irse de Carolina del Norte. La empresa de pintura en la que casi todos se ocupan tiene problemas financieros y les ha reducido las horas de trabajo. El empleo escasea.

Se mudan a Florida, donde un primo del novio de Lourdes les consigue a todos ocupación como pintores. Lourdes y su hermana Mirian empiezan como mucamas de hotel ganando 6.50 dólares por hora. Cada una limpia de dieciséis a dieciocho habitaciones por turno. Ocho personas se apiñan en un pequeño apartamento de dos dormitorios. Enrique duerme en el sillón de la sala. Lo detesta. Extraña a sus amigos de Carolina del Norte. Tiene que levantarse antes del alba para estar pintando a las seis y media de la mañana.

Mirian, la hermana de Lourdes, considera traer a sus hijos a los Estados Unidos pero rápidamente descarta el plan por ser demasiado peligroso. Se cambia a un trabajo como lavacopas en el que le pagan 9 dólares por hora. Se concentra en ahorrar lo suficiente como para regresar con sus hijos en lo que espera sean dos años más. Necesita ahorrar entre 10,000 y 15,000 dólares para poner una peluquería en la casa de su madre y mandar a sus tres hijos a la escuela. Hasta ahora ha ahorrado 1,200 dólares.

Enrique la fastidia constantemente para que se regrese. "¿Por qué vas a abandonar a tus hijos?", le pregunta. Después de las peleas con Lourdes, Enrique siempre tiene una admonición para su tía Mirian. "Esto le va a pasar a usted, porque dejó a sus hijos de pequeños. Usted piensa que llenarles la barriga es lo mismo que darles amor".

Mientras sopesa la idea de regresarse a Carolina del Norte, se vuelve más cariñoso con su madre. La abraza y la besa a menudo. Por fin, decide irse.

Lourdes le ruega que se quede. Le dice que no va a seguirlo de vuelta a Carolina del Norte. Ahora ella tiene una vida con el hombre que es de hecho su esposo, su hija y su hermana. "Vos nunca me reconociste como una madre verdadera. Ahora yo tengo que ocuparme de mi vida junto a mi esposo", le dice a Enrique.

En silencio, él empaca y se va.

Lourdes quiere disfrutar más de la vida y preocuparse menos por Enrique. Los sábados por la noche, ella y su novio van a cenar a un *buffet*. Lourdes atesora los ratos que pasa con Diana. Le toma el pelo cuando embrolla alguna frase en español, y la niña le enseña a hablar inglés con tonada sureña.

Por fin, ahora Lourdes y su novio tienen dinero suficiente para pagar su propio apartamento. A ella le gustaría algún día abrir una tienda de pintura con él. Tal vez comprarse una casa-remolque doble. Sobre todo, Lourdes ruega por una amnistía para inmigrantes y así poder legalizarse y traer a su hija Belky a los Estados Unidos.

"Dios, dame papeles. Quiero estar con mi hija", dice. "Le pido a Dios que me dé esto antes de morir". Se echa a sollozar. "¿Es demasiado pedirle a Dios? Yo no pido riquezas. Ni otras cosas".

Enrique concentra sus esfuerzos en el trabajo, en ahorrar dinero y en bajar aún más su consumo de alcohol y drogas. Necesitará 5,000 dólares para que un contrabandista traiga a su novia al norte.

Con gentileza, Enrique trata de convencer a María Isabel de que se comprometa a hacerlo. "María Isabel, sabés que yo soy bueno con vos. Te doy todo", le dice por teléfono. Enrique la ama. Echa de menos su temperamento calmo y sereno, cómo lloraba y se reía mucho, lo simple que era. Extraña caminar con ella de la mano volviendo de la escuela.

Si viven demasiado tiempo separados, Enrique teme que María Isabel encuentre a otro hombre. "Si encontrás a alguien que te quiera como yo, pues entonces vete con él", dice Enrique. "Te dejé. Yo entiendo".

En verdad lo que quiere con desesperación es que ella lo contradiga cuando él dice esas cosas, desea saber si ella está interesada en otra persona. María Isabel afirma entonces que lo ama para toda la vida, pero Enrique no cree que ella lo vaya a esperar para siempre. ¿Por qué no le dice que quiere venir a estar con él? Enrique ya no da más. Resuelve llamarla y preguntarle sin más: ¿venís o no?

Sabe que María Isabel está dando largas al asunto, que le preocupa dejar a Jasmín. Él también ha dado rodeos: quiere aprender inglés y controlar sus vicios completamente antes de traerla a los Estados Unidos. No obstante, cuanto antes venga María Isabel, más fácil les resultará a ambos ahorrar dinero y regresar a Honduras y más pronto verá a su hija. Se ha propuesto volver con la niña para cuando tenga cinco años, seis como máximo.

Si no, Jasmín no lo aceptará como padre. "Me verá como a un extraño", dice. Irá a Honduras cuando ella cumpla seis años, aun si es sólo por un período breve y debe cruzar México clandestinamente otra vez.

"Necesito verla. Estar con ella".

Con el transcurso del tiempo, Enrique comienza a ver otras cosas con igual claridad. Se da cuenta de que su madre nunca le va a pedir perdón por haberlo dejado. Ahora trata de poner el amor que siempre ha sentido por Lourdes por encima del resentimiento que le ha guardado todos estos años. Por primera vez le da un regalo a su madre: 100 dólares para su cumpleaños. Ella los usa para comprarse un vestido y una loción.

Enrique y Lourdes empiezan a hablarse por teléfono dos o tres veces por semana. Hace mucho que Enrique la viene llamando "señora". Ahora la llama "ma". Se vuelve más cariñoso con cada llamada.

"Tan bonita mi mami, la quiero mucho", le dice.

"¡Mentiroso viejo!", retruca Lourdes.

Hasta empieza a hacer planes para mudarse de Carolina del Norte a Florida. Ya no quiere vivir lejos de su madre.

Lourdes está convencida de que Dios está atendiendo una de sus plegarias: que Enrique se encarrile, que deje de beber y que ya no albergue tanto rencor hacia ella. "Es como un milagro", dice. Es como si hubiera sacado afuera todo el resentimiento que tenía guardado y ahora estuviera listo para seguir adelante. Lourdes siente que Enrique le da el mismo amor y calidez que le daba cuando recién llegó a su casa en Carolina del Norte.

"Siempre quiso estar conmigo", dice Lourdes.

LA NIÑA QUE QUEDÓ ATRÁS

Es la primavera del año 2004. Han pasado cuatro años desde que Enrique se fue. Él y María Isabel llevan más de cuatro meses sin hablarse, desde la pasada Navidad. El muchacho llama a su hermana Belky. Vé a buscar a María Isabel. Decile que tiene que llamarme.

María Isabel lo hace desde el locutorio.

"¿Por qué no me llamás?", pregunta Enrique. Ella responde lacónicamente que no tiene nada de qué hablar.

"¿Estás lista para venir?", pregunta él.

María Isabel se dice que él no puede estar hablando en serio. Cuando inhalaba pegamento en Honduras solía decir cosas que no sentía de verdad. Aunque esté hablando en serio, ella no puede irse hasta que Jasmín cumpla los cinco años. Ésa fue su promesa.

Debe tomar una decisión, dice Enrique. Ahora. Si no lo hace, él jura que va a rehacer su vida, buscar a otra persona.

"No quiero marcharme", decide ella.

Enrique trata de persuadirla. He cambiado, le asegura. Bebo, pero muy poquito. No uso pegamento. "No soy la misma persona".

Ella no se inmuta.

Si vienes, le dice él, será lo mejor para Jasmín. Juntos podemos darle una vida mejor. Ambos podremos volver antes.

Ahora, ella lo escucha. "Lo voy a pensar", concluye.

Enrique se llena de esperanza con esta respuesta. Empieza a llamar constantemente a María Isabel. Te necesito, le dice. Vos sos la madre de mi hija. Sos la única con la que me quiero casar.

María Isabel le da vueltas al asunto día y noche. Si se queda y se casa con otro, un padrastro nunca trataría a Jasmín como si fuera suya.

María Isabel toma una decisión. A la larga, marcharse será por el bien de Jasmín. Con el tiempo ella podrá estar con sus verdaderos padres, todos juntos. Hace un pacto con Enrique: Jasmín vivirá con Belky, pero pasará los fines de semana con su madre. "Lo voy a hacer por mi hija", dice.

Unos días más tarde, un contrabandista se pone en contacto con María Isabel. La va a llamar la semana entrante, probablemente el martes o el miércoles. Ella debe estar lista.

María Isabel carga toda la ropa de Jasmín a la choza de bloques de cemento donde vive Belky en la parte trasera de la casa de su abuela. Espera al lado, en la casa de Gloria, el llamado del contrabandista a Rosa Amalia, que recién ha instalado servicio telefónico en su casa. Abraza a su hija todo el tiempo. Llora sin parar.

Jasmín pregunta: "¿Mami, por qué llora tanto?".

María Isabel le dice que le duele un brazo. Le cuenta que le duele una caries que tiene en la boca.

"No llore, mami", pide Jasmín. Entristecida por las lágrimas de su madre, la niña también llora.

"¿Por qué llorás?", le pregunta Rosa Amalia.

"Porque llora mi mami. Ella llora todo el tiempo".

María Isabel no le ha dicho a su hija que se va a marchar. No puede. Pero Jasmín es lista.

Un vecino le pregunta a María Isabel: "¿Ya te vas?".

Jasmín quiere saber: "¿Adónde se va mi mamá?".

La interroga: ¿por qué ha llevado toda su ropa de la casa de la abuela Eva a la de Belky al otro lado de la ciudad? ¿Por qué ha empacado una mochila blanca con su propia ropa?, le pregunta a su madre.

"Voy a salir", dice María Isabel. "Ya vuelvo".

"¿Adónde va?"

María Isabel y Jasmín en Tegucigalpa, 2003

"Me voy al centro".

"¿Va a volver?"

"Sí".

Jasmín le cree, y esta vez su madre sí vuelve.

En ocasiones, cuando Jasmín le pregunta si va a regresar, María Isabel se queda callada. No le contesta.

No le gusta mentirle a su hija, pero está convencida de que, con sus tres años y medio de edad, Jasmín no será capaz de entender la verdad. No puede ni pensar en la escena, en que Jasmín le exija ir con ella. Así es más fácil, es mejor, se dice María Isabel.

Miércoles. El contrabandista viene a la una de la tarde. Le explica a María Isabel que debe estar en la terminal de autobuses de Tegucigalpa, que está al otro lado de la ciudad, a las tres y media. El contrabandista cuenta que va a vestir una camiseta roja y vaqueros azules. ¿Qué va a ponerse María Isabel? Una blusa negra y vaqueros azules, le dicen los familiares de Enrique.

La muchacha regresa a la choza de Belky con Jasmín. La sostiene en brazos y le da un último biberón.

Luego se va a la casa de la abuela de Enrique. "Me voy. Adiós", se despide.

"Que Dios te bendiga", dice la abuela. La familia va a rezar por ella durante su viaje al norte.

Al lado, en la casa de Gloria, María Isabel abraza a su madre y a su hermana. Rosa Amalia, la tía de Enrique, lleva a Jasmín de vuelta a la casa de Belky, esperando así evitar una escena. Jasmín se rehúsa terminantemente. La pequeña ha oído algunas de las despedidas, y que Rosa Amalia va a llevar a María Isabel en automóvil a la terminal.

"¡Yo voy! ¡Voy a dejar a mi mamá", exclama, y Rosa Amalia cede.

Jasmín corre al automóvil y se sube. María Isabel se lleva la mochila, que tiene una muda de ropa y un retrato de su hija. Belky y su novio también suben al coche.

En la terminal de autobuses, Rosa Amalia no deja que Jasmín se baje del auto. En la sala de espera sólo se permiten pasajeros. María Isabel siente alivio. Se dice que todo está bien, que Jasmín no se da cuenta de lo que está pasando.

María Isabel no se despide de su hija. No la abraza. Se baja del automóvil y camina con agilidad hacia la terminal de autobuses. No mira hacia atrás. Nunca le ha dicho a la niña que se va a los Estados Unidos.

Rosa Amalia sube a la niña al capó del automóvil y cuando el autobús sale de la terminal, le dice que diga adiós. Jasmín saluda con ambas manos y grita: "Adiós, mami. Adiós, mami. Adiós, mami. Adiós, mami".

EPÍLOGO

Mujeres, niños y el debate
sobre la inmigración

Se calcula que 1.7 millones de niños viven en los Estados Unidos como indocumentados, la mayoría de ellos provenientes de México y Centroamérica. Como Enrique, casi todos han estado un tiempo separados de un progenitor antes de reunirse con él o ella en los Estados Unidos. Uno de cada cuatro escolares del país es inmigrante o hijo de un inmigrante, un grupo que entre 1990 y 2000 creció siete veces más rápido que el de los niños cuyos padres son ambos nacidos en los Estados Unidos.

Los niños que hoy emprenden el viaje de Centroamérica a los Estados Unidos en busca de sus madres enfrentan un viaje más peligroso y azaroso que nunca antes.

La represión de las maras en El Salvador, Honduras y Guatemala ha empujado a muchos pandilleros más al norte, hacia Chiapas, donde hacen presa de los migrantes a bordo de los trenes. Los pandilleros que antes vivían en los pueblos fronterizos de Guatemala han trasladado su base de operaciones a Chiapas. En el norte de este estado, los trenes llegan a la estación de Tonalá con migrantes muertos en los techos de los furgones.

En 2004, hartos de la violencia desenfrenada, más de 5,000 residentes de Tapachula marcharon por las calles exigiendo la pena de muerte para los pandilleros.

Desde la travesía de Enrique, el número de agencias policiales dedicadas a capturar inmigrantes en Chiapas ha aumentado de cinco a ocho. Para eludir un mayor número de agentes, los migrantes se arriesgan más para subir y bajar de los trenes en movimiento. El resultado: el número de migrantes que llega al hospital general de Tapachula es ahora más del doble.

La migra ya no detiene el tren en La Arrocera, el retén en el cual los migrantes debían evadirse de los bandidos que los acechaban. En 2003, cuando La Arrocera se hizo demasiado peligrosa aun para los agentes de la migra, la parada del tren se cambió a Los Toros, Chiapas. Allí, con refuerzos de otras tres agencias policiales y el ejército, entre sesenta y ochenta agentes trepan al tren con escaleras para llegar hasta los migrantes que están en los techos, y capturan a cuatro de cada cinco. Un poco al sur del retén, en Tres Hermanos, ha surgido una nueva cosecha de bandidos. Los migrantes que tratan de eludir a las autoridades caminando por las vías son asaltados, heridos, y aun asesinados por matones locales.

Más al norte, en Nuevo Laredo, varios carteles mexicanos de droga están trabados en una lucha encarnizada por el control de la frontera a lo largo del Río Grande, donde Enrique acampó. En febrero de 2002 hallaron el cuerpo de El Tiríndaro, el contrabandista con quien Enrique cruzó hasta Texas, cerca de la carretera que lleva al aeropuerto de Nuevo Laredo.

Le vendaron los ojos, lo torturaron y lo balearon en la cabeza a quemarropa. El asesinato de El Tiríndaro, identificado como Diego Cruz Ponce, fue uno de los cincuenta y siete asesinatos ocurridos ese año en Nuevo Laredo, y desde entonces la violencia ha ido escalando. En 2005, a pocas horas de haber asumido el cargo fue asesinado a balazos el nuevo jefe de policía, que había prometido restaurar la ley y el orden en la ciudad.

Todo a lo largo de México, las personas que ayudan a los inmigrantes se perturban al ver más mujeres embarazadas y padres con niños pequeños a bordo de los trenes de carga. Algunos padres llevan bebés en brazos.

Pese al peligro creciente, hay más migrantes que intentan el viaje. Entre 2001 y 2004 casi se duplicó el número de migrantes centroamericanos detenidos y deportados por México cada año, que ahora son más de 200,000. La mayoría de ellos provienen de Guatemala, El Salvador y Honduras, y están tratando de llegar a los Estados Unidos. Solamente en Tapachula se despachan rumbo al sur hasta diecisiete autobuses por día llenos de migrantes detenidos. Algunos están llenos de niños que viajaban solos por Chiapas. Durante el mismo período casi se duplicó el número de niños centroamericanos detenidos por la Patrulla Fronteriza de los Estados Unidos mientras intentaban entrar al país de manera ilegal y sin ninguno de sus padres.

En todo Latinoamérica —aun en sociedades tradicionales como la mexicana, de donde vienen la mayoría de los migrantes legales e ilegales— el divorcio y las separaciones son cada vez más comunes. Eso indica que habrá aún más madres solteras que se sentirán forzadas a tomar la misma decisión que tomó Lourdes hace años: dejar a sus hijos y marcharse al norte.

El flujo creciente de mujeres y niños atizará cuestiones que ya se debaten furiosamente acerca de la inmigración: ¿es buena para los inmigrantes mismos, para los países de los que vienen y para los Estados Unidos y sus ciudadanos?

Para los inmigrantes, los beneficios materiales de venir a los Estados Unidos son claros. El dinero que Lourdes enviaba a Enrique le permitió a él comer mejor, vestirse mejor y asistir a la escuela por más tiempo. Una vez llegado a los Estados Unidos, Enrique manejaba su propia camioneta y podía costearse un estilo de vida decente si trabajaba duro. A él le gusta que las calles sean más limpias que las de Honduras, que la mayoría de la gente sea respetuosa y obediente de la ley. Su tía Mirian observa que en los Estados Unidos importa menos la clase social que en Honduras. Aquí la gente no la mira mal si va pobremente vestida. A Lourdes le gusta darse duchas con agua corriente y la relativa seguridad de su barrio, donde puede ponerse un collar de oro sin temor. Tiene la libertad de subirse a su coche y largarse a donde se le ocurra.

Enrique reconoce que hay desventajas. Tiene que vivir oculto, sabiendo que lo pueden deportar de un momento a otro. Hay racismo. Cuando va a un restaurante y no puede ordenar en buen inglés, lo miran mal. "Te miran como si fueras una pulga", dice. Los vendedores de las tiendas suelen atender a los clientes anglosajones antes que a él. Hasta los mexicanos menosprecian a los centroamericanos, a quienes ven como inferiores. Mirian, tía de Enrique, explica que los dueños del restaurante donde trabaja le pagan menos que a sus colegas anglosajones, y que les dan las tareas más duras a los inmigrantes.

Enrique y otros opinan que la vida en los Estados Unidos es demasiado acelerada. En Honduras se trabaja medio día el sábado y se descansa el domingo. Aquí Enrique trabaja como pintor los siete días de la semana en una lucha constante por pagar las cuentas. "Aquí la vida es una carrera", dice Enrique.

Para la mayoría de los inmigrantes que vienen a los Estados Unidos, la mayor desventaja es el costo que pagan las familias por separarse de sus hijos. Los conflictos familiares se ven de manera más patente en las escuelas del país, donde los maestros y los administradores escolares de Nueva York a Los Ángeles luchan cada día por componer el daño a padres e hijos causado por los años de separación.

EL TRAUMA DE LOS RECIÉN LLEGADOS

La vida dentro de la Newcomer School de Los Ángeles, una escuela de transición para alumnos que son inmigrantes recién llegados, demuestra cuán comunes y devastadoras son estas separaciones para los mismos inmigrantes.

Todas las mañanas, Gabriel Murillo, el amable consejero de la escuela, encuentra la pequeña caja de madera que está fuera de su oficina llena de papeletas en las que se solicita "hablar con el consejero". Más de la mitad de los 430 alumnos de la escuela querrán verlo antes de fin de año. ¿La razón? Problemas familiares luego de reunirse con uno de sus progenitores, habitualmente la madre. Como promedio, no han visto a su progenitor por diez años.

Hora tras hora, las reuniones entre padres e hijos se desarrollan con similitud aterradora, dice Murillo. Las nociones idealizadas que tenían unos de otros se despedazan rápidamente. Algunos niños tenían resentimientos antes de venir al norte; otros tienen una rabia reprimida que aflora meses después de haberse reunido con su madre.

En la oficina de Murillo, los niños habitualmente lanzan la primera andanada: "Yo sé que tú no me amas. Por eso me dejaste allá". Para evitar despedidas traumáticas, algunas madres les dijeron a sus hijos que se iban al mercado, o a ver a su maestro, y en lugar de eso se marcharon a los Estados Unidos. Los niños explican que las madres les mintieron desde el principio. Rezaron para que la Patrulla Fronteriza de los Estados Unidos las apresara y las mandara de vuelta. Exigen que las madres admitan su error y les pidan perdón por haberlos dejado.

Ellas soportaron el dolor de dejar a sus hijos, batallaron para trabajar duro y enviar dinero, y exigen que se las respete por su sacrificio. Están convencidas de que las separaciones valieron lo que se ganó.

Pero sus hijos aseguran que hubiesen preferido estar juntos, aun si eso significaba pasar hambre. "Yo no quería dinero. Quería que tú estuvieras allí". Le dicen a sus madres que ellos nunca dejarían a sus propios hijos. Le reprochan que es peor que un animal. Un animal no abandona a sus crías.

Por lo general, Murillo libra una batalla en la que lleva las de perder. "Es una enorme cicatriz emocional. Para algunos, el daño continúa por el resto de la vida. Es irreparable", dice. Eventualmente, algunos mejoran la relación con la madre, pero eso lleva años.

Cuando llega el hijo, las madres esperan que por fin van a tener la familia perfecta. En cambio, se enfrentan con el rechazo y las peleas constantes. Con el tiempo se dan cuenta de que tal vez su decisión les haya costado el amor del hijo. Los niños que pensaban que iban a encontrar amor y el fin de su soledad descubren que se sienten más lejos que nunca de su madre, aunque ahora están con ella.

Algunos niños están resentidos porque sufrieron abuso y descuido por parte de quienes los cuidaban, o porque fueron maltratados por otros en su país de origen. Una de cada veinte niñas admite haber sido víctima de abuso sexual perpetrado por un pariente de sexo masculino. Le echan la culpa a la madre por no haber estado allí para protegerlas.

Otros están enojados por haber tenido que dejar atrás a una abuela que se convirtió en la persona que más los amó y los cuidó, una verdadera madre. Les preocupa que su partida signifique la pérdida de la única fuente de ingresos de los abuelos. Saben que quizá no volverán a ver a sus abuelos antes de que mueran.

Tanto las madres como los hijos actúan de maneras que empeoran las cosas. Los niños se rebelan, haciendo todo lo posible por alejar a sus madres. Es su manera de comprobar si ellas realmente los aman, si pueden confiar en ellas, si los van a abandonar otra vez.

Acosadas por la culpa, las madres no disciplinan a sus hijos ni establecen reglas. Con frecuencia deben trabajar horas extra para pagar la deuda del contrabandista, y después de tanto tiempo de separación los niños sienten que la madre los está desatendiendo otra vez. Algunas madres siguen trabajando como niñeras de planta o mucamas después de la llegada del hijo. Ubican a éste en un apartamento con parientes o amigos y los van a visitar de noche o durante los fines de semana.

Los conflictos que ve Murillo son agudos en los casos de niños que fueron los últimos en venir al norte porque su madre no podía pagar el costo de traerlos a todos juntos. Estos niños llegan a creer que la madre prefiere a los hijos que hizo venir primero.

Las confrontaciones también son severas cuando la madre tiene un nuevo marido o ha tenido más hijos en los Estados Unidos. Temerosas de la reacción de los niños que dejaron atrás, algunas madres han ocultado a sus hijos la existencia de estas nuevas familias. Los recién llegados tratan de crear conflictos entre su madre y el nuevo marido, con la esperanza de que este último se largue. Los niños nacidos en los Estados Unidos, celosos de la atención que la madre da a los recién llegados, inventan mentiras acerca de éste con la esperanza de meterlo en problemas para que lo manden de vuelta.

Murillo dice que algunas madres hacen las cosas bien. Dejan a sus niños con parientes que enfatizan permanentemente el hecho de que el padre o la madre se fueron para ayudar a sus hijos. Se mantienen en contacto constante durante la separación. Son francos y abiertos acerca de sus vidas en los Estados Unidos. Nunca prometen nada, especialmente una visita o una reunión, hasta estar seguros de que pueden cumplir la promesa. Según Murillo, aun en estos casos los reencuentros son tormentosos. Él ha tratado con alumnos que han intentado apuñalar a su madre, que han pedido que se transfiriera la tutoría a otra persona, que han intentado suicidarse.

Dice una madre: "Creo que es como dice la Biblia. La gente se va de un lado a otro. Pero no puede encontrar la paz".

Según Murillo, cuando no hallan en su madre el amor que buscaban, muchos niños reunificados lo buscan en otra parte. Algunos muchachos encuentran una familia en la pandilla local y acaban vendiendo droga. Las muchachas hallan el amor incondicional quedándose embarazadas, teniendo un bebé y yéndose a vivir con el padre. El pandillerismo y los embarazos son mucho más frecuentes en niños que se han reunificado con su familia que en aquellos nacidos aquí, explica Zenaida Gabriel, una trabajadora social del Sunrise Community Counseling Center, adonde van por ayuda algunos alumnos de la Newcomer.

Laura López, psicóloga de la escuela Newcomer, calcula que sólo setenta de los 430 alumnos terminarán la escuela secundaria. Por cierto, el experto en inmigración Jeffrey Passel dice que casi la mitad de todos los niños centroamericanos que llegan a los Estados Unidos después de los diez años de edad no terminan la escuela secundaria.

Un estudio de la Universidad de Harvard halló que los niños inmigrantes de las escuelas del país que estuvieron separados de sus padres sufren con frecuencia problemas de depresión, rebeldía, dificultad para confiar en alguien, y no responden a la autoridad de un progenitor con el que no se han criado. Bradley Pilon, psicólogo del Distrito Escolar Unificado de Los Ángeles, cree que sólo uno de cada diez alumnos inmigrantes consigue al fin poner en perspectiva el rencor que guarda hacia sus padres y aceptarlos.

Murillo concluye: "Los padres dicen: hice lo que debía hacer. Pero para estos niños eso no alcanza. Todos están resentidos". Marga Rodríguez, una maestra de educación especial, agrega: "No vale la pena. Al final, pierdes a tus hijos". Pero ella admite que ignora lo que es no tener cómo alimentar a tus hijos hambrientos.

Óscar Escalada Hernández, director del albergue para niños inmigrantes Casa YMCA de Tijuana, México, está de acuerdo. "Al final, es un desastre", dice. "El efecto de la inmigración ha sido la desintegración de la familia. La gente está dejando atrás el valor más importante: la unidad familiar".

Los sobrevivientes, como Enrique, tratan de no pensar en los problemas con sus madres y se concentran en las cosas buenas que les depara el futuro. Se esfuerzan por lograr que el amor que sienten por ella se sobreponga al rencor que también albergan en su fuero interno.

LOS PAÍSES QUE QUEDAN ATRÁS

El éxodo de inmigrantes también ha resultado agridulce para los países que éstos dejan. Ha proporcionado una válvula de escape para países con enormes problemas económicos como México y Honduras. El drenaje de trabajadores ha impedido que suban aún más las tasas de desempleo.

Los inmigrantes también giran enormes sumas de dinero desde los Estados Unidos a sus familias en el país de origen, por lo general un dólar por cada diez que ganan. Esto significa un ingreso de 30,000 millones de dólares solamente en Latinoamérica. El flujo de efectivo representa un asombroso 15 por ciento del producto bruto nacional de El Salvador, y en México este rubro está en segundo lugar después del petróleo por su contribución a la economía. Los que reciben el dinero lo gastan en comida, indumentaria, atención médica y educación de los niños. Los abuelos que reciben dinero para cuidar de niños estarían en la indigencia sin estas remesas.

Según Norberto Girón, de la Organización Internacional para la Migración con sede en Honduras, los inmigrantes que regresan a sus países de origen llevan consigo conocimientos adquiridos al vivir en un país más avanzado tecnológicamente. También traen consigo niveles más bajos de tolerancia a la corrupción y exigen con más fuerza procesos democráticos, explica Maureen Zamora, una hondureña experta en migración. Como los migrantes quieren comunicarse con sus familias en el país de origen, eso ha resultado en mejores servicios telefónicos y de Internet.

Pero la separación de padres e hijos ha tenido consecuencias negativas duraderas. Los enormes grupos de niños sin padres han sido caldo de cultivo para un aumento desenfrenado de la delincuencia juvenil y las maras en Honduras, dice Glenda Gallardo, economista principal del Programa de Desarrollo de Naciones Unidas. "Si tu madre te abandona, si desaparece, eso te marca de algún modo para toda la vida", afirma.

Las pandillas Mara Salvatrucha, Calle 18 y Mao Mao controlan barrios enteros en los que imponen un impuesto extorsivo a los taxis, las bicicletas o los autobuses que pasan. Un porcentaje desproporcionado de los 36,000 pandilleros que hay en Honduras proviene de familias en las que la madre ha migrado al norte, dice Zamora. Los abuelos se dejan llevar por la culpa de saber que el niño que crían no está con su madre y son flojos con la disciplina. También les preocupa que, si el niño se queja y lo pasan a otro pariente, el dinero que gira la madre irá a dar a otro lado.

Una campaña publicitaria pública lanzada en Honduras en 2002 es un signo de que el país enfrenta daños causados por las separaciones de las familias. Los anuncios se transmiten por radio y televisión, y están pegados en vallas publicitarias en la estación de autobuses de Tegucigalpa, desde donde los hondureños emprenden el viaje al norte.

"Papá, mamá", se lee en un anuncio con la imagen de una niña en un columpio. "Tus hijos te necesitamos. Quédate y trabaja por nosotros. En Honduras las oportunidades de superación existen. ¡Descúbrelas!".

"Estamos presenciando la desintegración de la familia", advierte Norberto Girón, el funcionario de migraciones de Honduras. "Mantener a la familia unida, aun si son pobres, es más importante que irse y mejorar la situación económica".

UN PAÍS DE INMIGRANTES

Cada año, los Estados Unidos admiten casi un millón de inmigrantes legales, más del doble que en la década de 1970. Otras 700,000 personas ingresan de manera ilegal, cuando sólo 200,000 o 300,000 hacían lo mismo en las décadas de 1980 y 1990. Hoy, hay 36 millones de habitantes de los Estados Unidos nacidos en el extranjero; casi un tercio de ellos viven en el país como indocumentados. El número de inmigrantes que ha ingresado al país en años recientes es el más alto jamás registrado. Y aunque la proporción de la población nacida en el extranjero, el 12 por ciento, todavía no supera el punto más alto del 15 por ciento registrado en 1890, se ha incrementado si se lo compara con el 5 por ciento registrado en 1970.

Más de seis de cada diez habitantes de Miami y cuatro de cada diez habitantes de Los Ángeles vienen del extranjero. Algunos mexicanos y mexicano-estadounidenses llaman en broma a este influjo "la reconquista" de los territorios que alguna vez pertenecieron a México.

Enrique y Lourdes discrepan en cuanto al efecto que esto tiene en los Estados Unidos. Enrique dice que, si él fuera ciudadano estadounidense, querría controlar la inmigración ilegal. Como muchos de los que trabajan en su cuadrilla de pintores, él recibe su paga por debajo de la mesa y no paga impuestos sobre lo que gana. Usa servicios públicos, incluyendo atención médica de emergencia. Y envía una porción de lo que gana a Honduras en lugar de gastarlo en el lugar donde vive.

Lourdes no está de acuerdo. Es verdad, dice, que su hija nació en un hospital público y recibió beneficencia pública por un tiempo. Sin embargo, argumenta, ella paga impuestos y tiene derecho a esos servicios. Para ella, el trabajo de los inmigrantes es el motor que ayuda a mover a la economía estadounidense. Los inmigrantes como ella, asegura, trabajan duro en empleos que ningún estadounidense quiere hacer si lo que les ofrecen es el salario mínimo, sin cobertura de salud ni vacaciones pagadas. El hecho de que los inmigrantes estén dispuestos a hacer ciertos trabajos pesados a cambio de un salario bajo permite proveer bienes y servicios para todos los estadounidenses a un costo razonable, afirma.

Muchos estadounidenses saben que el hecho de haber nacido en los Estados Unidos, con todas las oportunidades que ello implica, es una cuestión de pura casualidad y se sienten contentos de compartir una abundancia que pocos países poseen. Quieren que los Estados Unidos den la oportunidad de una vida mejor a personas desesperadas.

Otros creen que la oleada de inmigrantes es la cosecha que recibe Estados Unidos por lo que ha sembrado con sus políticas. En décadas recientes los Estados Unidos apoyaron, y en algunos casos ayudaron a instalar en el poder, a regímenes represivos en Latinoamérica. Ellos observan que estos regímenes reforzaron a las élites económicas que se resistían a las reformas y perpetuaban sistemas políticos y económicos de desigualdad. Esto alimentó la pobreza, las guerras civiles y las crisis económicas resultantes que ahora empujan a tantos a migrar a los Estados Unidos.

Los empleadores estadounidenses ven otros beneficios. El

ex jefe de Enrique en Carolina del Norte argumenta que debe pagar más a los trabajadores nacidos en el país, pero que éstos trabajan más despacio, se niegan a hacer horas extra y no quieren hacer las tareas más pesadas. Enrique explica que los pintores nacidos en el país se toman muchos descansos y exigen que les paguen más por las horas extra. Un colega de Enrique de Carolina del Norte está de acuerdo, y agrega que los estadounidenses dicen: "Si me despiden, puedo conseguir un empleo mejor". Este colega de Enrique opina que el hecho de ser ilegal es una motivación para trabajar bien y mantener un empleo estable. Él sabe que en Honduras su familia depende del dinero que él gira. Sería difícil conseguir otro trabajo porque es ilegal y no habla bien el inglés.

Muchos expertos dicen que los inmigrantes ayudan al crecimiento de la economía y previenen que las industrias que necesitan mano de obra barata se vean forzadas a cerrar o marcharse al extranjero. Según un estudio realizado en 1997 por el National Research Council considerado como una de las evaluaciones más abarcadoras acerca de los efectos de la inmigración, en algunas ocupaciones que requieren bajo nivel educativo las mujeres inmigrantes trabajan entre un cuarto y la mitad de las horas totales. El NRC halló que la producción de bienes y servicios realizada por inmigrantes agregaba la suma modesta pero significativa de 1,100 a 9,500 millones de dólares a la economía nacional que produce en total de 7 billones.

A su vez, los hogares estadounidenses se benefician. Según el NRC, los inmigrantes reducen el costo de casi 5 por ciento de todos los bienes y servicios que consumen los hogares estadounidenses. Eso significa comida y ropa más baratos. Gracias a los inmigrantes, ciertos servicios como el cuidado de niños, los jardineros y los lavaderos de automóviles están al alcance de más estadounidenses. Kristine M. Zentgraf, profesora de sociología de la California State University en Long Beach, afirma que las mujeres inmigrantes que se emplean como niñeras y acompañantes brindan, a veces a expensas de sus propios hijos, algo que no tiene precio: afecto y crianza.

Otros opinan que la mayor contribución de los inmigrantes es que su presencia trae nueva sangre, ideas y las formas de ver las cosas que impulsan el espíritu creador y suscitan los avances. El estudio del NRC observó que entre las personas más exitosas del país, como los galardonados con el premio Nobel, hay un número desproporcionado de inmigrantes. En verdad, los migrantes suelen ser la gente más motivada. Si no fuera así, ¿cómo podrían dejar todo lo que conocen, cruzar México en los techos de trenes de carga y venir a un lugar donde deben empezar de cero?

BENEFICIO Y CARGA

Algo de la oposición a los inmigrantes es racismo, resistencia al cambio e incomodidad cuando nos vemos rodeados de personas que no hablan la misma lengua ni tienen costumbres similares. No obstante, algunas de las consecuencias negativas de la inmigración son reales, y se van haciendo más patentes a medida que llegan más mujeres y niños.

El NRC encontró que, en general, los inmigrantes utilizan más servicios del gobierno que los nativos. Tienen más hijos y, por lo tanto, usan más las escuelas públicas. Esto es particularmente cierto en el caso de los inmigrantes de Latinoamérica, cuyas familias tienen el doble de miembros. El estudio halló que el gobierno incurrirá en un gasto dos veces y medio más alto para educar a sus hijos.

Los inmigrantes son más pobres, tienen menos ingresos, y esto los habilita para recibir más servicios locales y estatales de asistencia. Las mujeres inmigrantes reciben servicios públicos de atención prenatal y obstetricia. Sus hijos nacidos en los Estados Unidos tienen derecho a la beneficencia pública, vales para comprar alimento y Medicaid. Comparadas con las familias nativas, las familias inmigrantes de Latinoamérica tienen tres veces más probabilidades de recibir la ayuda de la beneficencia pública.

Debido a que ganan menos dinero y es menos probable que sean propietarios, los inmigrantes pagan menos impuestos. Algunos cobran su salario en efectivo y no pagan ningún impuesto. El estudio de NRC encontró que, en total, los migrantes y sus hijos nacidos en los Estados Unidos pagan un tercio menos en impuestos que otros habitantes del país. Los hogares encabezados por un inmigrante de Latinoamérica pagan la mitad de impuestos estatales y federales que los nativos.

La carga fiscal que representan los inmigrantes es mayor en los estados que reciben mucha inmigración como California, donde se calcula que vive uno de cada cuatro inmigrantes ilegales y la mitad de todos los niños son hijos de padres inmigrantes. Los gobiernos locales y estatales cargan con el mayor costo que generan los inmigrantes: la educación pública. El hogar promedio no inmigrante de California pagó en impuestos locales y estatales 1,178 dólares más de lo que costaron los servicios que recibió. En cambio, los hogares de inmigrantes pagaron 3,463 dólares menos de lo que costaron los servicios recibidos, según el NRC.

El peso de los inmigrantes ha acelerado el deterioro de

muchos servicios públicos, como escuelas, hospitales, cárceles y prisiones estatales. Las aulas están abarrotadas. Las salas de emergencias de los hospitales se han visto forzadas a cerrar en parte porque están obligadas por ley a brindar atención a tantos pacientes pobres y sin seguro médico que no pueden pagar, un grupo que incluye a los inmigrantes. En el condado de Los Ángeles, las cárceles han tenido que liberar presos debido al hacinamiento causado en parte por delincuentes que son inmigrantes. Un estudio realizado en 2001 por la Universidad de Arizona encontró que en los veintiocho condados fronterizos del sudoeste que abarcan partes de Arizona, California, Nuevo México y Texas, el costo de arrestar, procesar y encarcelar inmigrantes ilegales ascendía a 125 millones de dólares anuales. El Center for Immigration Studies, que propugna la reducción de los niveles de inmigración, encontró que en 2002 los hogares encabezados por inmigrantes ilegales en todo el país usaron 26,300 millones de dólares en servicios del gobierno y pagaron 16,000 millones de dólares en impuestos.

Aquellos que más sufren el influjo de inmigrantes son las minorías nativas menos privilegiadas que no tienen un diploma de la escuela secundaria; es decir, los negros y las oleadas anteriores de inmigrantes latinos. Ellos deben competir con los inmigrantes por los mismos empleos en el extremo más bajo de la escala laboral.

En años recientes ha decrecido el salario que se paga a los que no tienen título secundario, que representan uno de cada catorce trabajadores nativos. Un estudio de la Universidad de Harvard halló que, entre 1980 y 2000, el influjo de inmigrantes hacia los Estados Unidos suscitó una reducción de 7.4 por ciento en el salario de los nativos sin diploma secundario; es decir, 1,800 dólares menos para un salario promedio de 25,000 dólares.

A veces una industria entera deja de emplear trabajadores nativos para contratar a inmigrantes. En 1993 investigué los esfuerzos realizados para organizar en sindicatos al personal de limpieza de oficinas de Los Ángeles. Anteriormente los negros habían hecho ese trabajo, y ellos habían logrado conseguir mejores salarios y cobertura de salud. Las compañías de limpieza quebraron su sindicato y los reemplazaron con inmigrantes latinos que trabajaban por la mitad del salario y sin beneficios.

En 1996 fui a una típica manzana de casas de dos dormitorios en el este de Los Ángeles para comprender por qué casi un tercio de los latinos de California había apoyado la Proposición 187, una iniciativa de los votantes que buscaba prohibir a los inmigrantes ilegales el acceso a las escuelas, los hospitales y buena parte de la beneficencia pública. La iniciativa fue aprobada por el electorado y más adelante fue invalidada por los tribunales.

Para los residentes de esta manzana, apoyar la Proposición 187 no significaba una reacción xenofóbica ni que se estuviera usando a los inmigrantes como chivos expiatorios de las dificultades económicas. Decían que el origen de la antipatía hacia los inmigrantes era el modo en que los recién llegados habían afectado a su barrio y sus vidas. Para ellos, el influjo no se había traducido en niñeras y jardineros de bajo costo, sino en más competencia por los empleos, salarios deprimidos, sobrecarga de los servicios públicos y peor calidad de vida.

Los recién llegados al barrio eran pobres. Los residentes calculaban que la población de la manzana se había triplicado desde 1970, con hasta diecisiete inmigrantes apiñados en una pequeña casa de estuco. Algunos vivían en cocheras sin agua corriente y usaban el césped para hacer sus necesidades. Los latinos de segunda y tercera generación de esta manzana pensaban que sus barrios de clase obrera eran los que sobrellevaban la mayor parte del peso de una oleada de trabajadores empobrecidos y sin capacitación. Los inmigrantes estaban llegando a un ritmo perturbador, ocupando todos los puestos de trabajo, deprimiendo los salarios. Los migrantes no se limitaban a tomar los empleos que los nativos no querían, sino que competían por los trabajos de pintor, mecánico y obrero de la construcción.

En la década de 1980, la Rand Corporation, un centro de estudios con sede en Santa Mónica, California, halló que los beneficios de la inmigración superaban los costos. Para 1997 habían cambiado de opinión. La economía no estaba produciendo empleos suficientes para aquellos que no tenían título secundario, y un porcentaje creciente de ellos, aproximadamente la mitad, estaban desempleados. Rand dijo que algunos adultos nativos habían perdido su empleo debido a la competencia de los inmigrantes. Recomendaron que el país redujera la inmigración legal a los niveles de la década de 1970.

Algunos expertos en inmigración se cuestionan si tiene sentido permitir que ingresen tantos migrantes con bajo nivel de educación provenientes de países pobres y subdesarrollados cuando los Estados Unidos tiene que competir en todo el mundo en industrias que requieren alto nivel de educación, creatividad y conocimientos. En promedio, los inmigrantes mexicanos llegan con cinco a nueve años de educación.

Otros expertos se concentran en observar cómo el agregar más de un millón de migrantes por año a la población de los Estados Unidos afecta la sobrecarga de los parques, las autopistas y el medio ambiente. Durante la década de 1990, más de la mitad de los 33 millones de nuevos residentes fueron inmigrantes. Con casi 300 millones de habitantes, la población de los Estados Unidos es unas cinco veces mayor que la de los tiempos en que se daba la bienvenida a los recién llegados en Ellis Island.

Entre 1980 y 1997, el auge de la inmigración contribuyó a que subiera al 25 por ciento, casi el doble, la tasa de pobreza en el condado de Los Ángeles. El efecto, al menos en el corto plazo, es un mar de barrios pobres y de clase obrera entre islas de abundancia.

POLÍTICAS ESQUIZOFRÉNICAS

A fin de cuentas, cualquier cálculo de los beneficios y las cargas que representa la inmigración depende de quién lo haga. Los dueños de empresas y comercios que usan el trabajo barato de los inmigrantes son los que más se benefician con inmigrantes como Enrique y Lourdes. Tienen una oferta fácil de trabajadores obedientes y de bajo costo. Otros beneficiados son las parejas que contratan inmigrantes que cuidan de sus hijos y los llevan a la escuela, que se ocupan del jardín, limpian la casa y lavan sus automóviles.

Aquellos que carecen de educación secundaria son los que más pierden. Lo mismo ocurre con los habitantes de estados con mucha inmigración, como California, donde se estima que vive un tercio de los inmigrantes ilegales, porque los servicios que los inmigrantes utilizan desproporcionadamente, como las escuelas públicas, se financian con impuestos locales y estatales.

Las encuestas indican que en años recientes los estadounidenses han ido endureciendo su opinión acerca de los inmigrantes, especialmente aquellos que están en el país como ilegales. Una proporción de dos tercios cree que el gobierno debe bajar los niveles actuales de migración, cuando sólo la mitad pensaba lo mismo a mediados de la década de 1970.

Muchos observadores de la inmigración creen que los Estados Unidos ha llevado adelante una política de inmigración deliberadamente esquizofrénica. El gobierno ha agregado agentes de Patrulla Fronteriza a lo largo de la frontera sudoeste y ha alzado paredes en un tramo de 76 millas de esa línea divisoria. Los políticos hablan con dureza acerca de aprehender a inmigrantes ilegales. Mientras tanto, dicen estos observadores, los esfuerzos para hacer cumplir muchas de las leyes nacionales de inmigración son débiles o inexistentes.

Las industrias que usan trabajo intensivo –agricultura, construcción, procesado de alimentos, restaurantes, agencias de personal doméstico– quieren trabajo barato de inmigrantes para mejorar sus ganancias. Cada vez que las autoridades de inmigración hacen un intento aun superficial de aplicar una ley de 1986 que prevé multas a los empleadores de hasta 10,000 dólares por cada inmigrante ilegal que contraten, industrias como los productores de cebolla de Georgia o los frigoríficos del Medio Oeste se quejan amargamente. Las multas aplicadas a empresas y las redadas de agentes de inmigración han pasado de ser esporádicas a prácticamente inexistentes. De igual modo, un proyecto piloto que permitiría a algunos empleadores corroborar por teléfono la situación inmigratoria de los que solicitan un empleo no se ha expandido a todo el país y sigue siendo voluntario.

En esencia, los políticos han cerrado con llave la puerta delantera y han abierto de par en par la puerta de atrás. Una operación puesta en marcha en 1993 en la frontera entre los Estados

Unidos y México estaba diseñada para desviar el tráfico de inmigrantes a partes más remotas de la frontera, donde los agentes de la Patrulla Fronteriza tienen una ventaja táctica. Según un estudio realizado en 2002 por el Public Policy Institute de California (PPIC) desde que se inició la operación se ha triplicado tanto el número de agentes que patrullan la frontera como el dinero invertido en hacer cumplir las leyes. No obstante eso, el PPIC concluyó que no puede comprobarse que esta estrategia haya funcionado. De hecho, el número de inmigrantes que ingresan de manera ilegal en los Estados Unidos ha aumentado con mayor rapidez desde que se reforzó la frontera.

Según el PPIC, no sólo muchos resultados de la nueva estrategia no eran los buscados sino que han sido negativos. Ahora más inmigrantes ilegales recurren a contrabandistas, el 89 por ciento contra el anterior 70 por ciento. Los migrantes, en particular los mexicanos, solían regresar a su país de origen después de breves períodos de trabajo en los Estados Unidos. Hoy, el costo y la dificultad creciente del cruce significa que más de ellos vienen y se quedan. La nueva estrategia también ha resultado en más de 300 muertes anuales, ya que los migrantes se ven obligados a cruzar por tramos de la frontera menos poblados, más aislados y de geografía más hostil.

En México, algunos sacerdotes cuyas iglesias están localizadas cerca de las ferrovías están tan seguros de que no va a cesar el flujo de migrantes que recientemente han construido sus propios albergues para alojarlos. Los sacerdotes de estas iglesias creen que, mientras exista la pobreza abrumadora en la que vivía la madre de Enrique, la gente intentará cruzar a los Estados Unidos aunque tenga que correr enormes riesgos para llegar allí.

En los Estados Unidos, muchos expertos en inmigración

han concluido que la única estrategia efectiva para lograr un cambio sería reforzar las economías de los países de origen de los migrantes.

Los hondureños señalan algunas cosas que ayudarían en este sentido. Si se perdonara la deuda externa, se podrían orientar más recursos hacia el desarrollo. La implementación de políticas comerciales en los Estados Unidos que dieran fuerte preferencia a los bienes provenientes de países expulsores de población contribuiría al crecimiento de ciertas industrias como la textil, que da empleo a mujeres hondureñas. Otros creen que los Estados Unidos, notoriamente poco generoso en donaciones per cápita al extranjero en comparación con otros países industrializados, debería aumentar su ayuda. Los hondureños señalan que los individuos pueden dar su apoyo a organizaciones no gubernamentales que promuevan la creación de puestos de trabajo en pequeñas empresas o mejoren la educación de los niños de Honduras, un país en el que el 12 por ciento de los niños nunca asiste a la escuela.

La mayoría de los inmigrantes preferirían quedarse en su país de origen con sus familias extendidas. ¿Quién quiere dejar su hogar y todo lo que conoce a cambio de algo extraño sin saber si alguna vez va a regresar? No muchos.

¿Qué aseguraría que la mayoría de las mujeres pudieran quedarse en su país con sus hijos, donde ellas quieren estar?

La madre de María Isabel, Eva, dice sencillamente: "¿Qué se necesita para que la gente no se vaya? Se necesita trabajo. Trabajo con buena paga. Eso es todo".

NOTAS

La investigación periodística realizada para este libro abarca un período de cinco años. Durante ese tiempo pasé un total de total seis meses en Honduras, Guatemala, México y Carolina del Norte en los años 2000 y 2003. Los primeros viajes se hicieron con vistas a un reportaje seriado para el periódico *Los Angeles Times*. Los viajes posteriores se hicieron para ampliar la scrie y convertirla en un libro.

Encontré a Enrique en Nuevo Laredo, México, en mayo del año 2000. Pasé dos semanas con él y luego nos volvimos a reunir al final de su viaje en Carolina del Norte. Más tarde, basándome en las extensas entrevistas que tuve con Enrique en México y en el curso de tres viajes a Carolina del Norte, reconstruí paso a paso la trayectoria del muchacho partiendo desde su hogar en Honduras.

Entre mayo y septiembre del año 2000, pasé tres meses

abriéndome camino hacia el norte por México tal cual lo había hecho Enrique, viajando en los techos de siete trenes de carga y entrevistando a personas que él había conocido, además de docenas de otros niños y adultos que estaban haciendo el viaje. Rodeé retenes de inmigración a pie y viajé como autostopista en camiones, igual que lo había hecho Enrique. Para seguir sus pasos atravesé trece de los treinta y un estados de México.

Aunque fui testigo de una parte de la travesía de Enrique, buena parte de la información sobre su viaje y su vida se basan en sus recuerdos y en los de su madre. Enrique relató casi todas sus experiencias del viaje pocas semanas después de ocurridas. Siempre que fue posible, las escenas que él recordaba fueron corroboradas por una o más personas presentes.

En los Estados Unidos, Honduras, México y Guatemala llevé a cabo cientos de entrevistas con inmigrantes, defensores de los derechos de los inmigrantes, personal de albergues, académicos, personal médico, funcionarios de gobierno, agentes de policía, y sacerdotes y monjas que se ocupan de los migrantes. Entrevisté a jóvenes que habían hecho la travesía al norte en los techos de trenes de carga en cuatro centros de detención del INS en California y Texas, y también en dos albergues para niños inmigrantes de Tijuana y Mexicali, México. Realicé entrevistas en Los Ángeles y consulté estudios académicos y libros sobre inmigración.

En el año 2003, reconstruí la travesía de Enrique por segunda vez. Estuve un tiempo en Honduras con la familia del muchacho, su novia María Isabel y la hija de ambos, Jasmín. Presencié algunas de las escenas descritas sobre la vida de María Isabel con su hija. Viajé nuevamente a través de Honduras y Guatemala, y volví a hacer el recorrido en tren comenzando en Tapachula, en el estado mexicano de Chiapas. Para obtener detalles adicionales sobre el viaje y las personas que ayudan a los migrantes a lo largo de las ferrovías, visité cinco regiones de México.

Me quedé dos semanas con Olga Sánchez Martínez, que trabaja en un albergue en Tapachula, México, y una semana con el padre Leonardo López Guajardo en la parroquia de San José en Nuevo Laredo, México. Hice un cuarto viaje a Carolina del Norte para entrevistar a Enrique, Lourdes y otros miembros de la familia. En el año 2004, durante una visita de Lourdes a Long Beach, California, la acompañé a lugares en los que había vivido y trabajado. Entre los años 2000 y 2005, llevé a cabo periódicamente entrevistas telefónicas con Enrique y Lourdes.

La decisión de utilizar solamente los nombres de pila de Enrique y Lourdes es una continuación de la decisión que tomó el *Los Angeles Times* con mi apoyo. El periódico tenía una fuerte preferencia por dar a conocer el nombre completo de los sujetos de sus artículos. Así lo hizo con dos miembros de la familia de Enrique y un amigo de él. Pero el *Times* decidió identificar a Enrique, su madre, su padre, y sus dos hermanas únicamente con el nombre de pila y no divulgar el apellido materno o paterno, o ambos, de seis parientes, al igual que algunos detalles del empleo de Enrique. Revisando una base de datos, la investigadora del *Times* Nona Yates encontró que la publicación de los nombres completos podía dar lugar a que Enrique fuera identificado por las autoridades. En 1998 el periódico *News and Observer* de Raleigh, Carolina del Norte, publicó un perfil sobre un inmigrante ilegal al que identificó con su nombre completo y su lugar de trabajo. Las autoridades arrestaron al sujeto del reportaje, a cuatro de sus compañeros de trabajo y a un cliente por ser inmigrantes indocumentados. La decisión del *Times* se adoptó con la intención de permitir que Enrique y su familia vivieran como lo habrían hecho de no haber facilitado información para el reportaje. Por las mismas razones, para este libro he decidido identificar a la novia de Enrique, María Isabel, por su nombre de pila y no divulgar el apellido materno o paterno, o ambos, de sus parientes.

Lo que sigue es un recuento de las fuentes de las que se obtuvo la información que hay en este libro. Es un listado extenso pero incompleto de los que hicieron posible el relato de la historia de Enrique. En todo el libro, las edades y los títulos de las personas corresponden al momento en que Enrique hizo su viaje.

PRÓLOGO

La información sobre el número de inmigrantes ilegales proviene de la Oficina de Estadísticas sobre Inmigración del Departamento de Seguridad Nacional de los Estados Unidos y del demógrafo Jeffrey S. Passel, investigador adjunto del Pew Hispanic Center. Passel calculó que entre los años 2000 y 2004 ingresaron 700,000 inmigrantes ilegales por año. La información sobre la oleada inicial de inmigrantes a los Estados Unidos que eran madres solteras vino de Pierrette Hondagneu-Sotelo, profesora de sociología de la Universidad del Sur de California y de Wayne Cornelius, director del Centro de Estudios Comparados sobre Inmigración de la Universidad de California, en San Diego. Hondagneu-Sotelo también proporcionó el dato acerca del aumento estimado de los empleos domésticos en los Estados Unidos durante la década de 1980.

El estudio de la Universidad del Sur de California que habla del número de niñeras de planta que han dejado hijos en su países es "I'm Here But I'm There: The Meanings of Latina Transnational Motherhood", 1997. El estudio de la Universidad de Harvard que detalla el porcentaje de niños inmigrantes separados de sus padres en el proceso de la inmigración es "Children of Immigration", 2001.

1. EL NIÑO QUE QUEDÓ ATRÁS

La mayor parte de la información acerca de las vidas de Enrique y Lourdes en Honduras, la partida de Lourdes de Honduras, sus vidas durante la separación y la partida de Enrique en busca de su madre se obtuvo de Enrique, Lourdes y miembros de la familia que incluyen a: Belky, la hermana de Enrique; sus tías Mirian, Rosa Amalia y Ana Lucía; su tío Carlos Orlando Turcios Ramos; su abuela materna, Águeda Amalia Valladares, y su abuela paterna, María Marcos; la prima de su madre María Edelmira Sánchez Mejía; su padre, Luis, y su madrastra, Suyapa Álvarez; su novia, María Isabel, y la tía de ella Gloria; las primas de Enrique Tania Ninoska Turcios y Karla Roxana Turcios; como asimismo de José del Carmen Bustamante, un amigo de Enrique con quien consumía drogas.

El cálculo de que anualmente ingresan por lo menos 48,000 niños a los Estados Unidos desde México y Centroamérica en forma ilegal y sin ninguno de sus padres corresponde al año 2001. La cifra se obtuvo sumando las cantidades siguientes: el Servicio de Inmigración y Naturalización de los Estados Unidos dijo haber detenido 2,401 niños centroamericanos. El INS no tenía una cifra para niños mexicanos, pero la Secretaría de

Relaciones Exteriores de México informó de que el INS detuvo 12,019 niños mexicanos. Los investigadores académicos, entre quienes se incluye Robert Bach, un ex comisionado ejecutivo asociado del INS para políticas, planificación y programas, estiman que unos 33,600 niños no son capturados. Para el año 2000, el total fue de 59,000.

Las razones por las que los niños viajan a los Estados Unidos y la información de que muchos vienen en busca de su madre provienen de Roy de la Cerda Jr., consejero principal de International Educational Services, Inc., un albergue contratado por el INS para la detención de menores de edad sin adulto acompañante ubicado en Los Fresnos, Texas. La información fue corroborada por Aldo Pumariega, director de la Bellagio Road Newcomer School, escuela que recientemente ha cerrado sus puertas; por Bradley Pilon, un psicólogo que asesora a alumnos inmigrantes en el Distrito Escolar Unificado de Los Ángeles; y por Rafael Martínez, director de Casa YMCA, un albergue para inmigrantes ubicado en Piedras Negras, México.

El cálculo de que la mitad de los niños centroamericanos viaja en los trenes sin contrabandista se obtuvo de: Haydee Sánchez, directora ejecutiva de Youth Empowerment Services, una entidad sin fines de lucro de Los Ángeles que ayuda a los inmigrantes; Olga Cantarero, coordinadora de la entidad sin fines de lucro Casa de Proyecto Libertad ubicada en Harlingen, Texas, la cual provee ayuda legal a los niños detenidos por el INS; y Roy de la Cerda.

Los detalles acerca de los viajes a través de México proceden de niños migrantes entrevistados en México y los Estados Unidos, así como de niños entrevistados en centros de detención del INS en Texas y California. Se incluyen mis propias observaciones al viajar con niños en trenes de carga mexicanos. El estudio de la Universidad de Houston sobre la violencia contra niños se titula "Potentially Traumatic Events Among Unaccompanied Migrant Children From Central America" y fue publicado en 1997.

El dato sobre el hallazgo de niños de hasta sólo siete años de edad en las ferrovías se obtuvo de Pedro Mendoza García, un guardia de seguridad de ferrocarriles de una estación cerca de Nuevo Laredo.

Los comentarios de un niño de nueve años que busca a su madre que está en San Francisco fueron provistos por Haydee Sánchez en Los Ángeles.

La edad típica de los niños que hacen el viaje proviene de datos del INS y de personal de albergues para migrantes en México.

La descripción de cómo los niños recuerdan a su madre viene de entrevistas con varios de ellos, incluyendo a Ermis Galeano, de dieciséis años, y Mery Gabriela Posas Izaguirre, de quince años, quienes fueron entrevistados en México cuando iban viajando hacia los Estados Unidos en busca de su madre.

Lourdes detalló cómo fue abandonada por su contrabandista en una estación de autobuses de Los Ángeles en 1989 al regresar a la estación conmigo en el año 2004. Durante ese viaje, Lourdes proporcionó detalles adicionales sobre su vida en Long Beach llevándome a los lugares donde una vez había vivido y trabajado, incluyendo un bar ubicado allí. Entrevisté a varias de las amistades de Lourdes en Long Beach, y ellos corroboraron que habían sido estafados por una mujer que prometió ayudarlos a hacerse residentes legales.

Para el relato de la vida de Enrique con su abuela paterna visité la casa de ésta, la vivienda del padre de Enrique y el mercado donde el muchacho vendía especias.

Lo relatado sobre el regreso de Santos a Honduras viene de Lourdes y de aquellos parientes en Honduras que dijeron haber sido testigos de su comportamiento.

La información sobre lo que cobran los contrabandistas por traer niños desde Centroamérica hasta los Estados Unidos se obtuvo de mujeres inmigrantes y de Robert Foss, director legal del Central American Resource Center ubicado en Los Ángeles.

La descripción del basural de Tegucigalpa y los pepenadores se basa en mis observaciones y en entrevistas con niños llevadas a cabo en el basural. También vi a niños cargando aserrín y leña. Estuve en la escuela de El Infiernito, donde los niños van sin zapatos.

La información sobre la vida de Lourdes en Carolina del Norte viene de ella misma, su novio, su hija Diana y de amigos y parientes.

La descripción de la infancia de María Isabel, la mudanza a casa de su tía Gloria y su devoción por Enrique viene de Gloria, María Isabel, su hermana Rosario, su hermano Miguel Ángel, su madre, Eva, y de mis visitas a los hogares de Gloria y Eva en Tegucigalpa.

El esbozo sobre la vida en El Infiernito se basa en la visita que hice a ese barrio acompañada por la maestra Jenery Adialinda Castillo. En Tegucigalpa, acompañé al sacerdote Eduardo Martín en sus rondas vespertinas para alimentar a los niños sin hogar adictos al pegamento.

El intento de ir a reunirse con su madre que hizo Enrique en 1999 fue corroborado por José del Carmen Bustamante, su compañero de viaje.

2 . EN BUSCA DE PIEDAD

Las experiencias de Enrique en Las Anonas y sus alrededores se relatan sobre la base de entrevistas con Sirenio Gómez Fuentes; el alcalde Carlos Carrasco y su madre, Lesbia Sibaja; los lugareños Beatriz Carrasco Gómez, Gloria Luis y otros; el alcalde de San Pedro Tapantepec Adán Díaz Ruiz y su chofer Ricardo Díaz Aguilar. Visité la casa de los Fuentes, la iglesia de Las Anonas y el árbol de mangos bajo el cual Enrique se desplomó.

Manuel de Jesús Molina, que en el año 2000 era asistente del alcalde en el pueblo cercano de Ixtepec, dijo que la experiencia que tuvo Enrique de ser asaltado por la policía judicial era común en la zona. Sixto Juárez, jefe de la Agencia Federal de Investigación en Arriaga, México, negó que la policía judicial cometiera atracos.

El cálculo del costo en el que incurre el hospital más cercano cuando atiende a un migrante herido proviene de personal del Hospital Civil de Arriaga, México.

El relato de cómo los agentes de inmigración mexicanos extorsionan a los migrantes centroamericanos se obtuvo de C. Faustino Chacón Cabrera, un agente de inmigración jubilado.

La reacción de María Isabel ante la partida de Enrique y su decisión de seguirlo vino de María Isabel, su tía Gloria y su madre, Eva.

La descripción de los seis primeros intentos de Enrique se basa en entrevistas con él y en mis observaciones de otros inmigrantes en la misma ruta. Visité el lugar donde Enrique fue picado por las abejas cerca de Medias Aguas. Fui al cementerio de Tapachula y a la cripta donde durmió Enrique. Miguel Ángel Pérez Hernández, cuidador del cementerio, y Mario Campos Gutiérrez, agente de supervisión del Grupo Beta, una entidad oficial de defensa de los migrantes, proporcionaron información acerca de los actos recientes de violencia ocurridos en el camposanto. El dato acerca del número de personas que deporta México por año proviene del Instituto Nacional de Migración de México.

La descripción de la violencia y las pandillas en el pueblo fronterizo guatemalteco de Tecún Umán fue proporcionada por el padre Ademar Barilli y Marvin Godínez del albergue Casa del Migrante en Tecún Umán, y de Flaudio Pérez Villagrés, jefe del sindicato de triciclos colectivos de la ciudad.

La descripción de la paliza en el tren se basa en entrevistas con Enrique y residentes de Las Anonas y San Pedro Tapantepec. Según el Grupo Beta, cuyos agentes patrullan los trenes ocasionalmente, es común que a los migrantes les quiten la ropa y los arrojen del tren después de robarles. El padre Flor María Rigoni, un sacerdote católico del refugio para migrantes Albergue Belén en Tapachula, Chiapas; Baltasar Soriano Peraza, asistente social del albergue; y otros inmigrantes que fueron asaltados por pandilleros en los trenes proporcionaron información similar. El cálculo de la velocidad a la que van los trenes en la zona proviene de personal ferroviario y del alcalde Carrasco.

La información sobre el estado de salud de Enrique y su tratamiento proviene del muchacho y del doctor Guillermo Toledo Montes, que lo atendió. El alcalde Díaz proporcionó el recibo del médico en el que se detallaba el tratamiento que recibió Enrique. Yo visité la clínica y la comisaría donde él durmió.

Los casos que se detallan de migrantes heridos en el hospital de Arriaga se basan en entrevistas que mantuve con Isaac Santelis de los Santos, presidente de los socorristas de la Cruz Roja de Arriaga, y con la trabajadora social del hospital Isabel Barragán Torres. También revisé todos los archivos sobre migrantes heridos que guarda el hospital del período que va de 1999 a 2003.

La descripción del viaje en autobús a Guatemala viene de entrevistas con Enrique, con migrantes que viajaban en el autobús y de las observaciones que yo misma hice al viajar en el autobús hasta El Carmen, Guatemala, donde termina el viaje. La descripción de cómo los pandilleros asaltan a los pasajeros del autobús es de Baltasar Soriano Peraza, el asistente social del Albergue Belén; el agente mexicano de migraciones Fernando Armento Juan, quien acompaña a los migrantes en el autobús; y de migrantes, incluyendo a Carlos Sandoval, un salvadoreño que dijo haber sido acometido por pandilleros armados con picahielos.

3. ANTE LA BESTIA

La descripción del cruce del río Suchiate se basa en entrevistas con Enrique, con otros migrantes que lo cruzaron y en las observaciones que yo misma hice al cruzar el río en balsa. El enfrentamiento con Chiapas, "la bestia", viene del padre Flor María Rigoni, un sacerdote católico del refugio para migrantes Albergue Belén en Tapachula, Chiapas. Las lecciones de Chiapas provienen de Enrique, de otros inmigrantes y del padre Arturo Francisco Herrera González, un sacerdote católico que ayuda a los migrantes en la parroquia de San Vicente Ferrer en Juchitán, Oaxaca.

El relato de cómo Enrique durmió en el cementerio y corrió para alcanzar el tren se basa en entrevistas con el muchacho y en mis propias observaciones en el cemenerio del ritual de correr para alcanzar el tren. Acompañé a la policía municipal de Tapachula durante una redada al amanecer, recorrí el cementerio con el cuidador y visité la cripta donde durmió Enrique. Para describir su viaje hasta una cárcel de Tapachula, acompañé a migrantes que habían sido capturados por la policía y eran llevados al mismo centro de detención. El dato sobre la velocidad del tren fue proporcionado por Jorge Reinoso, quien en el año 2000 era jefe de operaciones de Ferrocarriles Chiapas-Mayab, y de Julio César Cancino Gálvez, ex trabajador ferroviario del tren de Tapachula y agente del Grupo Beta. La afirmación "Se lo comió el tren" viene de Emilio Canteros Méndez, un ingeniero de Ferrrocarriles Chiapas-Mayab, y fue confirmada por migrantes que conocí en los trenes. El padre Rigoni proporcionó información acerca de los peligros de Chiapas.

La descripción de las sensaciones que produce el tren, la elección de dónde viajar y qué llevar se basa en entrevistas con Enrique, así como en mis propias observaciones y en entrevistas que realicé al viajar en dos trenes de carga por Chiapas. Reinoso facilitó información sobre la antigüedad y las condiciones de las ferrovías de Chiapas y sobre la frecuencia de los descarrilamientos, uno de los cuales presencié. Los apodos que se dan al tren vienen de migrantes, agentes del Grupo Beta y del ex trabajador ferroviario Julio César Cancino Gálvez.

El relato de cómo esquivan las ramas y qué dicen los inmigrantes cuando ven una proviene de Enrique y de mis propias observaciones en el techo de un tren cuando un migrante salió despedido por el golpe de una rama. Julio César Cancino Gálvez y varios maquinistas explicaron las distintas razones por las que a veces el tren debe detenerse en las vías.

La afirmación de que los agentes disparan contra los migrantes en el retén de La Arrocera es de C. Faustino Chacón Cruz Cabrera, un agente de inmigración jubilado; Hugo Ángeles Cruz, experto en inmigración del Colegio de la Frontera Sur en Tapachula, México; empleados ferroviarios que dijeron haber presenciado tales tiroteos, incluyendo a José Agustín Tamayo Chamorro, jefe de operaciones del ferrocarril Ferrosur, y Emilio Canteros Méndez, ingeniero de los ferrocarriles Chiapas-Mayab; y de migrantes que dijeron que los agentes les habían disparado en La Arrocera, incluyendo a Selvin Terraza Chan, de veintiún años, José Alberto Ruiz Méndez, de quince años, y Juan Joel de Jesús Villareal, de quince años. Hernán Bonilla, de veintisiete años, nos mostró a Enrique y a mí las cicatrices que afirmaba eran quemaduras de cigarrillo infligidas por agentes de inmigración de la zona.

La información sobre las actividades de las madrinas en La Arrocera proviene de Elba Flores Núñez, ex coordinadora del Centro de Derechos Humanos Tepeyac del Istmo de Tehuantepec, un grupo de defensa de los derechos humanos; Reyder Cruz Toledo, jefe de policía de Arriaga, Chiapas; Jorge Zarif Zetuna Curioca, ex alcalde de Ixtepec; Mario Campos Gutiérrez; C. Faustino Chacón Cruz Cabrera; y la residente de La Arrocera Guillermina Gálvez López.

Los peligros de La Arrocera fueron detallados por Enrique, otros migrantes, agentes del Grupo Beta y Marco Tulio Carballo Cabrera, agente de inmigración en la cercana estación de migraciones de Hueyate. Al pasar por La Arrocera en el curso de dos viajes en tren, observé la ansiedad que mostraban los inmigrantes al aproximarse al retén. La información sobre los migrantes que piden ayuda luego de sufrir descargas eléctricas fue proporcionada por Guillermina Gálvez López, residente de La Arrocera. Las formas en las que los migrantes esconden su dinero provienen de migrantes que conocí al viajar en los trenes. Cómo Enrique rodeó La Arrocera lo supe por Enrique, Clemente Delporte Gómez, ex agente del Grupo Beta Sur, y por mis propias observaciones al rodear el retén a pie, al presenciar dos persecuciones de bandidos y al entrar en la casa de ladrillo donde habían violado a mujeres.

La descripción de los bandidos y sus actividades en La Arrocera se obtuvo de Julio César Cancino Gálvez, quien volvió a acompañar a la autora al retén en 2003. En esta oportunidad obtuve información adicional sobre los bandidos del supervisor local de la migra Widmar Borrallas López y de lugareños que viven cerca de las vías en La Arrocera: Amelia López Gamboa, Jorge Alberto Hernández, Virgilio Mendes Ramírez, María del Carmen Torres García y otros tres hombres que tuvieron miedo de dar su nombre. También visité los bares favoritos de los bandidos en el pueblo cercano de Huixtla.

Las estrategias para prevenir violaciones fueron detalladas por agentes del Grupo Beta y Mónica Oropeza, directora ejecutiva del Albergue Juvenil del Desierto, un refugio para migrantes menores de edad ubicado en Mexicali, México. El estudio realizado en 1997 por la Universidad de Houston y titulado "Potentially Traumatic Events Among Unaccompanied Migrant Children From Central America" detalla los peligros. El dato de que las muchachas se escriben TENGO SIDA en el pecho fue proporcionado por Olivia Ruiz, una antropóloga cultural del Colegio de la Frontera Norte en Tijuana que estudia los peligros que enfrentan los migrantes al andar en los trenes por Chiapas.

Las emboscadas en el puente Cuil fueron descritas por Clemente Delporte Gómez y el agente del Grupo Beta Sur José Alfredo Ruiz Chamec.

La información sobre la antipatía hacia los migrantes centroamericanos vino del profesor Hugo Ángeles Cruz y residentes de Tapachula, incluyendo a Miguel Ángel Pérez Hernández, Guillermina López y Juan Pérez. Al viajar en los trenes por Chiapas, vi cómo niños mexicanos apedreaban a inmigrantes.

La información sobre el plan trunco de María Isabel para seguir a Enrique a los Estados Unidos proviene de María Isabel, su madre, Eva, su tía Gloria y de Gloria Elizabeth Chávez, hija de Gloria.

La descripción del calor que hace en el tren y de cómo los migrantes se mantienen despiertos viene de Enrique. Yo vi a los migrantes hacer cosas similares para refrescarse y mantenerse despiertos: Reynaldo Matamorros se amarró al extremo de una tolva para descansar; José Rodas Orellana tomaba anfetaminas; y José Donald Morales Enriques hacía sentadillas. Viajé en un tren donde el coro se desató a las cuatro de la madrugada.

La información sobre cómo los pandilleros acechan a los inmigrantes se obtuvo de agentes del Grupo Beta; Baltasar Soriano Peraza, un asistente social del refugio para migrantes Albergue Belén; y de mis propias observaciones en los trenes. La información sobre los pandilleros que forzaron a dos muchachos a tener relaciones sexuales proviene de José Enrique Oliva Rosa y José Luis Oliva Rosa, mellizos de quince años de edad que estaban en el tren en el que ocurrió el incidente.

La afirmación de que la policía judicial cometía atracos en San Ramón y amenazaba a los migrantes es de Emilio Canteros Méndez, un ingeniero de Ferrocarriles Chiapas-Mayab. Algunos migrantes, incluyendo a Dennis Iván Contreras, de doce años de edad, me dijeron que los agentes les habían dicho cosas similares en San Ramón. La negativa de que la policía judicial cometa tales actos es de Sixto Juárez, jefe de la Agencia Federal de Investigación en el pueblo cercano de Arriaga.

Para recabar información sobre cómo los migrantes son devorados por el tren entrevisté a Carlos Roberto Díaz Osorto en su cuarto de hospital en Arriaga, Chiapas, en el año 2000. Más adelante revisé su historia clínica.

En 2003, pasé dos semanas con Olga Sánchez Martínez. Durante ese tiempo la vi cambiar las vendas de los migrantes, la acompañé a la iglesia, a visitar a un fabricante de prótesis, a vender ropa usada, a sus rondas en el hospital local, a un paseo a la playa con migrantes heridos y en sus esfuerzos por conseguir un ataúd en medio de la noche para un migrante que había muerto en el albergue.

Para escribir acerca de Olga hablé con migrantes que viven en el Albergue Jesús el Buen Pastor, incluyendo a Tránsito Encarnación Martines Hernández, Fausto Mejillas Guerrero, Leti Isabela Mejía Yanes, Hugo Tambrís Sióp, Edwin Bertotty Baquerano, Juan Carlos Hernández, Francisco Beltrán Domínguez, Efrén Morales Ramírez, Carlos López, Fredy Antonio Ávila y Mario Castro. Entrevisté a Olga, a su esposo, Jordán Matus Vásquez, y a amigos y voluntarios del albergue como Marilú Hernández Hernández, Fernando Hernández López, Roldán Mendoza García y Carmen Aguilar de Mendoza. En el Hospital General de Tapachula llevé a cabo entrevistas con tres personas que han observado el trabajo de Olga: los doctores Jorge Luis Antonio Álvarez y José Luis Solórzano, y la trabajadora social del hospital Margarita Márquez Morán.

Observé a Wendy horas después de la violación y entrevisté a varios migrantes que estaban con ella cuando ocurrió el incidente.

El relato del paso de Enrique por Ixtepec proviene de él

mismo y de mis propias observaciones al reconstruir su recorrido en Ixtepec.

4. DÁDIVAS Y FE

La descripción de la estatua de Jesús se basa en entrevistas con Enrique y en mis propias observaciones de otros migrantes a bordo de un tren que pasó delante de esa misma estatua. La información sobre los objetos religiosos, las lecturas de la Biblia y sobre cómo los migrantes manifiestan su fe viene de los migrantes Marco Antonio Euseda, Óscar Alfredo Molina y César Gutiérrez. Yo escuché al migrante Marlon Sosa Cortez recitar la oración a las Tres Divinas Personas mientras viajaba en el techo de un tren.

La afirmación de que los oaxaqueños son más amistosos se obtuvo de entrevistas con Enrique y otros migrantes, así como de Jorge Zarif Zetuna Curioca, ex alcalde de Ixtepec; Juan Ruiz, ex jefe de policía de Ixtepec; e Isaías Palacios, ingeniero ferroviario.

Las palabras que intercambia Enrique con los que le arrojan comida vienen de él. Los intercambios se asemejan a los que yo misma oí al observar a las personas que arrojan comida en varios pueblos. En Encinar, Veracruz, arrojaron bananas y galletas al tren en el que yo viajaba. En Veracruz, entrevisté a personas que arrojan comida en varias aldeas. En Encinar: Ángela Andrade Cruz, Jesús González Román, su hermana Magdalena González Román y la madre de ambos, Esperanza Román González; Mariano Cortés, Marta Santiago Flores y su hijo Leovardo. En Fortín de las Flores: Ciro González Ramos, sus hijos Erika y Fabián y su ex vecina Leticia Rebolledo. En

Cuichapa: Soledad Vásquez y su madre, María Luisa Mora Martín. En Presidio: Ramiro López Contreras y su hijo Rubén López Juárez. El estudio citado del Fondo Monetario Internacional se titula "The Effect of IMF and World Bank Programs on Poverty" y fue publicado en el año 2000. La información sobre la desnutrición es de la encuesta anual de México sobre desnutrición de 1999 realizada por el Instituto Nacional de Salud Pública.

En 2003, entrevisté a varios miembros de parroquias de Veracruz que ayudan a los migrantes dándoles comida, alojamiento o protección de la policía, incluyendo a Raquel Flores Lamora, Baltasar Bréniz Ávila, Francisa Aguirre Juárez y María del Carmen Ortega García.

Para narrar la decisión de ayudar a los inmigrantes que se tomó en la parroquia María Auxiliadora de Río Blanco, Veracruz, me basé en el relato del sacerdote Salamón Lemus Lemus, los voluntarios Luis Hernández Osorio, Gregoria Sánchez Romero y Leopoldo Francisco Maldonado Gutiérrez, la cocinera de la iglesia Rosa Tlehuactle Anastacio, la secretaria de la iglesia Irene Rodríguez Rivera, el padre Julio César Trujillo Velásquez, director de relaciones públicas de la diócesis de Orizaba, y monseñor Hipólito Reyes Larios, el obispo católico de Orizaba.

El relato de cómo golpearon a migrantes en El Campesino El Mirador es de María Enriqueta Reyes Márquez, quien fue testigo del incidente, y Samuel Ramírez del Carmen, de la Cruz Roja de Mendoza, Veracruz.

Los datos sobre los cargamentos del tren y lo que cuestan al ferrocarril las lesiones de los inmigrantes proviene de Cuauhtémoc González Flores, jefe de investigación de accidentes del ferrocarril Transportación Ferroviaria Mexicana.

El relato del robo de que Enrique fue víctima en la estación de Córdoba proviene de él mismo y de mis propias observaciones en el almacén donde ocurrió. Otros migrantes relataron incidentes de robo similares en Córdoba. La camaradería a bordo del tren al norte de Orizaba y las preparaciones para el frío vienen de Enrique y de mis observaciones de otros inmigrantes en Orizaba. La descripción de los túneles procede de Enrique, del señalero Juan Carlos Salcedo y de observaciones que hicimos el fotógrafo de *Los Angeles Times* Don Bartletti y yo al pasar por los túneles en el techo de un tren de carga. La información sobre el peligro del túnel El Mexicano es de José Agustín Tamayo Chamorro del ferrocarril Ferrosur. Lo que gritan los migrantes al pasar por los túneles y lo que hacen para entrar en calor lo explicó Enrique, y fue confirmado por mis observaciones.

En el año 2000, encontré la alcantarilla en la que el muchacho esperó el tren en Ciudad de México. En 2003 regresé para entrevistar a los residentes de La Lechería Olivia Rodríguez Morales y Óscar Aereola Peregrino, y al jefe de personal de la estación de La Lechería José Patricio Sánchez Arrellano, quien me llevó a recorrer la estación y proporcionó antecedentes históricos. Los datos sobre los cables eléctricos en Ciudad de México vienen de Enrique, de Cuauhtémoc González Flores de Transportación Ferroviaria Mexicana y de mis observaciones en el centro de control de operaciones del ferrocarril.

El dato acerca del número de guardias de seguridad en la estación de San Luis Potosí fue proporcionado por Marcelo Rodríguez, jefe de seguridad de la estación para Transportación Ferroviaria Mexicana.

La descripción de la estadía de Enrique en San Luis Potosí trabajando en una fábrica de ladrillos proviene de él y de entrevistas con fabricantes de ladrillos, incluyendo a Gregorio Ramos, José Morales Portillo y Juan Pérez. La descripción del viaje a Matehuala viene de Enrique y de mis propias observaciones durante un viaje en autobús por la misma ruta.

La renuencia de los camioneros a llevar migrantes fue confirmada por el camionero Modesto Reyes Santiago y por Faustina Olivares, propietaria del restaurante No Que No, que es frecuentado por camioneros. También viajé en camión como autostopista entre Matehuala y Nuevo Laredo.

5. EN LA FRONTERA

La descripción de cómo los inmigrantes llegaban a Nuevo Laredo después de haber perdido los números telefónicos que llevaban fue proporcionada por Esteban Ramírez Rodríguez, diácono de la parroquia de Guadalupe en Reynosa, México, y por varios niños inmigrantes varados en Nuevo Laredo, incluyendo a Ermis Galeano y Kelvin Maradiaga. Los mellizos migrantes José Enrique Oliva Rosa y José Luis Oliva Rosa relataron haber sido secuestrados.

La mala disposición a ayudar a los centroamericanos fue descrita por Raymundo Ramos Vásquez, director del Comité de Derechos Humanos, Grupo 5 de Febrero, un grupo de defensa de los derechos humanos de Nuevo Laredo, y por Marco Antonio Valdez, un residente. La afirmación de que Jesús era migrante provino de Óscar Alvarado, un cuidador del albergue para migrantes de la parroquia de San José, y fue confirmada por Enrique y otros migrantes.

La descripción del campamento proviene de Enrique y de los residentes del campamento Hernán Bonilla, Miguel Olivas,

Luis Moreno Guzmán o Jorge Enrique Morales, y también de mis propias observaciones en el campamento.

Yo observé a Enrique lavar autos para ganar dinero.

La información sobre las tarjetas de comida fue proporcionada por el padre Filiberto Luviano Mendoza de la parroquia del Santo Niño y por la voluntaria Leti Limón de la parroquia de San José. El migrante Miguel Olivas describió el mercado negro de tarjetas de comida.

En la parroquia de San José observé la cena de los migrantes y los vi reunirse después junto al mapa de Texas para hablar de la ruta. El padre Leonardo López Guajardo de la parroquia de San José calculó el porcentaje de las comidas de la iglesia que se dan a niños. Realicé entrevistas y observé las vidas de otros niños que Enrique conoció en Nuevo Laredo y que también iban en busca de su madre, incluyendo a Ermis Galeano, Mery Gabriela Posas Izaguirre, su tía Lourdes y Kelvin Maradiaga.

Las conversaciones mantenidas a la salida de la parroquia de San José acerca de las privaciones y las lesiones que sufren los migrantes durante el viaje al norte vienen de las observaciones que hice de estas conversaciones y de María del Tepeyac, una monja que dirigía la clínica de la iglesia.

El retrato de El Tiríndaro, su adicción a la heroína y cómo protegía a Enrique se basa en mis observaciones y en entrevistas con este último y los siguientes residentes del campamento: Miguel Olivas, Hernán Bonilla y Omar Martínez Torres. En 2003, entrevisté a Juan Barajas Soto, un miembro de Los Osos y cómplice de El Tiríndaro, en la cárcel de Nuevo Laredo, Centro de Readaptación Social N° 1; él me proporcionó detalles adicionales acerca de El Tiríndaro, Los Osos, y la estadía de Enrique en el campamento. El migrante Jorge Enrique Morales le dio a Enrique pedacitos de tacos y contribuyó a la descripción general de la vida en el campamento.

El relato de Enrique acerca de la cárcel de Nuevo Laredo fue corroborado por Raymundo Ramos Vásquez del grupo Comité de Derechos Humanos, Grupo 5 de Febrero. El relato de cuando Enrique durmió en la casa abandonada, la cual visité, viene del muchacho y de las observaciones del fotógrafo Don Bartletti.

La narración del Día de la Madre procede de las madres centroamericanas, incluyendo a Águeda Navarro, Belinda Cáceres, Orbelina Sánchez y Lourdes Izaguirre, y de mis observaciones de las madres consolándose unas a otras. La plegaria de las madres que piden vivir viene de mi observación de Lourdes Izaguirre mientras esta última rezaba.

Los pensamientos y los actos de Lourdes después de que su hijo se marchó me los facilitó ella y fueron confirmados por su prima María Edelmira Sánchez Mejía, con quien Lourdes habló en aquel momento.

La descripción de la adicción al pegamento de Enrique proviene de Hernán Bonilla y de mis observaciones. Juan Barajas Soto, que fue entrevistado en la cárcel de Nuevo Laredo en 2003, recordó que, en medio de sus alucinaciones, Enrique hablaba con los árboles y les decía que quería estar con su madre.

Yo vi a Enrique poco después de que se hiciera el tatuaje, y lo observé batallar para conseguir la segunda tarjeta telefónica. La descripción de los intentos de Enrique por mendigar dinero en el centro de la ciudad viene de Enrique y Hernán Bonilla.

La información sobre los peligros del río y los puestos de control se obtuvo de los migrantes Miguel Olivas, Hernán Bonilla y Fredy Ramírez; el supervisor de la Patrulla Fronteriza de los Estados Unidos Alexander D. Hernandez y los agentes

Charles Grout y Manuel Sauceda en Cotulla, Texas; también de mis observaciones.

La descripción de los peligros del desierto proviene de entrevistas con los migrantes Miguel Olivas, Gonzalo Rodríguez Toledo, Luis Moreno Guzmán, Elsa Galarza, Leonicio Alejandro Hernández, Mario Alberto Hernández y Manuel Gallegos; con los agentes de la Patrulla Fronteriza Charles Grout y Manuel Sauceda y el entrenador de perros Ramón López; y de las observaciones que hice personalmente al acompañar a los agentes durante tres días en la frontera de Texas. En Cotulla, Texas, observé a la perra Franca patrullar corriendo a lo largo del tren. Yo me encontraba allí cerca cuando el migrante Isaías Guerra fue capturado y él describió su ordalía en el desierto. La Oficina General de Contabilidad dice que en el año 2000 murieron por lo menos 367 inmigrantes al intentar ingresar en los Estados Unidos por la frontera sudoeste.

El relato acerca de la asistencia a los migrantes que provee Leonardo López Guajardo se basa en entrevistas con el sacerdote en el año 2000 y con las monjas Elizabeth Rangel y María del Tepeyac. En 2003 pasé una semana con el sacerdote. Fui con él a la iglesia; estuve presente cuando el cura dio misa en el cementerio y para prisioneros en la cárcel, y lo acompañé en sus viajes por Laredo, Texas, y Nuevo Laredo, México, para ir a recoger donativos de comida, ropa y otros artículos. Entrevisté a personas que dan donaciones al cura, incluyendo a la hermana Isidra Valdez, Lydia Garza, Rosalinda Zapata, Margarita Vargas y Eduardo Brizuela Amor. Pasé algún tiempo con dos monjas que ayudan al cura: las hermanas Leonor Palacios y Juanita Montecillo.

Para comprender mejor al cura y su trabajo con los migrantes hablé con las secretarias de la iglesia Alma Delia Jiménez Rentería y María Elena Pineda de Aguilar, los voluntarios de la iglesia Patricia Alemán Peña, Miguel Delgadillo Esparza, Pedro y Leti Leyva, José Guadalupe Ramírez, Horacio Gómez Luna, Rogelio Santos Aguilar, Rocío Galván García, Juana R. Cancino Gómez y Felipa Luna Moreno. También entrevisté a Carlos Martín Ramírez, un médico que atiende a los migrantes gratis en la parroquia, y hablé con los vecinos de la iglesia Juana Mexicano de Acosta y Juan Acosta Hernández.

6. UN RÍO OSCURO, QUIZÁ UNA NUEVA VIDA

La descripción de la partida de Enrique a la una de la madrugada se escribió sobre la base de entrevistas con él y el migrante Hernán Bonilla, quien presenció la partida, así como de la observación subsiguiente que hice del descampado en la ribera sur del Río Grande y de mi observación de otros cruces nocturnos y persecuciones de la Patrulla Fronteriza de los Estados Unidos. Lo que El Tiríndaro les dijo a Enrique y a los dos mexicanos sobre una posible captura viene de este último. Otros migrantes me contaron que esto es lo que los contrabandistas dicen habitualmente a los migrantes antes de cruzar el río.

El dato sobre el ahogado en el río proviene de Enrique y otros migrantes, incluyendo a tres de la parroquia de San José. Los migrantes afirmaron haber visto a un jovenzuelo llamado Ricki ahogarse en un remolino dos noches antes.

La narración del cruce a la isla y luego a los Estados Unidos se basa en entrevistas con Enrique y en la observación de la isla que yo misma hice desde el lugar donde cruzó Enrique en la ribera sur. Reconstruí el trayecto de Enrique a ambos lados del río y fui al lugar donde puso pie por primera vez en suelo estadounidense. Reconstruí su carrera a lo largo del Zacate Creek, pasando una planta de tratamiento de aguas residuales y subiendo un terraplén hasta una zona residencial en las afueras de Laredo.

La descripción de las cárceles donde están detenidos los niños capturados por las autoridades estadounidenses proviene del tiempo que pasé en estas instituciones, incluyendo una semana en el Centro de Detención Juvenil Los Padrinos, en Los Ángeles, y una semana en la cárcel del condado de Liberty, en Liberty, Texas. También estuve una semana en un albergue manejado por International Educational Services donde detienen a migrantes en Los Fresnos, Texas, y en otro albergue similar en San Diego, California.

La empresa Corrections Corporation of America ha negado que los niños bajo su custodia no estén bien alimentados. Sin embargo, la cárcel de Liberty, Texas, manejada por Corrections Corporation of America ya no alberga a niños inmigrantes. Los que captura la Patrulla Fronteriza al intentar ingresar al país de manera ilegal están ahora bajo la autoridad de la Oficina de Reubicación de Refugiados del Departamento de Salud y Servicios Humanos de los Estados Unidos, una agencia que usa menos el recurso de la cárcel en pro de instituciones más benignas como albergues abiertos y hogares de crianza.

La descripción de cómo los agentes de la Patrulla Fronteriza detectan vehículos sospechosos fue proporcionada por Alexander Hernandez, agente supervisor de la Patrulla Fronteriza en Cotulla, Texas, durante una patrulla del mismo tramo de carretera que siguieron los contrabandistas de Enrique en el sur de Texas. La descripción de cómo el muchacho eludió el retén de la patrulla fronteriza se basa en parte en las observaciones que hice durante una visita al retén.

La información sobre la vida de Lourdes en Carolina del Norte y la descripción de las fotos se basa en entrevistas con ella, su novio y otros inmigrantes que vivían con ambos. Lourdes me mostró las fotos de sus hijos.

El relato de las llamadas de Enrique a su madre desde Dallas se obtuvo de Enrique, su madre y el novio de ella.

El viaje de Florida a Carolina del Norte se describe a partir de las observaciones que hice al recorrer el tramo de Carolina del Norte de la misma ruta. El reencuentro de Enrique con su madre y las conversaciones proceden de él; su hermana Diana; Lourdes; y de las observaciones que hice cuando Enrique reconstruyó sus pasos al entrar en la casa y hasta la habitación de su madre, pasando por la cocina y los corredores.

La información sobre la reacción de María Isabel al enterarse de la llegada de Enrique a Carolina del Norte se obtuvo de Belky, su tía Rosa Amalia, María Isabel y Gloria, la tía de María Isabel.

Las descripciones de la relación entre Enrique y su madre, incluyendo el resentimiento de los niños inmigrantes por el abandono de las madres, vienen de Enrique, Lourdes, Diana, el novio de Lourdes y un primo de él, así como de María Olmos, directora del Newcomer Center en la Belmont High School, una escuela para inmigrantes de Los Ángeles; Gabriel Murillo, ex consejero de Belmont; y Aldo Pumariega, director de la Bellagio Road Newcomer School de Los Ángeles, una escuela cerrada recientemente.

El recuento del trabajo de Enrique, sus ganancias y sus compras se basó en mis observaciones.

7. LA NIÑA QUE QUEDÓ ATRÁS

Los relatos acerca de la vida de Enrique, su novia María Isabel, Lourdes, su hermana Mirian y otros se basan en viajes que hice a Honduras y a Carolina del Norte en 2003, y en entrevistas con Enrique y Lourdes y miembros de sus familias en Honduras y los Estados Unidos entre los años 2000 y 2005. En 2003, pasé una semana observando la vida de María Isabel y su hija Jasmín en Honduras. Visité cada una de las tres casas en las que María Isabel ha vivido en Tegucigalpa, y acompañé a María Isabel a su trabajo en la tienda de ropa para niños.

La descripción de la vida de María Isabel en Honduras proviene de ella, su hermana Rosario, su hermano Miguel, su madre, Eva, y su tía Gloria. Entrevisté a Ángela Emérita Núñez, la mujer que empleó a María Isabel de niña y en cuya casa ésta solía dormir durante su adolescencia, y a la hija de Ángela, Ángela María Rivera. Suyapa Valeriano, que vive cerca de la casa de Eva en Los Tubos y tomaba llamadas de Enrique a María Isabel, también proporcionó detalles.

Otra información adicional proviene de las abuelas materna y paterna de Enrique, su hermana Belky, su tía Rosa Amalia, su tío Carlos y la prima de Lourdes, María Edelmira.

Para conocer mejor Los Tubos, el barrio donde vivía María Isabel con su madre, recorrí el lugar con Reina Rodríguez y María Isabel Sosa, quienes trabajan en el Centro de Salud El Bosque, la clínica de salud local. Óscar Orlando Ortega Almendares, quien trabaja en la clínica, proporcionó una historia del barrio y de la familia de María Isabel. Hablé con José Luis Pineda Martínez, director de la escuela local a la que asistió María Isabel, la Escuela 14 de Julio. Entrevisté a Cydalia de Sandoval, presidenta de la Asociación Damas de la Caridad

San Vicente de Paúl, la cual administra una guardería y orfanato en la zona, y a Argentina Valeriano, dueña de una tienda de comestibles local, la pulpería Norma.

La descripción de las condiciones económicas y sociales de Honduras proviene de Maureen Zamora, una experta en migración de Honduras; Marta Obando, de la oficina hondureña de UNICEF; Norberto Girón, de la Organización de Migración Internacional; Glenda Gallardo, economista principal, y Álex Cálix, director de información sobre desarrollo nacional del Programa de Desarrollo para Honduras de las Naciones Unidas; Francis Jeanett Gómez Irias, una trabajadora social del Instituto Hondureño de la Niñez y la Familia; Nubia Esther Gómez, una enfermera de la institución, y Leydi Karina López, jefa de recursos humanos de S.J. Mariol, una fábrica de indumentaria de Tegucigalpa. También consulté documentos de la biblioteca de UNICEF en Tegucigalpa.

Para la descripción de la vida de Enrique con Lourdes en Carolina del Norte entre 2000 y 2005, hablé con Enrique, con otro pintor y amigo de él, con el jefe de Enrique, con Lourdes, con el novio de ésta y el hijo y el hermano de él, con Diana, hija de Lourdes, y con Mirian, hermana de Lourdes.

EPÍLOGO

El dato sobre el número de niños indocumentados que hay en los Estados Unidos es de un estudio realizado en 2005 por el Pew Hispanic Center a cargo del investigador adjunto Jeffrey Passel y titulado, "Unauthorized Migrants: Numbers and Characteristics".

La información sobre los problemas que hay en Chiapas con las pandillas centroamericanas proviene de Gabriela Coutiño, portavoz del Instituto Nacional de Inmigración de Tapachula. La afirmación de que se ha duplicado el número de migrantes heridos por el tren proviene del Grupo Beta Sur, trabajadores sociales del hospital general de Tapachula, y de Olga Sánchez Martínez, que maneja un albergue para los heridos.

La información sobre los cambios en dónde y cómo se detiene el tren para que las autoridades mexicanas capturen migrantes se obtuvieron de Coutiño; Julio César Cancino Gálvez, del Grupo Beta Sur; Widmar Borrallas López, supervisor de la estación de la migra El Hueyate cerca de La Arrocera; y de Gregorio Ralón Villareal, residente de Tres Hermanos.

El número de centroamericanos detenidos y deportados por México proviene del Instituto Nacional de Inmigración.

En 1999 y 2000, visité la escuela Newcomer de Los Ángeles, donde entrevisté a docenas de madres e hijos, asistí a clases y a sesiones de terapia y asesoramiento para estudiantes.

El estudio realizado en 1997 por el National Research Council se titula "The New Americans: Economic, Demographic and Fiscal Effects of Immigration". El estudio realizado por la Universidad de Harvard en 2003 sobre el efecto de la inmigración en los salarios se titula "The Labor Demand Curve is Downward Sloping: Reexamining the Impact of Immigration on the Labor Market". El autor es George J. Borjas, profesor de economía y política social de la John F. Kennedy School of Government.

Los artículos del periódico *Los Angeles Times* a los que se hacen referencia son: "For this Union, It's War", del 19 de agosto de 1993, y "Natives, Newcomers at Odds in East L.A.", del 4 de marzo de 1996. El estudio de Rand que trata del número excesivo de inmigrantes es "Immigration in a Changing Economy: The California Experience", de Kevin F. McCarthy y Georges Vernez.

AGRADECIMIENTOS

La mayor parte de la investigación original realizada para este libro se hizo con vistas a un reportaje seriado para el periódico *Los Angeles Times*. Este libro nunca se habría escrito sin el apoyo de este excepcional periódico, cuyos editores me proporcionaron el tiempo y los recursos necesarios para la serie original titulada "La travesía de Enrique" , la cual sirvió de base para este libro.

Me siento particularmente en deuda con Rick Meyer, mi editor en *Los Angeles Times*. Para un periodista, no hay mejor editor que Rick. Él brinda un respaldo increíblemente sólido, pero al mismo tiempo exige que el artículo se atenga a los estándares más altos. El entusiasmo contagioso que siente por una buena historia hace que uno se esfuerce para producir su mejor trabajo. Él me ha enseñado más acerca de contar una historia que cualquier otro editor que haya tenido. Eso explica por qué los periodistas claman por trabajar con él.

También me gustaría extenderle un agradecimiento especial a John Carroll, quien creyó en "La travesía de Enrique" desde el comienzo. John demostró que tenía un excelente instinto para mejorar el reportaje con pequeños ajustes. Él corrigió hábil y minuciosamente doce borradores. A John le brillan los ojos cuando piensa en subirse las mangas, tomar un lápiz y encontrar maneras de mejorar cada oración, cada párrafo y cada sección de un reportaje. También estoy en deuda con John por haberme permitido que me ausentara del trabajo para expandir la serie y convertirla en un libro.

Agradezco a las docenas de personas de *Los Angeles Times*, demasiadas como para enumerarlas, que han contribuido a que la historia fuese mejor y más multifacética. Esto incluye a cuantos trabajaron en la edición, la corrección, la fotografía, la investigación, la gráfica, el diseño, la presentación en Internet (incluyendo los multimedios) y la traducción de la serie al español para su versión electrónica.

En Random House, quiero agradecer a mi editor, Dan Menaker, cuya ayuda y pasión por este libro sirvieron para mejorarlo en todos sus aspectos. Este agradecimiento es extensivo también a la editora Stephanie Higgs y al editor de producción Evan Camfield por el esmero con que se aplicaron a lograr que cada parte del libro fuera lo mejor posible.

Gracias también a mi agente, Bonnie Nadell, quien me dio el impulso inicial para escribir este libro, y cuyos sabios consejos y apoyo me ayudaron enormemente durante todo el proceso.

Cientos de personas me han ayudado en el proceso de investigar y escribir este libro. Algunos en particular me brindaron cantidades extraordinarias de su tiempo y de su trabajo.

Primero y principal, he podido contar con Enrique, Lourdes y María Isabel.

Enrique y Lourdes aceptaron cooperar a pesar de los obvios peligros. Como inmigrantes ilegales, asumieron un riesgo real al ayudarme. Ellos sólo contaban con mi promesa de narrar su historia lo mejor posible y con fidelidad, y que al hacerlo podría ayudar a otros a comprender la situación de familias como la suya y cómo es el viaje. Para ellos, este proyecto fue un acto de fe. En el transcurso de cinco años, me brindaron semanas enteras de su tiempo, soportando una serie interminable de preguntas e indagaciones sin otra cosa que la esperanza de que yo plasmara sus experiencias de manera clara y certera. No puedo agradecerles lo suficiente.

Gracias también a sus familias en los Estados Unidos y en Honduras, que se mostraron igualmente pacientes y abiertas hacia mí. En los Estados Unidos, agradezco la ayuda del novio de Lourdes y de Diana. El libro no habría sido posible sin la generosa cooperación de Belky, Rosa Amalia, Mirian, Carlos Orlando Turcios Ramos, Tania Ninoska Turcios, Karla Roxana Turcios, María Edelmira Sánchez Mejía, Ana Lucía, María Marcos, Águeda Amalia Valladares, Gloria y Eva.

En lo que se refiere a la travesía, agradezco a las compañías ferroviarias mexicanas –Ferrocarriles Chiapas-Mayab, Transportación Ferroviaria Mexicana y Ferrosur por haberme permitido viajar en sus trenes. Virginia Kice y otros funcionarios del INS me ayudaron a lograr el acceso a las cárceles y albergues donde se aloja a los niños migrantes. En uno de esos albergues en Texas, el coordinador del programa International Educational Service Rubén Gallegos Jr. me ayudó a entrevistar a docenas de niños migrantes.

En Chiapas, gracias al Grupo Beta y específicamente al

agente Julio César Cancino Gálvez, pude tener acceso a algunos de los sitios más peligrosos donde viajan los migrantes, incluyendo los techos de los trenes. Olga Martínez Sánchez y su familia me recibieron en su hogar y fueron verdaderamente generosos conmigo. Olivia Ruiz, Hugo Ángeles Cruz, Jorge Reinoso, Gabriela Coutiño y Sara Isela Hernández Herrera son otras personas que me brindaron mucho de su tiempo en Chiapas.

En Nuevo Laredo, agradezco al padre Leonardo López Guajardo y a cuatro monjas que lo ayudan en su trabajo: Elizabeth Rangel, María del Tepeyac, Leonor Palacios y Juanita Montecillo. Gracias también al activista de derechos humanos Raymundo Ramos Vásquez.

En Texas, Charles Grout y Manuel Sauceda me proporcionaron revelaciones invalorables. En Los Ángeles, le debo casi toda mi comprensión del daño a las familias causado por estas separaciones a Gabriel Murillo, ex consejero de la escuela Newcomer.

Por último, la persona a quien más quiero agradecer es a mi esposo, Bill Regensburger, que soportó mis largas ausencias cuando estaba haciendo las investigaciones para el libro, y que ha apoyado siempre mi trabajo con amor, paciencia y ardor.

ACERCA DE LA AUTORA

SONIA NAZARIO es periodista del *Los Angeles Times* y lleva veintidós años haciendo reportajes sobre temas sociales. Sus artículos han abordado algunas de las cuestiones insolubles que afectan al país: el hambre, la drogadicción, la inmigración.

Nazario ha recibido numerosos galardones a nivel nacional. En el año 2003, su artículo sobre un niño hondureño que lucha por reunirse con su madre titulado "Enrique's Journey" ganó más de una docena de premios nacionales entre ellos el premio Pulitzer al mejor reportaje, el premio George Polk de Reportaje Internacional, el primer premio otorgado por la entidad Robert F. Kennedy Journalism Award, el premio a la excelencia Guillermo Martínez-Márquez otorgado por la Asociación Nacional de Periodistas Hispanos. En 1998 Nazario fue finalista para el premio Pulitzer por una serie de artículos sobre hijos de padres drogadictos.

Nazario se crió en Kansas y en la Argentina, y ha escrito prolíficamente desde América Latina y sobre los latinos de los Estados Unidos. Empezó su carrera en el *Wall Street Journal*, desempeñándose en cuatro oficinas: Nueva York, Atlanta, Miami y Los Ángeles. En 1993 se incorporó a *Los Angeles Times*. Es graduada del Williams College y tiene una maestría en estudios latinoamericanos de la Universidad de California, Berkeley. En la actualidad vive con su esposo en Los Ángeles.

SOBRE EL TIPO DE LETRA

Este libro se ha compuesto en Baskerville, un tipo creado por John Baskerville, un impresor y fundidor aficionado, y fabricado para él por John Handy en 1750. El tipo se hizo popular de nuevo cuando The Lanston Monotype Corporation of London recuperó su clásico tipo redondo en 1923. La Mergenthaler Linotype Company en Inglaterra y los Estados Unidos fabricó una versión de Baskerville en 1931, que se ha convertido en una de las tipografías más utilizadas en la actualidad.